Baïkonour

La porte des étoiles

CHEZ LE MÊME ÉDITEUR

Collection ESPACE

L'ASTRONAUTIQUE SOVIÉTIQUE, Christian Lardier,
1992, 328 pages.
LES VOLCANS DU SYSTÈME SOLAIRE, Charles Frankel,
1993, 296 pages.
L'AVION SPATIAL AMÉRICAIN, Yves Candal,
1994, 312 pages.

sep
les nouveaux espaces

Baïkonour

La porte des étoiles

préface d'Hubert Curien

postface de Gérard Longuet

ARMAND COLIN

Illustrations de couverture : A.A. Pouchkarov.

ISBN : 2-200-21546-0

Armand Colin Éditeur, 103, boulevard Saint-Michel - 75240 Paris cedex 05

Notre planète est le berceau de la raison.
Il n'est pas possible de vivre éternellement dans un berceau.

Constantin Edouardovitch Tsiolkovski (1857-1935)
Pionnier russe de l'astronautique

Préface

Le tournant de l'an deux mille incite aux rétrospectives et aux bilans. Qu'avons-nous fait de notre vingtième siècle ? Les scientifiques, les techniciens ont beaucoup à dire, et les artisans de la conquête de l'espace plus encore que d'autres.

Pour ceux qui préfèrent économiser les jalons de l'histoire et mesurer le temps à l'aune des demi-millénaires, la domestication de l'espace marque l'anniversaire des « grandes découvertes ». N'a-t-on pas symboliquement décidé que 1992 serait l'Année internationale de l'espace, en écho au débarquement, cinq fois centenaire, de Christophe Colomb sur les terres de ce qui fut alors le Nouveau Monde ?

En 1957, les hommes ont créé une Lune. En 1961, un homme s'est libéré de l'attraction terrestre. En 1969, des hommes sont allés danser sur le satellite naturel de notre Terre. Depuis le premier Spoutnik, quatre mille satellites ont été mis en orbite. Plus de la moitié ont été lancés par l'URSS et les nations qui en sont issues. Les Russes ont joué un rôle doublement essentiel dans le développement des technologies spatiales. D'abord parce qu'ils ont été excellents. Mais aussi parce que cette excellence, qui prenait souvent l'aspect d'une prééminence, était insupportable, vue d'Amérique. La rivalité russo-américaine a été le plus puissant des accélérateurs dans la conquête de l'espace. Les Européens ont su aussi prendre leur place dans le peloton des arpenteurs d'azur. Ils ont eu le mérite d'y composer leur style, tout en forgeant des alliances de bon aloi avec les uns et les autres.

La Société européenne de propulsion, la SEP, a pris l'heureuse initiative d'éditer ce livre. Elle est l'une des entreprises qui ont le plus efficacement permis à l'Europe de s'affirmer dans l'espace. En se spécialisant dans la production des moteurs de fusées, la SEP ne choisissait pas la facilité. A chaque tir du lanceur Ariane, je ne peux m'empêcher de me livrer au calcul mental du nombre des vannes qui pourraient ne pas s'ouvrir ou ne pas se fermer, des relais qui pourraient se taire ou se tromper, des roulements qui pourraient mourir de froid ou de chaud, des flammes qui pourraient s'allumer trop tard ou s'éteindre trop tôt... Ce n'est pas par miracle que tout cela marche, mais par la vertu des ingénieurs et techniciens.

La SEP pourrait nous parler d'elle-même, et nous y prendrions assurément plaisir. Mais elle a choisi de nous instruire ici sur l'un des très hauts lieux de la saga spatiale : Baïkonour.

Baïkonour, fabuleux symbole du succès et parfois de l'excès, de l'ambition teintée de démesure. Baïkonour, image de la puissance soviétique infiltrée de sensibilité slave, avec la petite *datcha* de Korolev, modeste témoin de la vie quotidienne au cœur du plus grand cosmodrome du monde.

Le dernier chapitre de cet ouvrage réalisé sous la direction de Jacques Villain a pour titre « Grandeur et malheurs de Baïkonour » : une grandeur qui nous émeut et nous exalte, quelques malheurs qui nous rappellent que la modestie sied aussi à la technique. La pratique de l'espace est une école d'humilité, en même temps que d'audace.

Hubert Curien
Ancien ministre de la Recherche et de l'Espace

Table des matières

Cet ouvrage a été réalisé sous la direction de Jacques Villain
Chef du département « Information et stratégie » à la SEP

avec la participation de

Monsieur N. V. Tolyarenko, professeur à l'institut d'aviation de Moscou
Monsieur N. K. Belokon, de l'institut d'aviation de Moscou (filiale de Baïkonour)
Monsieur L. A. Koriakine, de l'institut d'aviation de Moscou
Mademoiselle Fédunina, étudiante à l'institut d'aviation de Moscou (filiale de Baïkonour)
Monsieur Ch. Lardier, auteur du livre *L'Astronautique soviétique*, Armand Colin Editeur

La SEP exprime ses plus vifs remerciements pour leur contribution à cet ouvrage

à Messieurs les académiciens V. P. Michine, B. E. Tchertok, B. V. Rauschenbach et V. N. Sokolsky
au général Y. A. Mozjorine
à Monsieur B. I. Khlebnikov
au professeur I. V. Barmine
à Messieurs Dermichev, Galas, Baranov, Tchékhovsky, Pachenko et Iessin
aux spationautes M. Tognini, J.-L. Chrétien et A. P. Bérézovoi
à Mesdames E. Lambert, V. Kolesnikov, T. M. Ivanova, I. Routovskaya, S. Boujon, O. Mojaeva

Avant-propos

Membre de la mission SEP qui visita Baïkonour en avril 1992, je découvris alors avec stupéfaction, émotion et tristesse cette fantastique réalisation de l'homme.

Averti par ma propre expérience des champs de tir en Guyane, je mesurai les exploits et les drames qui s'étaient déroulés ici pour construire les infrastructures de lancement des Soyouz, Proton, Zénith et le gigantesque complexe Energia-Bourane dont l'aire de lancement récupérait celle de l'incroyable fusée lunaire N-1. Car même si en cette journée d'avril, le Kazakhstan paraissait plutôt accueillant, on pouvait imaginer que tout, ici, s'était ligué pour multiplier les difficultés que nous avions pu rencontrer en Guyane.

L'émotion succédait à la stupéfaction en visitant le pas de tir d'où partit le premier homme dans l'espace, la maison de Korolev, le musée construit à la gloire de l'aventure spatiale et de l'URSS.

Mais la tristesse prenait *in fine* le pas en pressentant, qu'inexorablement, tout ou partie de cette fabuleuse réalisation ne pourrait survivre au profond bouleversement qui secouait l'ex-URSS, car, au-delà des mots, l'Ouest n'était pas prêt à exploiter les énormes capacités du système Energia. L'aurait-il voulu que cela n'aurait peut-être pas été possible ?

Il nous est alors venu à l'esprit que nous devrions au moins rassembler les informations disponibles sur Baïkonour, et recueillir les témoignages de ceux qui avaient participé à cette fabuleuse aventure, avant qu'ils ne disparaissent. Mes interlocuteurs russes furent enthousiasmés par cette proposition. Malheureusement, bien des difficultés nous attendaient. Jacques Villain a néanmoins persisté à écrire l'histoire de cette aventure et de sa démesure et c'est à son opiniâtreté que l'on doit ce livre.

Roger Vignelles

Président-directeur général
de la Société européenne de propulsion

Avertissement

Ce livre rassemble des informations de natures diverses ainsi qu'un grand nombre d'anecdotes concernant la base de lancement de Baïkonour et les programmes spatiaux de l'ex-Union soviétique et de la CEI. Ces informations proviennent de différentes sources documentaires mais surtout de témoignages de ceux-là mêmes qui ont vécu quelques-uns des faits racontés dans cet ouvrage. Certains de ces événements étaient jusqu'alors inconnus en Occident, d'autres sont étonnants, voire stupéfiants. Ainsi peut-on être étonné du poids de la tradition et même de la superstition dans une activité comme celle de l'espace qui demande une grande rigueur et un strict respect des règles et des procédures. C'est sans doute la découverte essentielle que nous avons faite et c'est à l'évidence une spécificité de l'espace russe.

Par ailleurs, en travaillant pendant près de deux ans à la réalisation de ce livre, c'est-à-dire en vivant tous les jours avec les principaux acteurs de l'espace soviétique tels que Korolev, Yanguel, Tchélomeï, Glouchko ou le Parti communiste, nous avons été amenés à constater la grande implication individuelle des hommes. Implication positive lorsque l'on prend en compte les exploits réalisés, mais ô combien néfaste lorsque l'on considère les luttes d'influence et les gaspillages. De ce fait, l'espace soviétique a une dimension romanesque et mélodramatique que ne renierait certainement pas les grandes œuvres de Dostoievski et de Tolstoï. C'est ce qui en fait son côté passionnant et attachant.

Nous eûmes aussi à notre disposition des informations peu fiables, résultant d'appréciations partiales ou d'interprétations biaisées, volontairement ou non, des faits. Notre règle a alors été de ne retenir que celles validées par des recoupements en évitant toute appréciation ou tout jugement de notre part. Notre démarche a été celle de l'historien ou du narrateur guidé uniquement par l'exposé objectif des faits.

Les vétérans de Baïkonour que nous avons pu rencontrer nous ont par ailleurs émus par leur nostalgie de ce lieu perdu des steppes du Kazakhstan où ils ont été les acteurs émérites des exploits spatiaux passés. Pour témoigner de leur attachement à ce lieu, nous avons choisi de publier à la fin de chaque chapitre une chanson ou un poème dont ils sont les auteurs. On notera toutefois que certains sont écrits dans un style très « officiel ».

Enfin, pour certains noms propres, la transcription alphabétique du cyrillique en français n'étant pas satisfaisante, il nous a semblé plus adapté de retenir l'orthographe française de ces noms propres (ex. Zénith pour Zenit ou Cyclone pour Tsyklon).

Nota : Chaque terme défini dans le glossaire en fin d'ouvrage est suivi d'un astérisque lors de sa première apparition.

1
Une nouvelle ère s'ouvre pour l'Humanité

DANS CE NUMÉRO : # 2 pages spéciales sur le SATELLITE ARTIFICIEL

L'AURORE

Directeur : Robert LAZURICK
100, rue de Richelieu, PARIS (2e)
et 9, rue Louis-le-Grand, PARIS (2e)

LUNDI 7 OCTOBRE 1957
PRIX : 15 francs

XVIe année - N° 4.066. OPE. 65-00
Compte courant postal Paris 4143-05
Maroc : 20 fr. - Algérie et Tunisie : 18 fr.
Espagne : 2 pesetas 75 - Italie : 50 lires

Au 3e jour de l'ère interplanétaire

LE SATELLITE RUSSE

qui est passé hier à 8 h. 6 et à 23 h. 51 au-dessus de Paris y sera de nouveau ce soir à 23 h. 51 (heure française)

une promesse de progrès plus qu'une menace pour l'humanité

Liaison Terre - Lune en 15 h. avant 8 ans

(Lire les articles de A. ANANOFF du général CHASSIN et tous les détails en pages 10 et 11)

RÉACTIONS :

- **PARIS :** Grâce à l'énergie nucléaire, la Lune ne sera qu'une 1re étape
- **MOSCOU :** Nous souhaitons aux Américains de réussir
- **WASHINGTON :** Au scepticisme succèdent étonnement et déception
- **LONDRES :** La course du satellite a été calculée de manière à empêcher son observation par les Occidentaux

Déjà une semaine de crise ministérielle

M. GUY MOLLET a renoncé :

au tour de M. Pleven

qui sera pressenti ce matin

Le leader socialiste avait dit, au cours de sa mission d'exploration : loi-cadre pour l'Algérie, blocage effectif des prix, 200 milliards d'économies nouvelles

et autant d'impôts nouveaux pouvoirs spéciaux révision constitutionnelle

HIER soir, M. Guy Mollet a fait connaître à M. René Coty qu'il renonçait à former le nouveau ministère.

Cette réponse négative était attendue.

Le leader socialiste chargé de dénouer la crise n'avait fait nul mystère, au départ, de son scepticisme quant à l'issue de ses démarches. Du moins a-t-il mené à bien une très large « exploration », qui n'a pas été pour lui que décevante : n'annonçait-il pas, terminés ses entretiens parlementaires

● *La suite en page 8, 1re col.*

Surprise, hier, pour le centenaire de Longchamp

L'outsider OROSO *a enlevé* (à 52 contre 1) *le* PRIX DE L'ARC DE TRIOMPHE

devant DENISY et BALBO

AU SWEEPSTAKE

le n° 8.502 rapporte :

- 100 millions dans la 4e série (OROSO)
- 20 millions dans la 7e série (DENISY)
- 10 millions dans la 5e série (BALBO)
- 500.000 fr. dans les autres séries

Le jockey Boullenger après sa sensationnelle victoire (qui lui rapporte cinq millions) embrasse sa monture « Oroso », le cheval de M. Raoul Meyer, qui remporte là un remarquable succès.

Lire l'article de Steve PASSEUR, toutes nos informations et les résultats du Sweepstake en 15 dans notre page spéciale.

DE VÉRITABLES JUMEAUX !

A GAUCHE, l'image du satellite tel que l'a représenté la revue soviétique « La Science et la Vie ». EN BAS, A DROITE, l'image de l'engin ouvert et dépouillé de ses accessoires extérieurs, publiée par la revue soviétique « Ogoniok ».

En réalité, aucune photographie du satellite réel n'a encore été officiellement communiquée. Il s'agit là tout simplement d'un des projets classiques les plus poussés tel qu'il a été défini par l'ingénieur américain Singer dès 1954. Le croquis CI-DESSOUS en donne le détail.

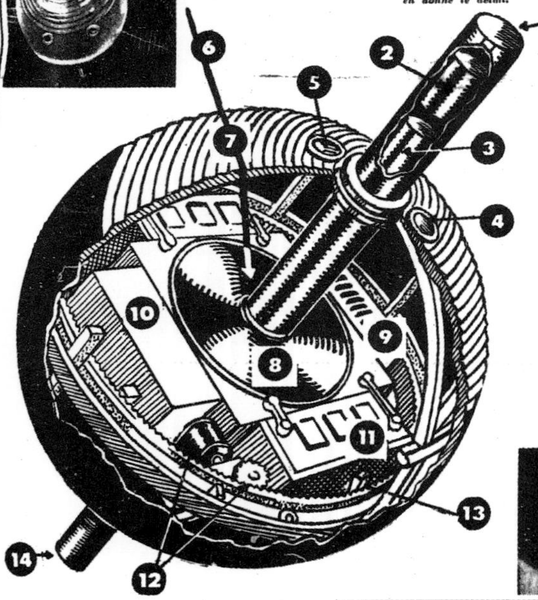

1. Antenne.
2. Compteur de rayons gamma.
3. Compteur d'électrons.
4. Compt. de rayons X.
5. Compteur de rayons ultra-violets.
6. Rayonnement solaire, réfracté par :
7. Un jeu de lentilles (Ce dispositif n'existe sûrement pas dans le satellite actuel).
8. Source d'énergie solaire.
9. Magnétomètre.
10. Emetteur de T.S.F. et de radar.
11. Batterie d'accumulateurs.
12. Génératrice électrique et entrainement.
13. Tête enregistreuse.
14. Compteur de rayons cosmiques sensible aux aurores boréales.

LE satellite russe continue sa course fulgurante autour de la Terre. A 900 kilomètres au-dessus de nos têtes. Voilà qui invite à lever les yeux !

Dans quelques semaines d'ailleurs, ou quelques mois, les satellites américains fonceront à leur tour dans l'espace. Nous ne nous attarderons pas à marquer tel point, ou tel autre, dans la longue rivalité Est - Ouest. Bien d'autres pensées sont aujourd'hui nôtres, et, observé des hauteurs, où nous atteignons désormais, le plus vaste Etat n'apparaît même pas comme un champ de maraicher.

Dans l'exaltation d'une aussi prodigieuse réussite, nous ne voulons nous poser qu'une question :

— Que peut espérer l'humanité de la conquête interplanétaire ainsi mise à sa portée ?

OUI, pour un jour, taisons nos craintes sans nous aveugler sur tout ce que, hélas ! nous avons encore à redouter d'engins préparés pour des rendez-vous lunaires et à qui, par la folie de quelques-uns, pourraient être assignés des objectifs plus tragiques. Au reste nous croyons que finalement la sagesse l'emportera sur la déraison et le fameux vertige des cimes nous parait appelé à jouer, ici, dans le meilleur sens.

Rêvons donc, hors politique, en toute sérénité d'âme. La chose en vaut la peine. Pour la première fois depuis que notre globe existe, et que les hommes le peuplent, nous allons quitter cette Terre, partir vers des mondes inconnus. Une porte s'est ouverte qui ne se fermera plus. Assurément elle donne sur des immensités dont nous ne savons rien encore ou si peu que rien, et c'est dans le noir que nous crions nos espérances. Mais n'en a-t-il pas toujours été ainsi ?

AU seuil de cet avenir supraterrestre, retournons-nous un instant vers notre passé. Quand Christophe Colomb partait pour les Amériques, il ignorait tout d'elles aussi parfaitement que nous ignorons tout des planètes vers lesquelles nous commençons l'escalade des cieux ! Qui sait ce que nous apporteront ces mondes voisins quand nous les connaîtrons ? Oh ! pas demain, bien entendu, ni après-demain. Mais nous avons des fils, des fils qui nous donneront des petits-enfants. A ceux-là et à ceux-ci, est promise l'aventure la plus exaltante de tous les âges. Peut-être avons-nous encore le temps de leur en préparer les voies.

Robert BONY.

AFFLUENCE RECORD HIER AU SALON DE L'AUTO
(20 % de visiteurs de plus que l'an dernier)

(Lire nos informations en dernière page)

UNE BOMBE AU SALON

Paris, le 7 octobre.

Le Salon de l'Automobile vient d'être le théâtre d'un événement considérable qui a suscité une émotion profonde dans toute la France.

Jeudi dernier le Grand Palais ouvrait ses portes normalement. Aucune surprise, la journée fut très calme. Le lendemain inauguration officielle, les visiteurs étaient relativement peu nombreux. En revanche, dès samedi matin, on enregistrait une forte affluence dans une atmosphère agitée. Des bruits circulaient qui augmentèrent d'heure en heure la nervosité du public.

C'est finalement vers cinq heures de l'après-midi, au kiosque à journaux situé près de l'entrée principale que la nouvelle a éclaté en faisant l'effet d'une bombe. Heureusement, il ne s'agissait pas d'un nouveau désastre, mais d'un cadeau du ciel !... *L'AUTO-JOURNAL* annonçait, en effet, son premier GRAND CONCOURS, doté de 20 millions de prix, dans son numéro spécial du Salon, qui venait de paraître.

Des voitures de rêve : CADILLAC Eldorado, MERCEDES 300 SL, FERRARI 250, FACEL Vega, JAGUAR 150, PORSCHE Carrera, TALBOT 2,5 l., un merveilleux voyage aérien pour deux personnes et un séjour enchanteur dans le pays qui sera choisi par les bénéficiaires ; des automobiles encore : Chambord, DS 19, 403, Dauphine, 2 CV Vespa, canot automobile, voilier, moto, scooter, fourrures, mobiliers, téléviseurs, réfrigérateurs, machines à laver, postes auto-radio, cameras, etc., récompenseront magnifiquement les DEUX MILLE GAGNANTS.

Dépêchez-vous de commencer le GRAND CONCOURS DE *L'AUTO-JOURNAL*. Il est simple, amusant, passionnant. Ne laissez pas passer votre CHANCE. N'attendez pas. Achetez dès aujourd'hui, chez votre marchand de journaux habituel, le NUMERO SPECIAL SALON DE *L'AUTO-JOURNAL*.

UN GRAND WEEK-END SPORTIF

Au football à Budapest : **HONGRIE bat FRANCE (2-0)**

- **ATHLETISME :** Les Allemands vainqueurs à Duisbourg, mais Jazy améliore son record de France.
- **CYCLISME :** Debruyne enlève Paris-Tours devant L. Bobet.

Au cours du match de Budapest, le gardien français Colonna — devançant l'avant centre magyar (au centre en maillot sombre) — dégage du poing. TELEPHOTO

(Lire l'article de notre envoyé spécial Dominique PADO et tous les résultats du week-end en rubrique sportive, pages 12 et 13)

RUE VERCINGETORIX

SOUS LES YEUX DE LEURS DEUX ENFANTS
IL POIGNARDE SON EX-AMIE
qui l'avait abandonné
ET S'ENFUIT

(Lire en page 9.)

AUX ASSISES DE LA SEINE

Idel BRUNED A SAUVÉ SA TÊTE

Ainsi que ses deux complices, le meurtrier de l'agent Chaussenot a été condamné au bagne à vie.

(Lire en huitième page.)

Le rayon Z

Lettre à M. Jacques Duclos

Monsieur le Député,

Je me proposais hier d'attirer votre bienveillante attention sur ce jeune ouvrier du Nord emprisonné à Fresnes pour avoir refusé de remplir ses obligations militaires : prenant à la lettre un mot d'ordre de votre propagande, il ne voulait pas « servir sous les ordres de Speidel ». La nomination des généraux de l'O.T.A.N. n'étant pas plus soumise à l'agrément de la troupe que les décisions de votre bureau politique ne sont subordonnées à l'assentiment des militants de la base, il ne sera pas question de Speidel devant le tribunal militaire. On parlera d'insoumission, de refus d'obéissance, et l'on appliquera la peine prévue par la loi française qui ressemble sur ce point à toutes les lois du monde, y compris la loi soviétique.

Le jeune ouvrier du Nord sera donc le septième brave garçon que votre campagne dénuée de bonne foi aura expédié directement en prison. Je comptais vous prier de suspendre vos envois, mais depuis que l'œil de Moscou tourne autour de la terre à 900 kilomètres d'altitude, il est à craindre qu'un juste orgueil ne

vous rende définitivement inaccessible aux requêtes bourgeoises. C'est à peine si j'ose vous demander de joindre la bonté à la toute-puissance en laissant à leurs familles, à leurs amis et à leurs devoirs ces jeunes gens qui croient à votre propagande plus que vos propagandistes n'y croiront jamais eux-mêmes.

Z.

La surprise pour l'Occident

Le lancement par les Soviétiques, le 4 octobre 1957, de Spoutnik-1, le premier satellite artificiel de la Terre, est une surprise totale pour l'Occident. Les médias s'emparent de l'événement, mais le peu d'informations donné par les Soviétiques fait naître à la fois admiration, scepticisme et crainte, comme en témoigne le journal l'Aurore du lundi 7 octobre 1957.

1957, vous vous souvenez sans doute? Le monde n'allait pas très bien. En fait, à bien y réfléchir, il n'était ni pire, ni meilleur que celui d'aujourd'hui. Les problèmes étaient seulement de nature différente. C'était le temps du paroxysme de la confrontation Est-Ouest. C'était le temps de la guerre froide.

En Union soviétique, Khrouchtchev avait obtenu du comité central du Parti communiste l'élimination de Molotov, de Malenkov et de Kaganovitch. Dans ce même pays, des réformes étaient votées pour accroître la décentralisation. Toujours à l'Est, trois tendances politiques s'affrontaient, le titisme, le maoïsme et le communisme soviétique.

A l'Ouest, les Etats-Unis, consécutivement à la crise de Suez, tentaient d'empêcher que le monde arabe ne passe dans le camp communiste. La Grande-Bretagne expérimentait sa première bombe thermonucléaire sur l'île Christmas dans le Pacifique. De son côté, la France s'enlisait peu à peu dans la guerre d'Algérie et sa situation politique devenait de plus en plus confuse. Toutefois, dans ce concert de nouvelles peu encourageantes, l'Europe annonçait la naissance de son Marché commun à Rome, en mars. Etaient ainsi créées la Communauté économique européenne (CEE), ou Marché commun, et la Communauté européenne de l'énergie atomique (CEEA), ou Euratom. Mais le chemin était encore long pour la naissance de l'Europe elle-même.

Force est toutefois de constater que, plus de trente-cinq années plus tard, aussi importants qu'aient été ces événements, ils ont presque tous été occultés de notre mémoire par un autre de nature scientifique.

En effet, vous vous souvenez probablement de ce samedi matin 5 octobre 1957. Curieusement, les journaux radiophoniques avaient cessé de nous diffuser leur flot habituel d'informations d'ordre politique ou économique. Un curieux « bip-bip-bip... », venu de l'espace, nous disait-on, faisait alors la une de l'actualité. L'événement était de fait capital puisque ce signal radioélectrique était émis par le premier satellite artificiel de la Terre. Et ce satellite était soviétique. Pour une surprise, c'était une surprise ! Pour un tel exploit, on attendait plutôt les Américains que les Soviétiques. La technologie communiste avait-elle alors pris, sans qu'on y prenne garde, l'avantage sur celle du monde libre? Aucun signe précurseur n'avait, semble-t-il, annoncé un tel événement. Mais il est vrai que les Soviétiques nous avaient habitués ces dernières années à d'étonnantes manifestations de leur propagande et peut-être étions-nous ici victimes une nouvelle fois d'une action de mystification? Et qu'en réalité, ils n'avaient lancé aucun satellite. C'est d'ailleurs ce que certains des premiers journaux qui s'étaient emparé de l'événement commençaient à suggérer. En ce matin du 5 octobre 1957, une curieuse atmosphère entourait donc l'annonce de l'événement : un mélange d'étonnement, d'admiration mais aussi de scepticisme.

Et ce n'était pas les quelques informations plutôt laconiques diffusées par l'agence Tass et reprises immédiatement par le quotidien *l'Humanité* qui permettaient de lever le doute. Ainsi, pouvait-on lire : « *Depuis plusieurs années, des travaux de recherche et des expériences ont été effectués en Union soviétique pour créer des satellites artificiels de la Terre. Il a déjà été annoncé dans la presse que le lancement de satellites artificiels était envisagé en URSS dans le cadre du programme de recherches de l'Année géophysique internationale. A la suite des travaux intensifs effectués par les instituts de recherche et les bureaux d'études, le premier satellite artificiel de la Terre est maintenant créé. Ce premier satellite a été lancé avec succès en URSS le 4 octobre.* »

On sait tout de même par cet article de *l'Humanité* que ce satellite est une sphère de 58 cm de diamètre et qu'il a un poids de 83,600 kg. Sa trajectoire est « *elliptique à une altitude moyenne de 900 km* » et sa période de révolution d'une heure trente-cinq minutes.

Quelques informations nouvelles seront données les jours suivants sans toutefois indiquer le nom de la base de lancement. Mais ce sont surtout les réactions occidentales qui occuperont la majeure partie des articles de presse.

Ainsi, le docteur Kaplan, président de la commission américaine de l'Année géophysique internationale, déclarait que «*si les Soviétiques ont pu lancer un satellite de 83 kg, ils peuvent aussi en lancer un beaucoup plus lourd*». Par ailleurs, les milieux scientifiques américains se demandaient si le satellite n'avait pas été mis en orbite à l'aide de la fusée intercontinentale que les Soviétiques venaient de mettre au point. De son côté, le *New York Herald Tribune* présentait cet événement comme étant une «*grande défaite des Etats-Unis*». Alors que M. Wilson, secrétaire à la Défense, avait fait des commentaires plutôt ironiques sur la fusée intercontinentale soviétique, son successeur, M. Mac Elroy indiquait «*qu'il fallait désormais prendre les Russes au sérieux*». On vit toutefois certains Américains traiter l'événement avec dérision. Ainsi, un des responsables du Pentagone alla même jusqu'à déclarer que ce satellite était «*un morceau de ferraille que n'importe qui aurait pu lancer*». Mais déjà, d'aucuns imaginent que la mise en orbite de ce satellite est une menace pour les Etats-Unis. Ainsi, on estime qu'une bombe à hydrogène pourrait désormais être lancée sur New York ou sur Washington sans que les Américains disposent de plus d'un quart d'heure pour préparer la riposte. Bien sûr, cela ne veut pas dire que les Russes sont désormais les maîtres de monde mais ils se trouvent au moins à égalité avec les Américains, sinon quelque peu en avance technologiquement.

Il est aussi intéressant de noter que la diplomatie soviétique avait cherché à tirer avantage de l'événement, guerre froide oblige! Ainsi, Andreï Gromyko, ministre des Affaires étrangères de l'URSS, avait demandé dès le samedi 5 une entrevue à son homologue américain, M. Dulles, laquelle avait duré plus de trois heures. Alors que les deux hommes se quittaient, Gromyko aurait lancé à Dulles: «*A propos, monsieur le Secrétaire d'Etat, vos services de renseignements vous ont peut-être averti que les savants soviétiques ont lancé cet après-midi le premier satellite artificiel.*»

Ceci ne manquait sans doute pas de cynisme. Mais pouvait-il en être autrement? Pour l'heure, la technologie soviétique était triomphante. Encore que bien des mystères entouraient celle-ci. Les spéculations allaient bon train sur cette fusée intercontinentale qui aurait mis en orbite le satellite. On parlait d'une masse au décollage voisine de 100 t — en fait, elle était de 270 t — et d'un nombre d'étages compris entre trois et cinq. On parlait aussi, considérant l'inclinaison de l'orbite sur l'équateur de 65°, d'un site de lancement situé au nord de la mer Caspienne.

Evidemment, le lancement de ce premier satellite, que les médias soviétiques appelleront Spoutnik quelques jours après son lancement, fit déjà imaginer les étapes ultérieures de la conquête spatiale. Ainsi, dès le 7 octobre, le journal *l'Aurore* n'hésitait pas à titrer «*Avant huit ans, on atteindra la Lune, et Mars avant dix ans*». Il n'hésitait pas non plus à publier un dessin de la fusée mais là, le pronostic fut moins heureux.

Jamais peut-être un événement spatial ne fut accompagné d'un cortège de déclarations aussi inexactes qu'étonnantes, entretenues, il est vrai, par un goût du secret et une savante distillation des informations dont les Russes étaient maîtres. Certains scientifiques occidentaux en furent directement les victimes. Ainsi, le directeur des études aéronautiques de l'institut technique de Lisbonne affirmait même que les «bip-bip-bip» ne venaient pas de l'espace mais du sol! Un hebdomadaire belge prétendait, quant à lui, apporter «*la preuve de la supercherie*» en expliquant que les documents publiés sur le Spoutnik provenaient en réalité de vieilles revues américaines. Une autre brochure titrait: «*Spoutnik, bobards et Cie*»! Son auteur expliquait d'ailleurs que l'orbite du satellite s'inclinait à 40°, 65° ou 90° par rapport à l'équateur, dénotant « *un curieux manque de précision dans la méthode et par conséquent sur les chiffres avancés* ».

Voilà quel fut le climat étrange dans lequel se trouvait l'Occident au lendemain de ce 4 octobre 1957. Indéniablement, l'événement était difficile à accepter. Pourtant, les observateurs attentifs de l'Union soviétique de l'époque ne paraissaient pas étonnés outre mesure, car des signes avant-coureurs étaient apparus. Encore fallait-il les décrypter.

Tout commence en effet en 1955. Exactement le 29 juillet. Ce jour-là, le président Eisenhower annonce que les Etats-Unis mettront en orbite des satellites au cours de l'Année géophysique internationale qui doit se dérouler de juillet 1957 à la fin 1958. La compétition spatiale russo-américaine prend son départ à ce moment-là. Une semaine plus tard, lors du Congrès international d'astronautique qui se tient à Copenhague, Léonid Sédov, porte-parole de la délégation soviétique et responsable de la commission des études interplanétaires à l'Académie des sciences, annonce simplement que « *le satellite soviétique sera prêt le premier et qu'il sera plus gros que le satellite américain* ». Comme les Etats-Unis envisagent le lancement de leur satellite avec le lanceur Vanguard pour décembre 1957, il est raisonnable de penser que les Soviétiques visent l'automne de cette même année, et bien sûr, pourquoi pas le 17 septembre, date du centième anniversaire de la naissance de Tsiolkovski, le grand pionnier russe de l'astronautique. C'est d'ailleurs ce que semble confirmer Sédov qui déclare que les Soviétiques envisagent de célébrer cet anniversaire « *de façon beaucoup plus extraordinaire que ce que vous pouvez imaginer* ». On apprendra plus tard que cette date était bien celle visée mais qu'en fait les retards dans la mise au point de la fusée Sémiorka avaient contraint de différer le lancement.

Il faudra donc attendre le 4 octobre à 19 h 28 min 34 s TU pour voir le Spoutnik quitter la Terre et atteindre une orbite elliptique de dimensions 226,07/950,59 km, inclinée à 65,1° et parcourue en 96,2 min.

L'année 1 de l'espace commençait et comme l'indiquait déjà le communiqué soviétique reproduit ci-après, une ère extraordinaire de recherche scientifique, d'exploration spatiale dont l'humanité toute entière devait profiter s'engageait :
« *Il ressort des premières indications que la fusée porteuse a conféré au satellite la vitesse orbitale indispensable proche de 8 000 m/s. A l'heure actuelle, le satellite décrit des trajectoires elliptiques autour de la Terre et sa révolution peut être observée dans les rayons du soleil levant et couchant à l'aide des instruments d'optique les plus simples. Au cours de l'Année géophysique internationale, l'URSS prévoit d'autres satellites, d'une taille et d'un poids supérieurs. Leur équipement permettra d'exécuter un vaste programme de recherches scientifiques. Ces satellites artificiels frayent le chemin aux voyages interplanétaires et il apparaît que nos contemporains seront les témoins de la réalisation des rêves les plus hardis de l'humanité.* »

Mais, n'était-ce pas ce que Constantin Edouardovitch Tsiolkovski avait annoncé quelque cinquante ans plus tôt ?

4 octobre 1957 : Baïkonour, base de lancement, dans les steppes du Kazakhstan

La fusée R-7 Sémiorka se dresse, verticale, sur sa plate-forme de tir, immense construction bétonnée sous laquelle apparaît le carneau* long de plus de deux cents mètres et destiné à canaliser les flammes devant s'échapper des vingt chambres de combustion du premier étage.

Cette fusée, conçue par l'OKB-1 (bureau d'études n° 1) dirigé par le constructeur principal Sergueï Pavlovitch Korolev, est impressionnante. Avec une masse au décollage de 267 t, elle est la plus imposante et la plus puissante des fusées réalisées à ce jour dans le monde. A son sommet, c'est-à-dire à 29 m de hauteur, elle contient Spoutnik-1, le premier satellite que les Soviétiques vont tenter de mettre en orbite.

Il est 5 h 45 du matin en ce 4 octobre 1957 et l'ordre est donné de procéder au remplissage des réservoirs. Progressivement, la tension monte ; l'interrogation se lit sur les visages. Il est vrai que ce lancement est le cinquième de la R-7 et que les deux premiers ont été des échecs. Ainsi, avec cinquante pour cent de succès, et même si les deux plus récents tirs ont été des réussites, on peut avoir des doutes. Bref, l'ambiance est celle inhérente à chaque lancement. Un curieux mélange de confiance et d'incertitude. Le doute vient probablement du fait que cette fusée est innovante par rapport à celles qui l'ont précédée. Elle a pris naissance en février 1953 lorsque le gouvernement a décidé de réaliser un missile intercontinental capable d'atteindre les Etats-Unis. Korolev avait alors repris l'idée de Mikhail K. Tikhonravov qui consistait à disposer autour du corps central de la fusée quatre accélérateurs devant être largués au cours du vol propulsé. Ainsi, cette fusée était constituée de deux étages assemblés en faisceau, et non superposés comme c'est le cas dans la plupart des fusées multiétages. Pour la propulsion, Korolev s'était adressé à l'OKB-456 de Valentin Petrovitch Glouchko et avait retenu des moteurs à une chambre de combustion et à kérosène-oxygène liquide de l'ordre de 65 t de poussée. Pour le pilotage*, Glouchko s'était opposé à la proposition de Korolev qui consistait à prévoir des petits moteurs orientables. On avait donc retenu la formule des déviateurs placés dans le jet propulsif et associés à des gouvernes aérodynamiques comme dans les fusées précédentes.

Au cours de l'année 1953, plusieurs décisions importantes avaient été prises par les autorités soviétiques. En mai, un comité interministériel auquel participèrent M. I. Nédéline, futur responsable des Forces de missiles stratégiques, et D. F. Oustinov, futur ministre de la Défense, prit la décision de faire de la R-7 le missile intercontinental porteur de la bombe H soviétique laquelle était expérimentée pour la première fois le 12 août à Sémipalatinsk. Cependant, fin 1953, lors d'une réunion interministérielle organisée par G. M. Malenkov, alors président du Conseil des ministres, il était apparu que la tête thermonucléaire ne pèserait pas 3 t comme envisagé mais plutôt 5,6 à 6 t.

Le projet de missile était alors modifié par Korolev pour aboutir à la définition de la R-7 qui allait maintenant être lancée. La poussée au décollage avait été accrue, ce qui avait nécessité de retenir des moteurs à quatre chambres alimentées par une seule turbopompe. Ainsi, une poussée de l'ordre de 80 t par moteur était envisagée, ce qui était un record. Et puis, Korolev décida *in fine* de piloter le missile par de petits moteurs orientables. Cette nouvelle définition avait été soumise à une commission d'expertise en juillet 1954 et acceptée. Dès lors, les étapes techniques se sont succédé avec célérité. En septembre 1956, les moteurs RD-107 et 108 des deux étages commençaient à être testés au banc à Khimki, dans la banlieue de Moscou. Cette même année, Korolev essayait certains des équipements de la R-7 sur des fusées expérimentales M-5RD et R-5D dont plusieurs tirs étaient effectués sur la seule base de lancement que possédait l'Union soviétique à l'époque : Kapoustine Yar, située à une centaine de kilomètres de Volgograd et à mille de Moscou.

Hormis son rôle militaire, cette fusée R-7 pouvait aussi être capable de mettre en orbite un satellite. Korolev montrait que la masse maximale de ce satellite pouvait être de l'ordre de 1 400 kg dans le cas d'une orbite basse. En fait, l'idée qui consistait à se lancer dans la réalisation d'un satellite s'était concrétisée dans l'esprit de Korolev en 1954. Le 26 mai, il avait proposé au Conseil des ministres de réaliser un satellite puis le 25 juin 1955, c'est-à-dire un mois avant la décision américaine de lancer un satellite à l'occasion de l'Année géophysique internationale, il avait établi un rapport sur la nécessité d'explorer l'espace au moyen de satellites. Le 30 août suivant, une réunion du présidium de l'Académie des sciences, à laquelle participaient notamment l'académicien et mathématicien Keldych, Korolev et Glouchko, approuvait la proposition et demandait même qu'un vaste programme scientifique soit engagé pour l'étude de l'ionosphère*, des rayons cosmiques, du champ magnétique, de la luminescence de l'atmosphère terrestre et du Soleil. Ce programme prévoyait même la réalisation de satellites biologiques emportant des animaux.

Le 30 janvier 1956, la décision de construire le premier satellite à vocation scientifique (objet D) était prise. Une commission présidée par Keldych était alors créée pour la réalisation de ce satellite qui devenait donc le rival de Pamplemousse, son équivalent (beaucoup plus modeste) américain. Le 25 février, les spécifications techniques étaient arrêtées et le projet était définitivement accepté par l'Académie des sciences et le comité central le 28 septembre.

Aux Etats-Unis comme en Union soviétique, l'année 1956 vit une accélération du développement du lanceur et du satellite. La compétition spatiale s'exacerbait. Mais, du côté russe, il apparut que le satellite prévu ne serait pas prêt avant de nombreux mois alors que le premier tir de la R-7 était envisagé pour mars 1957. Le délai trop long de mise à disposition du satellite obligea alors Korolev à changer de stratégie. Ainsi, le 5 janvier 1957, il informait le Conseil des ministres qu'il était souhaitable de lancer en toute hâte la réalisation d'un satellite rudimentaire qu'il appela PS-1 (Prosteïchii Spoutnik-1 ou satellite le plus

Le missile balistique R-7 Sémiorka en phase de préparation avant tir en 1957 à Baïkonour.

Développement de la fusée R-7 Sémiorka

Juillet 1954
Début du projet

1955
Elaboration du projet d'un missile expérimental pour tester les sous-systèmes et les composants de la R-7

Février 1956
Premier lancement du missile expérimental

Septembre 1956
Dernier lancement du missile expérimental et début des essais au banc des moteurs de la R-7

15 mai 1957
Premier lancement de la R-7 (échec)

9 juin 1957
Tir avorté de la R-7

12 juillet 1957
Deuxième lancement de la R-7 (échec)

21 août 1957
Troisième lancement de la R-7 et premier lancement réussi

7 septembre 1957
Quatrième lancement de la R-7 et deuxième lancement réussi

4 octobre 1957
Lancement de Spoutnik 1 avec une R-7 modifiée

17 janvier 1959
Premier lancement de la version série du missile balistique intercontinental R-7

22 octobre 1959
Premier lancement de la version série du missile balistique intercontinental R-7 dans des conditions opérationnelles

24 décembre 1959
Premier lancement d'une variante de la R-7

Décollage du missile balistique R-7 Sémiorka en 1957. La masse au décollage est de 270 tonnes et la poussée, de près de 400 tonnes. Le missile R-7 est capable d'emporter une charge thermonucléaire d'une masse d'environ 5 tonnes à une distance de 6 200 km.

simple n° 1) devant contenir un émetteur radio et dont la masse était estimée à une cinquantaine de kilogrammes et la durée de vie limitée à celle des batteries de bord, c'est-à-dire à environ quatorze jours. Les principales caractéristiques associées à la réalisation de ce satellite devaient être les suivantes :

- conception faisant appel à un maximum de simplicité et de fiabilité,
- forme sphérique de façon à déterminer le plus précisément possible la densité de l'atmosphère tout au long de l'orbite,
- emport d'un équipement radio fonctionnant de façon permanente et avec une puissance suffisante pour assurer la réception des signaux à grande distance.

Quant aux objectifs à atteindre par ce premier satellite, ils étaient les suivants :

- acquérir la technique de mise en orbite de satellites et leur séparation du lanceur,
- fournir des informations sur la densité de la haute atmosphère utiles au calcul de la durée de vie en orbite des satellites futurs,
- mettre au point les techniques de poursuite radio et optiques destinées au calcul des orbites,
- comprendre la propagation des ondes radioélectriques dans l'ionosphère,
- contrôler le bien-fondé des choix des moyens de pressurisation retenus et l'efficacité des joints hermétiques utilisés.

Sans attendre la réponse des autorités gouvernementales, Korolev établissait les spécifications du PS-1 ; celles de l'émetteur radio étaient fournies à l'OKB de l'institut d'énergétique de Moscou dirigé par A. F. Bogomolov. Le 5 mai, des essais de l'émetteur étaient réalisés avec un hélicoptère auquel était suspendu le satellite. Le 24 juin, c'est-à-dire moins de six mois après avoir pris la décision, le satellite était prêt et expédié pour y être lancé, à Baïkonour, nouvelle base de lancement construite dans les steppes du Kazakhstan.

S'agissant de la R-7, l'avancement du programme avait été moins rapide mais il est vrai que les problèmes techniques étaient beaucoup plus nombreux et difficiles à résoudre. Bien que le

4 mars 1957, Korolev ait approuvé et signé le projet technique n° 1 de préparation au lancement de la première R-7, dénommée alors L1-5, il était toujours dans l'attente du Conseil des ministres quant à une décision de procéder à son lancement tout autant qu'à celle de réaliser le Spoutnik. Mais ceci n'était pas suffisant pour l'arrêter. Ainsi, en mars et avril, il fait procéder à la préparation de la fusée et de la plate-forme de tir. Les conditions de travail sont particulièrement difficiles. On travaille jour et nuit à l'assemblage, au contrôle du missile et aux derniers préparatifs de la plate-forme. Le 4 mai, on procède à une répétition générale du fonctionnement du système de lancement et notamment du dispositif de maintien de la fusée sur le pas de tir. Pour plus de sécurité, le lendemain, on essaie encore ce dispositif. Mille précautions sont prises, mille vérifications sont effectuées. La fusée, quant à elle, est toujours dans son bâtiment d'assemblage pour les derniers contrôles.

Bien qu'il y ait encore quelques petits problèmes à régler, la décision est prise : la sortie sera pour le lendemain. On travaille donc encore toute la nuit, sur le pas de tir et sur la fusée. Enfin, le 6 mai à midi tout le personnel s'est rassemblé près de la grande porte du bâtiment d'assemblage. Si l'on en croit le général-colonel A. A. Maximov qui vécut ces moments, tout le monde était heureux, l'ambiance était fantastique, chargée d'émotion surtout lorsque la fusée libérée de ses échafaudages fut soulevée à l'horizontale par les ponts roulants et placée sur le véhicule ferroviaire transporteur-érecteur qui s'ébranla alors vers le pas de tir. Sur la route parallèle à la voie ferrée marchaient les membres de la commission d'Etat avec en tête le ministre V. M. Riabikov, M. I. Nédéline et S. P. Korolev qui formaient en quelque sorte une escorte d'honneur à cette fusée dont ils attendaient beaucoup.

Le 8 mai, la commission d'Etat envoie son rapport au comité central du Parti demandant la permission d'effectuer le tir entre le 13 et le 18 mai. Le lendemain, le feu vert est donné par N. S. Khrouchtchev lui-même. Pour ce tir balistique*, c'est-à-dire sans satellisation, il est alors prévu que l'ogive vise une cible située près du volcan Kliout-chevskaya-Sopka dans la péninsule du Kamtchatka, c'est-à-dire à 6 000 km de Baïkonour. Mais il y eut bien des difficultés pour obtenir des liaisons radio fiables avec cette région. Il fallut avoir recours au maréchal I.S. Konev, adjoint du ministre de la Défense, pour que des directives destinées à améliorer la situation soient données.

Le 11 mai, les tests révèlent une défaillance dans le système de pilotage de la fusée. Toute la nuit sera mise à profit pour en trouver l'origine. Au petit matin, on découvrira l'organe défectueux : une simple vis dévissée dans un connecteur. Le maréchal Nédéline qui aimait bien les formules imagées ne manqua pas alors de faire remarquer que « *Ce n'est pas la charrette qui gêne le pope, mais la vis de l'essieu de la roue.* » Aujourd'hui, en 1994, après trente-sept années consacrées aux missiles et aux lanceurs, le général-colonel Maximov tire des conclusions : « *On peut*, dit-il, *compter sur les doigts d'une main les accidents ou les anomalies provoqués par des erreurs dans les calculs ou dans la conception des matériels. Dans la plupart des cas, les défaillances ou les accidents sont dus à une simple négligence, une mauvaise organisation, une mauvaise qualité dans l'exécution des travaux ou au non respect des procédures. Et cette fois, c'était bien le cas !* » La commission d'Etat a alors exigé une enquête rigoureuse. Enfin le 12 mai, une répétition générale du lancement est effectuée. Mais une coupure d'alimentation électrique se produisit entre la 10ᵉ et la 11ᵉ seconde. Il s'avéra qu'une des prises était mal branchée. Et puis une défaillance plus grave intervint : lors du passage de l'alimentation sol à celle du bord, le système Irtych destiné à communiquer au sol les angles d'assiette* de la fusée ne fonctionna pas. Au cours de débats animés qui durèrent une partie de la nuit, on décida de procéder au lancement en se passant du système Irtych.

Le soir du 13 mai, la commission d'Etat écouta les météorologistes qui n'étaient pas optimistes. Le tir fut alors planifié pour le 15. Le 14 mai, on engagea les derniers préparatifs et dans la soirée,

La construction de Baïkonour fut systématiquement surveillée par les services de renseignement américains. Ici, vue du pas de tir du Spoutnik prise par un avion-espion U-2.

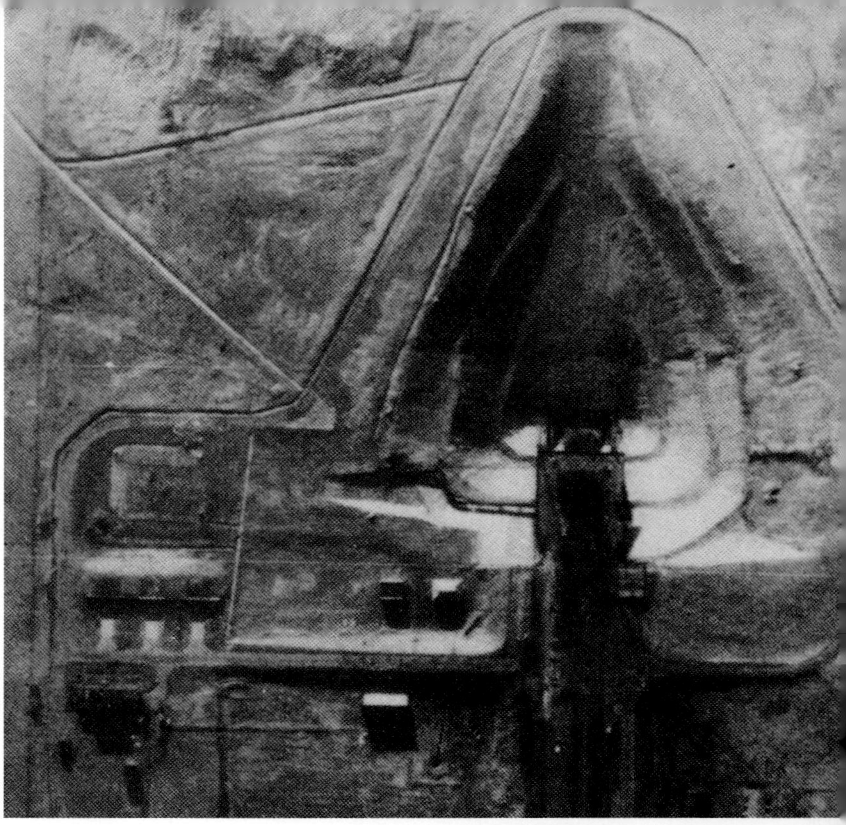

Le rôle de la commission d'Etat

Elle est responsable de la préparation et du déroulement des vols balistiques et spatiaux. Elle comprend des représentants du gouvernement, des industriels et des responsables des centres spatiaux (cosmodromes notamment). Elle a été créée dès 1946 pour les essais des premiers missiles balistiques. A cette époque, elle était mise en place quelques mois avant le début des essais en vol sur décision du comité central au cours d'une cérémonie solennelle.

Le rôle principal de la commission d'Etat est de démontrer aux représentants du gouvernement qu'il ne peut y avoir d'échec car toutes les précautions ont été prises et tous les scénarios envisagés. Chaque membre, pour ce qui concerne son domaine de responsabilité, démontre cela devant la commission.

Si aujourd'hui les vols réalisés sont le plus souvent des vols de routine et si les décisions prises par la commission sont donc peu risquées, il n'en a pas toujours été de même. Sous Staline, les sanctions pouvaient être sévères. Ainsi, le maréchal Yakovlev qui fut président de la commission d'Etat de l'Artillerie et qui fut jugé responsable, à ce titre, d'une mauvaise décision relative à la réalisation d'un canon fut condamné, ainsi que ses adjoints, à dix ans de prison. Il est vrai qu'à cette époque, c'était Lavrenti Béria, chef du N.K.V.D., le prédécesseur du K.G.B., qui surveillait lui-même les travaux et c'est à lui que la commission d'Etat présentait les causes des accidents. Plus récemment, en 1988, le général Mozjorine qui était secrétaire de la commission d'Etat relative au vol de Bourane, se souvient que signant le procès-verbal de la réunion autorisant le vol, le ministre lui susurra à l'oreille qu'*« il venait de signer avec son sang »* ! On peut penser qu'il s'agissait ici plus d'une boutade, certes un peu macabre, que d'un véritable risque pour l'intéressé.

Aujourd'hui, les décisions de lancement sont prises par cette commission qui est permanente et comprend vingt à trente personnes. Elle est présidée par le général Ivanov, commandant des Forces spatiales militaires, le vice-président et directeur technique étant Y.P. Séménov, constructeur général de l'entreprise NPO Energia et le responsable des cosmonautes étant P.I. Klimouk. Une sous-commission technique est désignée pour chaque lancement. Elle est présidée par un militaire et sa composition varie selon les problèmes techniques considérés. En fait, c'est cette sous-commission qui prend les décisions pour les vols de routine.

Les membres de la première commission d'Etat de Baïkonour

V.M. Riabikov
Président

S.P. Korolev
Responsable technique et constructeur principal du système

M.I. Nédéline
Maréchal représentant le ministre de la Défense

G.N. Pachkov
Représentant du président de la commission au Conseil des ministres pour les questions militaires (V.P.K.)

V.P. Glouchko
Constructeur principal des moteurs

N.A. Piliouguine
Constructeur principal des systèmes de guidage

V.I. Kouznetsov
Constructeur principal des gyroscopes

M.S. Riazanski
Constructeur principal des systèmes de guidage radio

V.P. Barmine
Constructeur principal des infrastructures terrestres

A.G. Mrykine
Général-ingénieur représentant le directeur des fusées militaires

S.N. Chichkine
Constructeur principal des têtes militaires

I.T. Boulitchev
Général-colonel représentant du chef de la direction des transmissions du ministre de la Défense

A.I. Nestérenko
Général-lieutenant d'artillerie. Directeur du centre de Baïkonour

A.A. Maximov
Colonel-ingénieur. Secrétaire de la commission

4 octobre 1957 : lancement du premier satellite artificiel de la Terre, Spoutnik-1.

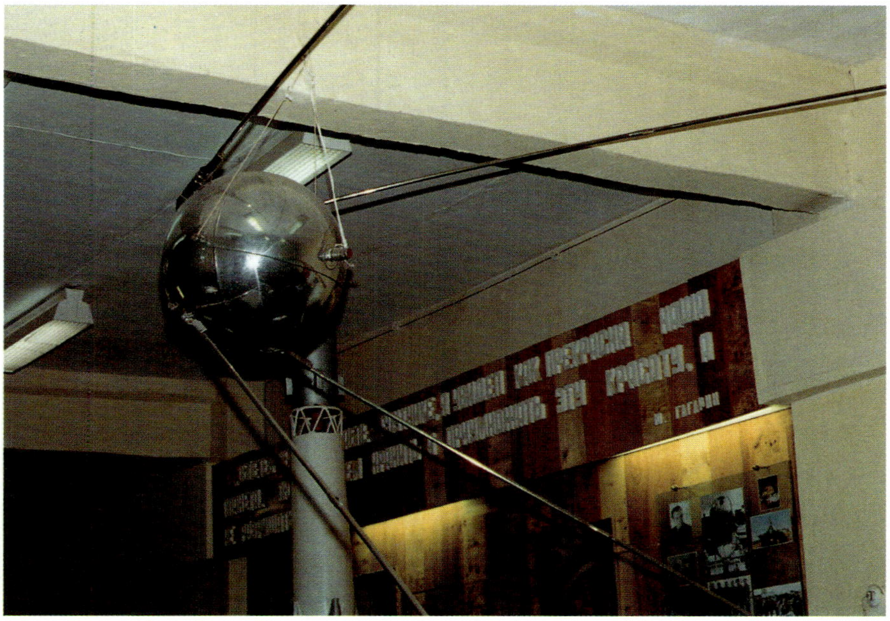

Maquette en vraie grandeur de Spoutnik-1 exposée au musée de Baïkonour. Le satellite pèse 83,6 kg et a un diamètre de 58 cm. Il est doté de quatre antennes, contient deux émetteurs radio et un système de régulation thermique. Le satellite émit des signaux jusqu'au 15 novembre 1957, c'est-à-dire bien au-delà des quatorze jours prévus. Il rentra et se détruisit dans l'atmosphère le 4 janvier 1958, après avoir effectué 1 800 orbites pendant quatre-vingt-douze jours.

la commission d'Etat décida de faire procéder au lancement pour le lendemain, entre 17 et 20 heures, heure locale. Le choix de ce créneau horaire résultait de plusieurs exigences. Le début du vol le long de la base devait avoir lieu de jour pour qu'on puisse suivre la trajectoire de la fusée à l'œil nu et à l'aide d'appareils optiques. Il était aussi préférable que l'ogive de rentrée arrive au-dessus de Kamtchatka au lever du soleil pour que les équipes de recherche puissent profiter au maximum de la lumière du jour. Par ailleurs, la fusée pouvait s'écarter de la trajectoire prévue, c'est pourquoi il était préférable de faire son suivi sur fond de ciel nocturne. Et puis, il y avait un dernier aspect, non des moindres : la confidentialité. Le lancement était moins repérable par les systèmes d'observation américains le jour que la nuit. Pour renforcer cette confidentialité, on prit aussi d'autres mesures (déviation des vols des avions de ligne et blocage des trains dans les grandes gares sous de fallacieux prétextes).

Le 15 mai, à 4 heures du matin, le remplissage des réservoirs commence sous la direction du futur cosmonaute G. M. Gretchko. La situation sur le pas de tir quelques heures avant le lancement est quelque peu surréaliste comme le raconte le général-colonel Maximov :

« *Lors des préparatifs, ici ou là, on était parfois obligés de ralentir nos travaux. C'était énervant. Parfois, on s'emportait et ceci créait des incidents comme celui que je vais maintenant raconter. Etant à l'intérieur de la plate-forme de tir, au bas de la fusée, j'ai constaté une situation très désagréable. Partout, il y avait des vapeurs d'oxygène et dans cette vapeur froide, des gens qui comme des diables en enfer faisaient leur travail. L'oxygène sortait de la turbopompe. Des tuyaux d'écoulement n'avaient pas été prévus et des flaques d'oxygène liquide se formaient sur le sol. Compte tenu de la hâte, on mit des boîtes et des seaux. Puis, quand ils étaient remplis d'oxygène liquide, on les vidait plus loin sur le béton. Quand je pense à cela maintenant, je me dis : quelle chance avons-nous eue ! Car l'oxygène au contact des fibres de coton est un explosif. Il réagit facilement avec toute huile et toute matière organique. A tout moment, on pouvait partir en l'air même sans fusée, ou plutôt avec elle. C'était le temps où l'on apprenait. Parfois le prix de l'expérience et des connaissances était la vie. Je suis alors monté à la surface du pas de tir et j'ai retrouvé V. I. Kourbatov, l'adjoint de V. P. Glouchko, le maître d'œuvre des moteurs. J'ai raconté ce qui se passait en bas et il y est parti en courant. L.A. Voskressenski, l'adjoint de Korolev pour les essais, l'a rejoint, suivi aussitôt par le général A. G. Mrykine. Ayant vu ce spectacle, ce dernier a fait des reproches aux constructeurs et a adressé à la commission d'Etat une demande de renforcement des mesures de sécurité.*

Cette affaire ne fut guère appréciée par Sergueï Pavlovitch [Korolev] qui considérait que j'étais l'informateur du général et me renvoya du pas de tir. La tension nerveuse est un carburant qui rend les relations entre les personnes inflammables et explosives. Mais je fais partie des gens non soumis et alors une discussion désagréable a commencé. Enfin, Sergueï Pavlovitch m'a menacé d'appeler la garde et de me faire sortir. J'ai fait remarquer que celle-ci est constituée de militaires qui étaient sous mes ordres. Ma place était ici avec eux au poste de commande de tir que je ne quitterai donc pas. Finalement, Korolev a appelé par haut-parleur les membres de la commission d'Etat Mrykine et Pachkov et, très excité, leur a demandé de m'emmener, sinon il partirait lui-même. Comme secrétaire de la commission d'Etat, on m'a donc "trouvé" une mission d'urgence et tout a été réglé.

Mais revenons au pas de tir. A 21 h 05, c'est-à-dire une heure après l'heure prévue, les opérateurs B.S. Tchekounov et A.I. Korniev procèdent à l'exécution de l'ordre de tir. Les flammes, la fumée, la poussière enveloppent maintenant la fusée. Celle-ci disparaît même dans cette tourmente de feu et de gaz à tel point qu'on la croit perdue. Mais les bras qui la maintiennent s'ouvrent et elle s'élève lentement. On ne la quitte pas des yeux, on retient son souffle. Les sentiments les plus contradictoires nous envahissent alors. Il y a de l'admiration et de la fierté pour tous ceux qui ont fait ce miracle mais aussi une grande inquiétude : le vol va-t-il se poursuivre ? Il est difficile de dire combien de temps on a suivi le vol : quelques minutes ou bien quelques secondes. Mais soudain, quelque chose a éclaté et la fusée a disparu de la vue. Mais certains la voyaient encore, d'autres non et quelqu'un a même vu un élément se détacher et tomber. Il se confirma rapidement que quelque chose s'était passé. Quoi qu'il en soit, on considéra que ce lancement était un succès. Le décollage avait été parfait, des centaines de mécanismes, de systèmes, de circuits, de contacts avaient fonctionné.

Une cinquantaine de personnes se sont rassemblées dans le "bancobus", c'est-à-dire dans le local situé près du pas de tir et où se réunissaient d'habitude la commission d'Etat et la direction technique. Ce nom de "bancobus" venait en fait du champ de tir de Kapoustine Yar où la réunion avait lieu dans un vieil autobus cassé et abandonné dans la steppe. On a alors reçu les premières informations. Le général L.M. Gaïdoukov rapportait que la fusée était tombée à environ 300-500 km de la base de lancement. Mais il fut demandé à tout le monde de garder le secret, puis la commission d'Etat est restée seule pour décider la manière dont la nouvelle devait être communiquée à Moscou. C'est ainsi qu'on a annoncé que bien que le vol ne fût pas totalement accompli, globalement les objectifs avait été atteints. Il est vrai que nous avions une fusée qui volait et dont on maîtrisait le lancement et le fonctionnement des équipements sol.

Notre rapport fut reçu avec sérénité par N.S. Khrouchtchev et N.A. Boulganine. Ceux-ci nous ont félicités et ont demandé qu'on accélère la suite des travaux. Puis, nous avons commencé à analyser les circonstances du vol, les causes de la chute. Il s'avéra que la rupture d'une canalisation d'azote à 103,6 s c'est-à-dire seulement dix secondes avant la séparation des accélérateurs latéraux en était à l'origine. »

Cet obélisque se dresse non loin du pas de tir d'où fut lancé Spoutnik-1. Sur la plaque de marbre on peut lire: «Ici fut donné le premier assaut audacieux à l'espace par le génie de l'homme soviétique.»

Lors de l'expertise des morceaux du missile, on constatera que la défaillance était imputable à une remontée des flammes dans la baie de propulsion intervenue lors de la mise à feu.

Le 9 juin suivant, un second missile dénommé L1-6 était prêt au décollage quand une importante fuite d'oxygène se produisit au niveau de l'un des moteurs. Faute de pouvoir réparer sur le site, le missile sera retourné en usine et le lancement annulé. Le deuxième essai eut lieu alors le 12 juillet et un court-circuit dans une batterie provoqua également l'échec au bout de quarante secondes de vol. Il faudra attendre le troisième tir (L1-8), le 21 août, pour avoir un succès total. Après s'être séparée du vecteur, l'ogive expérimentale rentra dans l'atmosphère au-dessus de la cible visée. Six jours seront nécessaires pour retrouver les fragments de la tête dispersés sur le sol dans une région difficile d'accès et ainsi confirmer le succès. Les Américains enverront d'ailleurs un avion de reconnaissance de type U-2 survoler le site et le 27 août, les journaux soviétiques publieront la nouvelle. Pour la première fois, un missile de portée* intercontinentale avait été tiré. Les Américains n'obtiendront un résultat identique avec leur missile Atlas que le 17 décembre 1957.

Un second succès intervint le 7 septembre avec le quatrième tir auquel assistera d'ailleurs Nikita S. Khrouchtchev. La R-7 pouvait désormais entrer dans l'arsenal stratégique soviétique. Ceci sera fait le 22 octobre 1959 avec le premier tir réussi dans les conditions opérationnelles.

Les deux tirs consécutifs réussis ont été déterminants dans la suite des événements qui allaient dès lors se précipiter. Le lanceur est prêt, et il s'agit maintenant de procéder le plus rapidement possible au lancement du Spoutnik. Les équipes de Korolev travaillent sans relâche. Le 3 août, avant les deux derniers tirs de la R-7, ont eu lieu les essais d'intégration du satellite sur le lanceur. Puis, le 20 septembre, la commission d'Etat, présidée par V. M. Riabikov et à laquelle participent le maréchal Nédéline, Korolev et Keldych, se réunit pour fixer la date du tir. Ce sera le 5 octobre.

La préparation du tir se déroule de façon si satisfaisante qu'une avance de deux jours est prise par rapport aux prévisions. Toutefois, une journée sera utilisée au remplacement d'une des batteries du satellite qui perdait son électrolyte. Korolev signe l'ordre de tir le 2 octobre, et le 4, à 5 h 45 du matin, le remplissage des réservoirs commence.

Désormais, tout est prêt. Dans le poste souterrain de contrôle des opérations de lancement, S. P. Korolev et son adjoint chargé des essais, L. A. Voskressenski, ont les yeux rivés sur les périscopes leur donnant l'image du site de lancement. A quelques mètres derrière, se tiennent Riabikov et les membres de la commission d'Etat. L'ordre est alors donné au colonel A. I. Nossov, chef de l'équipe de lancement, de procéder au tir. Il appuie sur le bouton. Il est 22 h 28 min 34 s, heure de Moscou. Le lanceur s'élève lentement et prend de plus en plus de vitesse. 5 min et 14,5 s plus tard, le premier satellite de la Terre est en orbite. Un « bip-bip-bip » informe l'humanité de l'événement.

Korolev, très ému, n'attend pas pour réunir les artisans de ce succès.

Aujourd'hui, dit-il, *nous avons réalisé le rêve de quelques-uns comme Constantin Edouardovitch Tsiolkovski, notre grand pionnier. Il a prédit que l'humanité ne resterait pas toujours sur Terre. Le Spoutnik est la première confirmation de sa prophétie. Nous pouvons être fiers qu'elle se soit réalisée dans notre pays. A tous, merci du fond du cœur.*

Depuis, une stèle, près du pas de tir, rappelle l'événement historique.

Le retentissement est mondial et considérable. Au Kremlin, Nikita S. Khrouchtchev savoure ce succès avec délectation et non sans quelque surprise d'autant que de nombreux télégrammes de félicitations affluent du monde entier. L'Union soviétique a pris un avantage technologique et psychologique considérable sur l'Occident. Pour lui, une chose est désormais claire : il faut maintenir, voire accroître cette avance. Il convient dès lors de donner au pays les moyens budgétaires, matériels et humains nécessaires.

Mais, pour l'heure, il s'agit de montrer au monde entier que ce succès n'est pas le fruit du hasard mais le résultat d'une véritable politique spatiale étatique. Khrouchtchev demande alors à Korolev de procéder à un nouveau lancement à l'occasion du 40e anniversaire de la révolution d'octobre. L'objet D n'étant toujours pas prêt, Korolev propose de faire un second « coup » médiatique avec le lancement de la chienne Laïka, le premier être vivant de l'espace. Il ne lui restait plus qu'à rappeler ses collaborateurs qui, comme lui, n'avaient pas pris de vacances depuis dix ans et auxquels il avait accordé quelques jours de repos. Un nouveau défi les attendait.

★

MSTISLAV VSEVOLODOVITCH KELDYCH
(1911-1978)
Mathématicien et théoricien de l'espace soviétique

1931
Termine ses études à l'Université de Moscou

1931
Mathématicien au TsAGI (calculs théoriques relatifs aux moteurs à réaction)

1937
Professeur à l'université de Moscou. Travaille aussi à l'institut de mathématiques V. A. Steklov

1943
Membre correspondant de l'Académie des sciences

1946
Membre de l'Académie des sciences

29 novembre 1946
Directeur du NII-1 où il regroupe les activités relatives aux fusées, aux avions-fusées et aux missiles

1949 Membre du Parti communiste

1953
Directeur de l'institut de mathématiques appliquées. Chargé notamment des calculs relatifs aux bombes A et H et aux lanceurs et missiles

1953
Membre du présidium de l'Académie des sciences

A partir de 1956-57
Participe au sein de l'Académie des sciences à la définition de la mission de Spoutnik-1, puis plus tard aux calculs relatifs au dimensionnement de la protection thermique du vaisseau Vostok qui emportera Gagarine, le premier cosmonaute. Le calcul des orbites et trajectoires des sondes lunaires, martiennes et interplanétaires seront aussi de sa responsabilité. Il participe par la suite au programme scientifique de coopération internationale Intercosmos

1960 à 1961
Vice-président de l'Académie des sciences

1961 à 1974
Président de l'Académie des sciences
M. V. Keldych était titulaire de nombreuses décorations soviétiques et étrangères.
Il a reçu la médaille de Héros du travail socialiste en 1956, 1961 et 1971.
L'Ordre de Lénine lui a été décerné sept fois et celui du drapeau rouge du travail trois fois.
Il était aussi député du Soviet suprême et membre du comité central du Parti communiste.
Il obtint aussi en 1942 et 1946 le prix Staline, en 1957 le prix Lénine et en 1972 le prix Tsiolkovski

★

SERGUEÏ PAVLOVITCH KOROLEV
(1907-1966)
Constructeur général des lanceurs et systèmes spatiaux

12 janvier 1907
Naissance de S.P. Korolev à Jitomir (Ukraine)

Septembre 1922
Entrée à l'Ecole professionnelle du bâtiment

Septembre1924
Entrée à l'Institut polytechnique de Kiev

1926
Ecole technique supérieure de Moscou (institut Bauman)

1927
Tupolev est directeur de thèse de Korolev

Novembre 1929
Korolev rencontre probablement Tsiolkovski

9 février 1930
Obtention du diplôme d'ingénieur en construction aéronautique

Mars 1930
Il travaille au TsAGI

De 1925 à 1930
Il se passionne pour la construction et le pilotage des planeurs. Il se rend régulièrement à Koktebel en Crimée, haut lieu du vol à voile en URSS

Sergueï Pavlovitch Korolev applaudissant un équipage partant pour l'espace. On distingue en bas et à droite V. P. Barmine, le constructeur des installations de lancement de Baïkonour.

Septembre 1931
Après avoir fait la connaissance de F.A. Tsander, l'un des pionniers russes de l'astronautique, il est nommé directeur technique du GIRD de Moscou (MosGIRD) et est chargé de la conception des fusées et de la propulsion par réaction pour les avions. L'un de ses premiers projets est le planeur-fusée RP-1 doté du moteur OR-2 de Tsander

14 juillet 1932
Il est nommé directeur du MosGIRD

17 août 1933
Le MosGIRD procède dans la banlieue de Moscou au lancement de la première fusée à propulsion à liquides soviétique : la GIRD 09

Octobre 1933
Ingénieur en chef et directeur adjoint du RNII, nouvellement créé et qui réunit le MosGIRD et le laboratoire de dynamique des gaz (GDL) de Leningrad. Son activité est essentiellement tournée vers la conception d'engins ailés comme le planeur-fusée RP-318 piloté par Fédorov dont le premier vol aura lieu le 28 février 1940 et l'engin ailé 212, propulsé par fusée et sans pilote.

26 juin 1938
Il est arrêté

27 juillet 1938
Il est condamné comme « ennemi du peuple » à dix ans de camp de rééducation par le travail

Décembre 1939
Le jugement est annulé et la Cour spéciale du NKVD le condamne... par correspondance à huit ans de camp de travail au goulag de Nagaievo près de Magadan, en Sibérie, tout comme Tupolev accusé d'avoir vendu à la Pologne pour deux millions de zlotys les plans du bombardier TB-2. En 1987, les Soviétiques révéleront que ces condamnations résultaient de dénonciations mensongères

1941
A la suite de l'invasion allemande, il quitte le goulag et rejoint Tupolev dans une « prison pour savants », la *charaga* TSKB-29 de Moscou où il travaille à la réalisation d'un bombardier en piqué

Novembre 1942
Constructeur principal adjoint à l'OKB-16 à Kazan où, jusqu'en 1945, il participe à la conception de moteurs-fusées d'appoint pour les avions militaires avec V.P. Glouchko

27 juillet 1944
Korolev est libéré mais non réhabilité

Septembre 45 à janvier 1947
Séjour en Allemagne pour étudier les réalisations allemandes dans le domaine des fusées

9 août 1946
Constructeur principal de la section n° 3 (missiles balistiques) du NII-88

18 octobre 1947
Premier tir à Kapoustine Yar d'un V-2 reconstruit sous la direction de Korolev

10 octobre 1948
Premier tir du missile R-1 réalisé par Korolev mais qui s'inspire encore fortement du V-2

26 avril 1950
La section n° 3 du NII-88 devient l'OKB-1

1948-1953
Réalisation de divers types de missiles balistiques (une portée de 1 200 km est atteinte) et de fusées géophysiques

1953
Membre correspondant de l'Académie des sciences.
Début du projet de missile intercontinental R-7

S. P. Korolev et M. V. Keldych.

Jusqu'en 1953, S. P. Korolev qui était toujours considéré comme un « ennemi du peuple » ne put devenir membre du Parti communiste. Ce n'est qu'à cette date, c'est-à-dire juste après la mort de Staline, que sa demande d'adhésion fut acceptée.
Après le lancement du premier Spoutnik, Korolev est couvert d'honneurs. Ainsi, en 1958, il devient membre de l'Académie des sciences et en 1956 et 1961, il est fait Héros du travail socialiste. Il reçoit le prix Lénine en 1957, la médaille Tsiolkovski en 1958 et deux fois l'Ordre de Lénine.

Le nom de Korolev ne sera connu en Occident que de nombreuses années après le lancement de Spoutnik-1. Dans le contexte de la guerre froide, les services de sécurité de l'URSS sont vigilants et méfiants. Ainsi, ordre est donné à Korolev de ne pas paraître en public. Il reçoit les honneurs dans le plus grand secret. L'Occident qui ne le connaît pas attribue à un autre, l'académicien L. Sédov, les lauriers relatifs aux succès spatiaux soviétiques alors que ce dernier

Août 1953
Membre du Parti communiste

Août 1956
L'OKB-1 se sépare du NII-88

1957
Korolev est réhabilité

21 août 1957
Premier tir réussi de la R-7

4 octobre 1957
Lancement du premier satellite (Spoutnik-1)

1958
Membre de l'Académie des sciences

1959
Premières photographies de la face cachée de la Lune

1960-1966
Membre du présidium de l'Académie des sciences

12 avril 1961
Vol du premier homme dans l'espace (Gagarine)

1965
Première sortie d'un homme dans l'espace (Léonov)

De 1961 à 1966
Korolev se consacre à la réalisation du lanceur lunaire N-1 capable de mettre en orbite terrestre 90 t et d'envoyer un cosmonaute sur la Lune.

14 janvier 1966
Korolev meurt de l'opération chirurgicale d'ablation d'un polype au colon. Ses cendres sont par la suite déposées dans une urne qui est insérée dans le mur du Kremlin.

Obsèques de S. P. Korolev le 18 janvier 1966 près du mausolée de Lénine. L'urne contenant les cendres du « père du Spoutnik » est portée par les plus hauts dignitaires de l'Etat soviétique. On reconnaît notamment de droite à gauche, Brejnev, Souslov et Podgorny. Ses cendres seront ensuite déposées dans le mur du Kremlin. Aujourd'hui, ce mur contient les restes de cinq cosmonautes, Komarov, Dobrovolsky, Volkov, Patsayev et Gagarine, les quatre premiers ayant péri dans l'espace, ainsi que ceux de Korolev et de Keldych.

n'est impliqué en rien dans ces succès. La presse occidentale donne même à Sédov le titre de « père du Spoutnik ». Alors que la fondation Nobel se rend à Moscou pour connaître le nom de celui qu'elle envisage de récompenser à la suite du lancement du Spoutnik, l'Académie des sciences, sur ordre du comité central, refuse de révéler le nom de Korolev. Korolev publiera toutefois dans la *Pravda*, mais sous le pseudonyme de professeur Sergueiv. Ce maintien dans l'anonymat valait aussi pour d'autres que Korolev. Ainsi, l'un de ses adjoints, B.E. Tchertok, publiait sous le pseudonyme d'Evséiev, le général Mozjorine sous celui de Dmitriev. Il ne fallait pas que ces scientifiques et hauts responsables puissent être identifiés par l'étranger. Leurs noms étaient un secret d'Etat. Dans le même but, la consigne était passée aux cosmonautes qui communiquaient par radio avec Korolev de ne jamais citer son nom mais de s'adresser à lui uniquement par ses prénoms. En fait, il faudra attendre la mort de Korolev pour que son nom soit enfin cité dans la presse soviétique mais ce sera dans la rubrique nécrologique. Il aura droit à des adieux officiels sur la place Rouge.

Aujourd'hui, S. P. Korolev est certainement la figure la plus emblématique de l'espace soviétique. La plupart des grandes premières spatiales sont de sa responsabilité de 1957 à 1965. Néanmoins, son caractère autoritaire et ombrageux ne facilita pas les relations avec Glouchko, Tchélomei et d'autres. On notera cependant ses qualités de visionnaire et d'organisateur, et sa ténacité . Il était par ailleurs vénéré par ses collaborateurs et très attentif à leurs remarques et opinions. Il était en outre très superstitieux et avait beaucoup de particularités comme souvent les hommes de génie. Parmi celles-ci, et qui n'était pas à son avantage, était qu'il ne supportait pas la présence de femmes sur le site de lancement !

Korolev fut à l'origine de tous les premiers succès de l'astronautique soviétique. Une statue lui a été élevée en 1988 dans le centre de Kaliningrad au nord de Moscou, dans la ville même où était situé son bureau d'études.

VALENTIN PETROVITCH GLOUCHKO

(1908-1989)

Constructeur général des moteurs-fusées à ergols liquides des lanceurs et systèmes spatiaux

1929

Il termine ses études à l'université de Leningrad

1929

Laboratoire de dynamique des gaz (GDL) de Leningrad

1929-1932

Il réalise le premier moteur à propulsion électrique et étudie les premiers moteurs de la série ORM à propulsion à liquides ainsi que différents types d'ergols* (tétranitrométhane, tétraoxyde d'azote, toluène, acide nitrique…)

1933

L'un des moteurs qu'il a réalisés (ORM-52) atteint une poussée de 300 kg. C'est un record pour l'époque

Octobre 1933

Fusion du GDL et du MosGIRD qui deviennent le RNII au sein duquel Glouchko poursuit ses activités

1936
Le moteur ORM 65 de 160 kg de poussée est réalisé. Il équipe par la suite l'avion-fusée-212 et le planeur-fusée RP-318 de Korolev

23 mars 1938
Glouchko est arrêté comme Korolev pour trahison suite à une dénonciation mensongère. Il est interné.

1941
Glouchko prend la tête de la section moteurs-fusées à liquides de l'OKB-16 de Kazan, bureau d'études pour la construction de moteurs destinés aux avions et aux fusées. Il a pour adjoint Korolev

1945
Séjour en Allemagne où il découvre les travaux allemands en matière de moteurs et de fusées

1945 à 1989
Glouchko dirige l'OKB-456 et est le créateur de la plupart des moteurs à kérosène-oxygène liquide et à ergols stockables de forte poussée. Parmi les plus remarquables, citons les moteurs :
– RD-100 à 103 pour les premiers missiles balistiques
– RD-107 à 108 de Sémiorka
– RD-119 et 214 pour le lanceur Cosmos
– RD-253 du lanceur Proton
– RD-170 de 806 t de poussée dans le vide pour les lanceurs Energia et Zénith et qui détient le record mondial de poussée

1974
Glouchko prend la succession de Michine qui avait lui-même succédé à Korolev à sa mort en 1966 et devient constructeur général des lanceurs et des systèmes spatiaux, fonction qu'il cumule avec celle de constructeur principal des moteurs. Il dirige alors l'ensemble industriel Energia composé de centres de recherche et d'usines de production. Cet ensemble assurera le développement du lanceur Energia capable d'emporter 94 t en orbite basse dont la navette Bourane.

Distinctions et autres nominations

1953
Membre correspondant de l'Académie des sciences

1956 Membre du Parti communiste

1956 et 1961
Héros du travail socialiste

1957 Prix Lénine

1958 Médaille Tsiolkovski

1958
Membre de l'Académie des sciences

1976
Membre du comité central du Parti communiste. Député du Soviet suprême
Titulaire de l'Ordre de Lénine (cinq fois)
Titulaire de l'Ordre de la révolution d'octobre
Titulaire de l'Ordre du drapeau rouge du travail
et de nombreuses autres médailles

L'une des dernières photographies de V. P. Glouchko prise en 1989 quelques semaines avant sa mort. Il pose ici devant la maison de bois qu'occupa Korolev de 1956 à 1965 lorsqu'il venait à Baïkonour. Les relations entre les deux hommes ne furent pas aussi bonnes que peut le laisser suggérer cette photographie.

БАЙКОНУР

Le début

Les exploits spatiaux ont eu un début
Avant que le monde ne les ait découverts
Avant que la Terre n'ait entendu
Le signal de Spoutnik venant de l'Univers

Avant même que la première fusée
N'ait craché un ouragan de feu sur sa table de lancement
L'ère des exploits stellaires a commencé
Ici à Baïkonour dans les steppes du Kazakhstan

Cette année le printemps a été accablant
La chaleur torride, la soif épuisante
Les tourbillons de sable brûlants
Les rafales acharnées du vent étouffant

Ici l'exploit des bâtisseurs a débuté
Les pionniers, les conquérants de la Terre
Ils ont surmonté toutes les difficultés
Ils ont fait le premier pas vers les mondes stellaires

Un pas audacieux, un pas certain
Une grande puissance a été déployée
On a rassuré le gouvernement :
« Le délai est respecté! »

Des braves gens, forts, généreux
Ont posé la première dalle
Pour les fondations du chantier
Bientôt connu comme Port des Etoiles

N. Maslénnikova

2
La naissance du plus grand Cosmodrome du Monde

L'espace soviétique avant Baïkonour

Si le lancement du premier Spoutnik fut considéré par l'opinion occidentale comme le début des activités spatiales soviétiques, en fait, ce ne fut pas tout à fait le cas. L'étape majeure que constituait ce lancement avait été précédée par plus de dix années de recherches et d'expériences effectuées à des fins spatiales ainsi que par la réalisation de nombreuses fusées à vocation militaire ou civile.

En effet, comme les Etats-Unis et la France, l'Union soviétique, à partir du savoir-faire récupéré en Allemagne à la fin de la Seconde Guerre mondiale dans le domaine des fusées, s'était engagée dans la réalisation de missiles balistiques et dans l'exploration de la haute atmosphère.

Dans le contexte de la guerre froide qui s'instaure entre l'Est et l'Ouest, ce sont les missiles balistiques qui vont faire l'objet d'une attention toute particulière tant de la part des dirigeants politiques que des bureaux d'études. Progressivement, la portée de ces missiles va s'accroître. Alors qu'avec le R-1, copie soviétique du V-2, une portée voisine de 300 km est acquise en 1948, on obtiendra 6 200 km neuf années plus tard avec le missile R-7. Corrélativement, la charge utile* est augmentée afin de transporter successivement les bombes nucléaires puis thermonucléaires.

Parallèlement, à partir de ces missiles balistiques, sont réalisées des fusées géophysiques destinées à des expériences dans la haute atmosphère : mesures physiques diverses et envoi d'animaux pour étudier le comportement d'êtres vivants.

Pour mener à bien tous ces programmes, l'Etat va mettre en place divers instituts de recherche et des bureaux industriels d'études et de production qui vont opérer sous tutelle de l'industrie d'armement. Dans un premier temps, l'organisation va être bâtie à partir des travaux effectués antérieurement par S. P. Korolev (conception des systèmes), V. P. Glouchko (moteurs-fusées), N. A. Piliouguine (systèmes de guidage), V. I. Kouznetsov (gyroscopes), M. S. Riazansky (systèmes radioélectriques et radars) et V. P. Barmine (bases de lancement).

Il serait trop long de retracer plus en détail à ce stade cette « Préhistoire » spatiale soviétique, toutefois, quelques points de repère sont donnés en annexe.

Pour les essais de ces missiles et fusées-sondes, l'URSS avait créé en 1946 un champ de tir à Kapoustine Yar près de Volgograd. Il fut le prédécesseur de Baïkonour.

La base de lancement de Kapoustine Yar

La base de lancement de Kapoustine Yar (littéralement «le trou aux choux») fut mise en service avant celle de Baïkonour située au Kazakhstan et avant celle de Plessetsk située près d'Arkhangelsk en Russie.

Kapoustine Yar (48°4 N – 45°8 E) est située à environ 100 km au sud-est de Volgograd (ancienne Stalingrad) sur les bords de la rivière Akhtouba affluent de la Volga et à environ 1 000 km de Moscou. Cette base s'étend sur une superficie de 96 km x 72 km. L'avantage essentiel de Kapoustine Yar est d'être située à proximité des voies de communication terrestres, fluviales et ferroviaires et à proximité de quelques grands centres industriels comme Volgograd.

C'est le 13 mai 1946 que le comité central et le Conseil des ministres ont décidé de créer un champ de tir pour les essais de fusées et c'est en juillet 1947 que le site de Kapoustine Yar a été choisi. Le premier directeur en fut le général V.I. Voznìouk et le premier tir d'un missile (un V-2) fut réalisé le 18 octobre 1947. Puis, en 1949, une division de missiles sol-air y était formée pour les essais du Wasserfall (R-101) et du Schmetterling (R-102) récupérés en Allemagne. En juin 1951, un polygone de défense antiaérienne (PVO) était créé, et l'aérodrome proche de Vladimirovka était transformé en base d'essai de missiles air-air.

Depuis 1947 jusqu'à aujourd'hui, plus de vingt mille tirs de missiles et lanceurs ont été effectués à Kapoustine Yar. Outre les essais de missiles balistiques de Korolev (R-1, R-2, R-5...), on y réalisa aussi ceux de Tchéloméï (dérivés du V-1 et missiles navals antisurface), ceux de Yanguel (missiles balistiques R-12 et R-14), ceux de Makéiev (missiles mer-sol balistiques stratégiques R-11 et R-13), ceux de Bériev (missile naval P-10), ceux de A. D. Nadiradze (missiles balistiques à poudre Frog, SS-12 et SS-20), ceux de S. P. Népobedimy (missiles à poudre SS-21 et SS-23) et bien d'autres. En septembre 1959, on y expérimenta le départ de missiles R-12 à partir de silos dénommés Mayak 1. En septembre 1961, on fera même exploser une bombe atomique à 50 km au-dessus du polygone pour tester les matériels aux effets nucléaires. C'est aussi de Kapoustine Yar qu'en octobre 1962 on tira un missile balistique R-12 avec son ogive nucléaire vers la base de Sary-Shagan au Kazakhstan pour y réaliser un essai d'interception par un missile antimissile.

Dans le domaine spatial, la première satellisation (satellite de type Cosmos) interviendra le 16 mars 1962 puis en 1969, ce sera celle du premier satellite réalisé dans le cadre du programme de coopération internationale Intercosmos. En outre, de nombreux tirs de fusées météorologiques et géophysiques seront réalisés de 1951 à 1968. Enfin, de juin 1982 à décembre 1984, furent effectués des lancements de l'avion spatial Bor qui prépara le programme de la navette Bourane.

A Kapoustine Yar en 1947-1948, les conditions de travail sont particulièrement dures physiquement et psychologiquement. Physiquement parce que la vie quotidienne y est plutôt difficile. Ainsi, pour les campagnes de tir, on arrive des bureaux d'études moscovites en trains spécialement aménagés. On y travaille, on y dort et on y mange. Certains techniciens logeront sous tente ou chez l'habitant dans les villages de Kapoustine Yar ou de Vladimirovka. C'est ainsi que le général commandant le centre habita l'ancien presbytère de Kapoustine Yar. La vie de ces pionniers fut très rude, non seulement à cause de l'hostilité des autochtones, mais surtout à cause des conditions climatiques. L'été y est très chaud avec des températures de l'ordre de +40 °C alors qu'en hiver le mercure du thermomètre descend jusqu'à –30 °C. C'est aussi un lieu balayé par de forts vents de sable. Le printemps plus agréable voit néanmoins proliférer les vipères et les tarentules. L'hiver le plus rude fut celui de 1950. La tempête dura une semaine accumulant la neige jusqu'à une hauteur de deux mètres. Il y eut des victimes. Ainsi ce n'est qu'au printemps lors du dégel qu'on retrouva le corps d'un soldat mort de froid. On retrouva même dans le désert un troupeau de chevaux qui avaient péri dans les mêmes circonstances. Il fallait aussi être fort psychologiquement car sur une voie parallèle se trouvait le train du général Sérov et de ses agents du NKVD (prédécesseur du KGB). Dans le contexte «d'espionnite aiguë» de l'époque, tous les gestes étaient surveillés et gare à celui qui transgressait les règles de sécurité. Rappelons que ce climat de suspicion permanente ne prendra fin qu'avec le départ de Gorbatchev quelque quarante années plus tard!

Les premiers tirs réalisés à Kapoustine Yar s'effectueront donc dans ce climat. L'un des V-2 qui fut alors lancé atteignit à peu près la portée nominale (231 km) mais on localisa l'impact à 180 km à gauche de la cible visée (rectangle de 8 km sur 16 km). L'équipe des techniciens soviétiques et allemands s'entendit alors dire de la part du général Sérov: «*Je ne vous dis pas ce qui se serait passé pour vous si, d'aventure, le missile était tombé sur la ville de Saratov*». La défaillance due à un parasite électrique fut toutefois trouvée, ce qui déclencha l'attribution d'une prime de 15 000 roubles et une distribution bien méritée de vodka.

Les techniques de suivi des trajectoires étaient encore rudimentaires à cette époque et ceci n'était pas sans engendrer quelques risques comme l'indique l'anecdote qui suit. «*Alors que la fusée qui venait de décoller devait s'incliner progressivement dans le plan de tangage, celle-ci est restée sur une trajectoire verticale et au-delà d'une certaine altitude, il n'a pas été possible de la suivre avec les appareils de poursuite. Au bout de cinq minutes, les membres de la commission d'Etat sont sortis du bunker. A peine étaient-ils dehors qu'un bruit sourd se produisit à une vingtaine de mètres derrière eux. Ils observèrent alors une colonne de fumée s'échappant de l'amas de tôles constitué par les restes de la fusée. Celle-ci était retombée exactement sur l'aire de départ sans provoquer de dégâts fort heureusement. La procédure révisée interdira par la suite la sortie du bunker avant quinze minutes.*»

Au milieu des années 1950, Kapoustine Yar ne pouvait plus s'étendre et surtout, on mit rapidement en évidence que ce champ de tir n'était pas adapté aux exigences du guidage radioélectrique de la R-7. Ainsi, les premières études montrèrent qu'il fallait disposer de deux stations de guidage situées à 500 km de part et d'autre du pas de tir. Or, il s'avérait que l'une d'entre elles aurait dû être construite en mer Caspienne, ce qui n'était pas concevable. En fait, lors du premier tir de la R-7 à Baïkonour, on s'aperçut que la distance entre les stations pouvait être réduite à 30 km et que Kapoustine Yar était donc tout à fait compatible avec les exigences de guidage de la R-7. Cependant, on chercha surtout un endroit moins observable par les Occidentaux. Ce fut donc l'avènement de Baïkonour. Par ailleurs, Kapoustine Yar n'était pas adaptée à la R-7 dont les quatre accélérateurs latéraux seraient retombés après leur phase de propulsion sur des régions habitées (région de Saratov).

Aujourd'hui, l'activité spatiale de Kapoustine Yar est inexistante. Le dernier lancement d'un satellite remonte à janvier 1987. A la fin de l'année 1992, Kapoustine Yar avait procédé au total à 83 lancements de satellites, Baïkonour à 917 et Plessetsk à 1 369.

Kapoustine Yar est actuellement l'un des centres de destruction des missiles balistiques (SS-20 notamment) résultant des accords de désarmement.

Un lieu perdu dans la steppe

Alors qu'en 1954, le développement du missile intercontinental R-7 s'engage, il apparaît qu'il faut disposer d'une base de lancement autre que Kapoustine Yar, ceci au moins pour deux raisons : avoir un champ de tir plus vaste parce que les portées des futurs missiles à tester sont plus longues que celles des engins précédents et être suffisamment éloigné des frontières afin d'être moins observable par les Occidentaux et notamment par les Américains qui avaient disposé des radars dans des pays limitrophes comme la Turquie. C'est donc le 20 mai 1954 que le Conseil des ministres donne son feu vert à la constitution d'une nouvelle base. Le général Vasily I. Vozniouk commandant le centre de Kapoustine Yar est alors désigné pour présider la commission d'Etat chargée de rechercher le futur site. C'est ainsi que trois régions furent pressenties : celle de Iochkar-Ola (république de Marye), la région de la mer Caspienne (république autonome du Daghestan) et celle de Kzyl-Orda (république du Kazakhstan). Fin 1954, le choix se porte sur cette dernière et plus précisément sur les environs de la petite station ferroviaire de Tioura-Tam perdue dans l'immensité de la steppe kazakhe.

Répartition sur le territoire de la CEI des principales villes ayant une activité spatiale et des principales stations du réseau de poursuite spatiale.

Six raisons majeures furent à l'origine de ce choix

1. L'endroit était suffisamment éloigné des frontières pour pouvoir assurer une certaine discrétion aux activités qui s'y dérouleraient (les frontières iranienne et afghane sont à environ 1 000 km).

2. Les trois cents jours de beau temps en moyenne par an et la faible nébulosité constituaient un atout favorable à l'observation optique des lancements. En outre, le lieu ne recevait que de faibles précipitations (250 mm par an).

3. Les immenses étendues désertiques permettaient d'assurer les lancements et les retombées d'étages dans de bonnes conditions de sécurité.

4. Afin de guider la R-7, il était possible d'implanter deux centres de radioguidage à environ 500 km de la base de lancement.

5. Tioura-Tam étant située sur la ligne de chemin de fer Moscou-Tachkent et sur le fleuve Syr-Daria, il était facile d'apporter les matériels nécessaires à la construction de la base ainsi qu'ultérieurement de faire parvenir les éléments des lanceurs.

6. Ce site avait aussi l'avantage d'être le plus au sud des trois étudiés, ce qui permettait de bénéficier de la vitesse initiale due à la rotation terrestre la plus élevée possible (316 m/s).

Le fleuve Syr-Daria prend sa source dans les montagnes du Kirghizistan et, après un parcours de près de 3 000 km dans les steppes du Kazakhstan, se jette dans la mer d'Aral. Le choix de l'emplacement de Baïkonour et de sa base-vie impliquait la présence proche de grandes réserves d'eau.

Pourquoi Baïkonour ?

Le cosmodrome de Baïkonour est situé à 2 100 km de Moscou, à 160 km à l'est de la mer d'Aral, à 800 km environ à l'ouest de Tachkent... et à 370 km au sud-ouest de la petite ville de Baïkonour. Afin de leurrer les Occidentaux, les officiels soviétiques qui avaient à enregistrer auprès de la Fédération aéronautique internationale le premier vol d'un cosmonaute, en l'occurrence celui de Gagarine en 1961, ont choisi de donner au cosmodrome le nom de Baïkonour plutôt que celui de Tioura-Tam qui eut été mieux adapté. La désinformation soviétique alla même jusqu'à implanter des panneaux indicateurs au nom de Baïkonour à l'entrée même du cosmodrome. Toujours dans ce but, les divers ouvrages soviétiques traitant de l'espace ont constamment donné pour coordonnées de cette base 47,4° N – 63,4° E alors que les coordonnées réelles sont 45,6° N – 63,4° E. La supercherie a commencé à transparaître avec la première visite de journalistes étrangers effectuée en 1975 lors du vol conjoint soviéto-américain Soyouz-Apollo, encore que dès 1957, un astronome japonais avait localisé le cosmodrome à Tioura-Tam plutôt qu'à Baïkonour.
Depuis 1991 et l'avènement de la CEI, l'appellation officielle est Tioura-Tam bien que le nom Baïkonour soit toujours utilisé.

Les principales dates de la création de Baïkonour

20 mai 1954
Le Conseil des ministres donne son feu vert à la constitution d'une nouvelle base de lancement

Fin 1954
Le site de Tioura-Tam au Kazakhstan est choisi

12 janvier 1955
Arrivée à Tioura-Tam d'un premier détachement d'une trentaine de militaires. Les premiers travaux d'aménagement commencent

12 février 1955
Le Conseil des ministres décide la création d'une base de lancement à Tioura-Tam. Le général A. I. Nestérenko est nommé directeur

Avril 1955
La route reliant la gare de Tioura-Tam à l'emplacement du futur pas de tir est tracée

5 mai 1955
La première pierre des habitations du village, qui allait devenir la ville de Leninsk, est posée

2 juin 1955
Création officielle du cosmodrome de Baïkonour

Juillet 1955
Début des travaux de terrassement de la plate-forme de tir

Octobre 1955
Construction des premières baraques et maisons des officiers et des habitations collectives (foyers) de la rue Nabèregnaïa. Construction sur la place du Travail des premiers magasins

1er novembre 1955
Fin d'installation des réseaux routiers et ferroviaires. Cinq mille militaires travaillent sur le site

19 avril 1956
Début du bétonnage du pas de tir

Avril 1956
Organisation des premières compétitions sportives

1er septembre 1956
Début des cours aux cent trente-six élèves de l'école du n° 30, rue Shkolnaïa

5 octobre 1956
La route reliant la gare de Tioura-Tam au pas de tir est terminée

Octobre 1956
Construction de la première caserne. Installation du système de lancement sur le pas de tir

7 novembre 1956
Aménagement du premier parc près des casernes.
Plantation de dix-sept mille arbres et de neuf cents buissons

15 mai 1957
Premier lancement d'une R-7

C'est en janvier 1955 que commencent les premiers travaux. Ici, les troupes du génie militaire procèdent aux relevés de terrain.

Le premier détachement d'une trentaine de militaires conduit par le lieutenant Denejkin, jeune homme de vingt-trois ans choisi pour son enthousiasme, arrive donc à Tioura-Tam le 12 janvier 1955. Son rôle est d'effectuer les premiers relevés de terrain et de préparer les lieux où s'installeront les différentes équipes qui arriveront ultérieurement. Ainsi, dans la steppe couverte de neige, on commence à creuser des habitacles souterrains qui serviront de logements ou de lieux de stockage de la nourriture. Afin de conserver les produits alimentaires au frais, ces lieux de stockage sont pourvus de pains de glace qui ont été découpés dans les lacs gelés voisins.

Un mois plus tard, jour pour jour, le Conseil des ministres prenait officiellement la décision de créer à Tioura-Tam une base de lancement pour les essais du futur missile balistique intercontinental et pour la mise en orbite de satellites artificiels.

La responsabilité de la construction des installations, qu'elles soient à usage civil ou militaire, fut attribuée aux troupes du génie militaire, entité directement rattachée au ministre adjoint de la Défense en charge de la construction. L'élaboration du projet de la base fut confiée à l'ingénieur principal A. A. Nitotchkine qui dressa les plans en un temps record de quelques mois et la construction au colonel-ingénieur G. M. Choubnikov.

Le 5 mars, ce dernier arrivait sur le site avec le colonel K. P. Balandine, commissaire politique. Ce même mois, un second détachement venait prêter main forte au lieutenant Denejkin et le mois suivant, on commençait à tracer la route reliant le pas de tir ou « site n° 1 » à la gare de Tioura-Tam. Puis, le 5 mai, le premier gros bataillon des troupes du génie s'installait sur le site. Dans les mois qui suivirent, le nombre des militaires du génie atteindra cinq mille. Afin de motiver ses troupes face à la difficulté des travaux à accomplir, Choubnikov s'adressa à elles en ces termes :

Après les relevés topographiques, le piquetage.

Le colonel-ingénieur Choubnikov (à gauche) fut le responsable de la construction de Baïkonour. A droite, on distingue Korolev et, au centre, le général Tiouline qui fut compagnon de Korolev en 1945 en Allemagne, où ils découvrirent les travaux allemands dans le domaine des fusées.

Camarades!

Notre groupe a été chargé de réaliser un nouveau projet. Dans la steppe, à l'écart de tout lieu habité, nous devons construire un ensemble de bâtiments modernes d'une très grande complexité, ainsi qu'une ville où vivront ceux qui travailleront sur ce site. La tâche est de grande ampleur : de l'ordre de celle qu'il a fallu accomplir en construisant la supercentrale sur la Volga. Peut-être même est-elle encore plus importante et pourtant nous disposons de peu de temps. Pour la construction d'une centrale hydroélectrique, on estime qu'il faut cinq à sept ans, dont quelques années pour les travaux préparatoires. Or, nous avons au plus deux ans devant nous et le travail est rendu encore plus difficile par le manque absolu de matériaux de construction sur place. Nous n'y trouverons aucun point d'appui, il n'existe aucun logement. Le climat est très continental : brûlant en été, avec un gel très rigoureux et des vents violents en hiver. Le travail exigera qu'on engage au maximum ses forces physiques et mentales. Et je ne dis pas ça pour décourager quiconque ici.

Enfin, la création officielle du cosmodrome était décidée le 2 juin 1955 par l'état-major et le général d'artillerie Alexeï Ivanovitch Nestérenko en prenait la direction. Nestérenko n'était pas un néophyte dans le domaine des fusées. Pendant la Seconde Guerre mondiale, il avait commandé la première unité de roquettes sol-sol Katioucha, les fameuses « orgues de Staline » puis il avait dirigé le NII-4, centre militaire de recherches sur les fusées.

Hormis le pas de tir lui-même, il fut prévu de construire deux installations pour le guidage radio, neuf centres de poursuite, de télémesure et de suivi de la trajectoire et bien sûr une infrastructure de soutien des opérations. Mais dans un premier temps, il s'agissait de mettre en place le réseau routier et ferroviaire.

Entre la gare et le Syr-Daria, on commence aussi à construire les premières habitations en bois d'un village d'abord appelé *Zaria* puis *Numéro 10* ou *Tachkent 50* par discrétion vis-à-vis de l'Occident et qui, à partir du 28 janvier 1958, portera le nom de Leninsk. Cette ville sera la base-vie de Baïkonour. La première habitation en briques et à un étage ne sortira de terre qu'en août-septembre 1956. Ce sera la caserne. L'intérieur est constitué de très grandes pièces et lorsqu'elle sera mise en service, un va-et-vient incessant de militaires allant au travail ou en revenant lui donnera l'apparence d'un hall de gare. Elle sera d'ailleurs appelée par ses occupants « la gare de Kazan ».

Progressivement, un village avec ses rues, ses habitations, ses locaux administratifs émerge du désert. Mais pour les premiers habitants dont la plupart viennent de Russie centrale et qui ont quitté leurs forêts pour la steppe, le changement est total. Vivre sans arbres est difficile. On décide alors de réaliser un immense parc, le parc Soldatski.

L'origine du nom Baïkonour

Le nom Baïkonour donné au cosmodrome provient évidemment de la ville de Baïkonour située à environ 370 km au nord-est de celui-ci. En fait, on trouve deux orthographes **БАЙКОНУР** et **БАЙКОНЪIР**. Si la première syllabe a un même sens dans plusieurs langues ou dialectes turcs ou kazakhs : « riche » ou « belle », le reste du nom a des significations diverses. Ainsi, Baïkonour peut signifier :
— la riche ou la belle steppe,
— l'endroit où pousse l'absinthe,
— la richesse brune si l'on fait allusion aux mines de cuivre et de fer exploitées dans la région depuis le XIXe siècle.

Les premières constructions de Baïkonour et de Leninsk qui sortent de terre en 1955-1956 sont en bois importé de Sibérie. Hormis le sable et l'eau, tout doit être acheminé par train de Russie ou de lieux situés souvent à plusieurs milliers de kilomètres de Baïkonour.

En ces mois de printemps, le climat de Baïkonour est toutefois agréable et le spectacle de la steppe y est féerique. Des millions de tulipes sauvages de toutes les couleurs couvrent les immensités sablonneuses et ondulent sous l'effet du vent. Mais, avec l'arrivée de l'été puis de l'hiver, les conditions de vie et de travail vont devenir particulièrement difficiles.

Les équipes vivent sous la tente au bord du Syr-Daria à environ trois kilomètres de Tioura-Tam. Elles travaillent jour et nuit par des températures atteignant parfois 50 °C l'été et –30 °C l'hiver sans compter le vent chaud ou glacial selon la saison et que les autochtones appellent *babai*. Le premier hiver fut particulièrement froid. Le thermomètre est descendu jusqu'à –42 °C. Les conditions de vie sont tellement dures que les militaires n'appelaient plus ce site Tioura-Tam mais *Tiourma-Tam* (prison/là-bas). Mais le défi que constitue la création de cette base est tellement exaltant que l'enthousiasme l'emporte sur les difficultés. Pour se donner du courage, on chante. On chante une chanson composée aux pires heures de la Seconde Guerre mondiale et qu'on avait chanté lors de la construction de Kapoustine Yar et dont les paroles les plus marquantes sont à peu près celles-ci :

... Oh ! les chemins, poussière et brouillard
Froid, inquiétude et mauvaises herbes...

Ce que trouvèrent ces premières équipes en arrivant sur le site dépassait tout ce qu'elles avaient pu imaginer. Le responsable du centre d'essais se souvient de ces premiers mois : « *Il faut essayer de se représenter la difficulté de l'installation en cinq mois (de mai à septembre) de plusieurs milliers d'hommes ; il fallait leur fournir des vivres, de l'eau, des sanitaires et des logements avec possibilité de chauffage car l'hiver rigoureux était imminent. Le site et les conditions d'hébergement étaient vraiment déprimants : ce n'était que steppe, sel, sable, fourrés d'épines, chaleur et vent, et même tempêtes de sable, et une invasion de rongeurs. Pas un arbre, pas un village.* » M. G. Grigorenko, un des responsables de la construction du cosmodrome, abondait dans ce sens. « *Ni en URSS, ni ailleurs dans le monde,* disait-il, *on avait l'expérience nécessaire pour concevoir et construire une infrastructure aussi originale et complexe que celle d'une base de lancement. Les exigences de qualité, de solidité et de longévité des constructions étaient extrêmement sévères. Jamais pour quelque infrastructure que ce soit, les bâtisseurs ne s'en étaient vu imposer de*

pareilles. Sans les efforts de création des ingénieurs et leur capacité à prendre des risques, il leur aurait été impossible de réussir. Ce n'était pas un hasard si les responsables étaient des anciens du front qui avaient enduré les pénibles épreuves de la guerre, des gens trempés dans son creuset et que mille difficultés ne pouvaient arrêter ni effrayer. »

Le lieu, particulièrement désolé, était occupé aux temps géologiques par la mer qui lorsqu'elle s'est retirée a laissé place à d'immenses étendues de sable ne facilitant pas le travail des équipes. Ainsi, si la fine couche solidifiée qui recouvrait ce sable était en mesure de supporter le poids d'un homme ou d'un chameau, il n'en n'était pas de même des véhicules à roues qui s'enlisaient fréquemment. On assista aussi au spectacle étrange de ce désert qui, vierge de toute présence humaine quelques semaines auparavant, était maintenant sillonné par des milliers de traces de véhicules.

Les conditions de vie des premières équipes de construction de Baïkonour sont très pénibles. On vit sous la tente par –35 °C ou par +40 °C.

Il fallut réaliser les travaux simultanément à trois endroits différents sans pouvoir attendre que soient achevées les voies ferrées, les routes bétonnées, les canalisations d'eau et les lignes électriques. Tous les matériaux et éléments de construction ont donc dû être transportés, à partir de la gare, par des véhicules empruntant des routes sans revêtement. Dès les premières heures de la journée jusque tard le soir, les routes disparaissaient sous un nuage de poussière ininterrompu. Les véhicules devaient circuler avec leurs phares allumés même en plein jour. Les fortes gelées et les vents glacés compliquaient considérablement les travaux de creusement. Jour et nuit se trouvaient en action des centaines de camions et des dizaines d'excavateurs, de *scrapers* et de bulldozers. A une profondeur de dix à quinze mètres, la terre était dense et argileuse. Les excavateurs ne pouvaient en venir à bout, les foreuses s'enlisaient. Il n'a pas été non plus facile de bétonner toutes les installations par les températures hivernales ni de réaliser tous les équipements techniques. L'organisation de la logistique fut à elle seule une tâche de grande ampleur. On créa ainsi une immense scierie associée à une usine de traitement du bois. On construisit également une imposante usine à béton ainsi qu'un non moins important garage destiné à réparer les milliers de véhicules. D'ailleurs, on était fier de rappeler

Au cours des années 1955 et 1956, les steppes de Baïkonour sont livrées à des dizaines de pelleteuses, de bulldozers, d'excavateurs et autres engins de terrassement qui préparent les sites des futures installations d'essais, d'assemblage, de tir et de contrôle de la base de lancement.

qu'ici, seul le matériel tombait en panne, pas les hommes. Il fallut aussi combattre trois fléaux : le feu, les vipères et les *sousliks*[1]. Bien souvent en effet, de nombreux feux prirent naissance dans les tentes d'habitation. Quant aux *sousliks*, il fallait chaque matin boucher les galeries qu'ils avaient creusées la nuit et surtout éviter d'être mordu par ces rongeurs parfois porteurs de germes contagieux. Il est arrivé aussi que ces animaux contrarient le déroulement des travaux. Ainsi, dans une canalisation alimentant le site de lancement, on s'aperçut que l'eau n'arrivait pas. On crut un instant à la rupture de cette canalisation à cause du gel quand tout à coup elle se déboucha sous l'effet de la pression. Il fallut se rendre à l'évidence. Les écureuils avaient établi leur nid à l'intérieur.

Hormis ces fléaux et les conditions difficiles, il y eut aussi la syphilis, fort répandue parmi les populations nomades, qui fut transmise à bon nombre de militaires. Il fallut prendre des mesures médicales et autoritaires pour enrayer la contagion.

Le site du pas de tir fut choisi à flanc de colline de façon à utiliser au mieux la géographie du lieu. Les travaux d'excavation commencèrent en juillet 1955 dans un terrain constitué de couches de terre argileuse, de sable à gros grains et d'argile dure. Un ensemble impressionnant de *scrapers*, d'excavateurs et de bulldozers fut mobilisé. Ainsi, le trou qui allait devenir le carneau fut partagé en deux parties. Dans l'une, on fore et on creuse tandis que dans l'autre une trentaine de bulldozers remontent le sable et l'argile le plus haut possible le long de la pente pour être ensuite extrait par les excavateurs. Puis, on intervertit les équipes et on conserve le sable pour la réalisation du béton utilisé pour la plate-forme de lancement et pour d'autres constructions. Mais les difficultés ne manquent pas. Ainsi, par grands froids, l'argile avait gelé et il ne devint plus possible de l'extraire avec les excavateurs. On fit alors appel aux sapeurs d'Alma-Ata qui utilisèrent des explosifs. Un million de mètres cubes de terre fut ainsi déplacé en trois mois, c'est-à-dire près de dix mille par jour. Bien sûr, on travaillait la nuit à la lumière des projecteurs. L'électricité provenait d'une génératrice à vapeur qui avait été installée sur un train spécial. La centrale thermique qui fournira par la suite l'électricité à l'ensemble du cosmodrome ne sera en effet mise en service qu'en 1956 à Leninsk.

Les conditions de vie s'améliorent progressivement. Les lacs situés près du Syr-Daria, très poissonneux, apportent une partie de l'alimentation. Toutefois, la nourriture n'est pas très riche en vitamines et on décide de la compléter à chaque repas par des comprimés de vitamine C. Pour avoir des légumes ou toute autre denrée ou produit, il n'y a qu'un seul endroit : la gare de Tioura-Tam. Là, le bref arrêt de deux à trois minutes des trains qui remontent de Tachkent à Moscou est mis à profit pour se procurer le strict nécessaire, et en particulier les fruits et les légumes et puis, en décembre, c'est par ce moyen qu'on pourra avoir des sapins de Noël. Mais peu à peu, le site de Baïkonour deviendra moins dépendant de ce cordon ombilical qu'est cette voie ferrée. De nombreux potagers pourvoiront aux besoins.

Un autre problème important apparut : celui de l'alimentation en eau. Dans un premier temps, l'eau fut stockée dans des réservoirs mais rapidement la consommation grandissant, ces capacités

---

1. Ecureuils terrestres.

Avril 1956. Après avoir enlevé un million de mètres cubes de terre et de sable, la réalisation des soubassements de la plate-forme de tir du site n° 1 est engagée.

de stockage deviennent trop faibles. On décida alors au début 1956 de construire une station de pompage de l'eau du fleuve mais il fallut prendre des mesures médicales car cette eau contenait non seulement beaucoup de sable, ce qui n'était pas agréable pour la consommation, mais aussi des amibes et des bactéries. Un service médical fut mis en place pour pallier l'absence de médecins à moins de 200 km à la ronde. Dès juin 1955, on réalise sous la tente les premières opérations chirurgicales importantes et souvent à la lueur d'un éclairage insuffisant. L'hôpital ne sera construit que l'année suivante.

Le 1er novembre 1955, c'est-à-dire un peu plus de six mois après le début des travaux, une étape importante avait été franchie : l'installation de toutes les voies de chemin de fer et du réseau routier.

Mais il fallait toujours se battre contre les conditions climatiques. Ainsi, le 26 décembre 1955, contrairement à toute attente, il plut abondamment sur Baïkonour puis la nuit suivante, il gela à –35 °C ce qui causa des dégâts importants aux canalisations, aux véhicules et autres installations et provoqua d'importants retards.

Pour le directeur du cosmodrome, le général A. I. Nestérenko, les problèmes étaient différents mais pas plus simples à résoudre que ceux d'ordre technique. Ses fonctions, surtout dans les premiers temps, l'amenaient à s'adresser souvent aux organes du parti, locaux[1] et centraux, pour résoudre de nombreux problèmes, en commençant par ceux d'ordre quotidien et en finissant par le drainage des terres et la détermination des limites du territoire du cosmodrome. Le travail de tous les jours soulevait des dizaines de questions qui ne pouvaient être résolues qu'avec les organisations du district et de sa région.

Le territoire affecté au cosmodrome appartenait précédemment à deux districts dans lesquels l'élevage nomade jouait un rôle important. Dès que le printemps arrivait et que les jeunes animaux avaient assez de force, les troupeaux de moutons et de chèvres étaient ramenés vers le nord. Leur chemin passait justement par le territoire du cosmodrome. Les nomades y avaient leurs puits et une partie des pâturages, où ils s'arrêtaient tant qu'il y avait de l'herbe. Les districts, se soumettant à la décision du gouvernement et étant désormais privés de ce territoire, furent forcés de déplacer leurs chemins, de creuser de nouveaux puits et d'organiser de nouveaux pâturages.

Une fois le territoire du cosmodrome délimité et mis sous surveillance, certains bergers, peu enclins à respecter les interdits, se dirigèrent vers le nord par leur ancienne route et se heurtèrent à la garde, ce qui provoqua un conflit. En plus des mesures d'interdiction, un important travail d'explication était nécessaire. Nestérenko et ses collaborateurs de l'administration devaient user de tact et en même temps de fermeté. Et la compréhension était meilleure si l'on s'adressait aux mécontents dans leur langue maternelle.

1. En 1955, le premier secrétaire du Parti au Kazakhstan était Léonid Illitch Brejnev. Il fut donc partie prenante dans la construction du cosmodrome. Il prit en charge par la suite au sein du comité central du Parti communiste de l'URSS les industries d'armement et les affaires spatiales auxquelles il fut favorable. Quelques années plus tard, c'est toutefois lui qui mettra fin au programme lunaire.

Pour preuve, l'anecdote suivante survenue alors que débutaient des travaux de mise en place d'une installation technique sur l'emplacement d'un cimetière. Les habitants, mécontents de ce fait, allèrent se plaindre auprès de Nestérenko. Le dialogue fut difficile, Nestérenko ne parlait pas kazakh et les *Aksakali*[1] ne parlaient pas russe. Un jeune commissaire politique d'origine kazakhe fut appelé en renfort. Il raconte la suite :

Je vis à leur air qu'ils étaient très excités et d'humeur guerrière. L'un d'eux me dit: "Sur cette hauteur, où vous avez commencé une construction, il y a un cimetière dont l'emplacement n'a pas été choisi par hasard. Les grandes crues de la rivière n'y sont jamais montées. C'est là que sont enterrés nos grands-pères et grand-mères, nos familles. Nous ne permettrons pas la profanation de leurs tombes et nous exigeons que cessent les travaux."

Nestérenko convoqua aussitôt le chef de ce chantier et se rendit sur les lieux afin de vérifier les dires des nomades. La construction englobait une partie du cimetière où, par bonheur, personne n'était encore enterré. L'incident fut clos après qu'on eut donné l'ordre d'entourer le cimetière d'une palissade du côté du bâtiment en construction.

Ce genre de mésaventures fit germer l'idée chez Nestérenko qu'il était nécessaire d'apprendre un peu de kazakh et de découvrir les mœurs et l'histoire des Kazakhs. Ce qu'il fit. Plus tard, lorsqu'un Kazakh, particulièrement lorsque c'était une personne simple, qui ne parlait pas russe, entendait le directeur prononcer des mots kazakhs, même s'il avait un accent, même s'il ne s'agissait que de phrases courtes, ses yeux brillaient et son visage s'éclairait d'un sourire, et les conflits prenaient une tout autre dimension.

C'est le 19 avril 1956 à 23 heures que commença le bétonnage de la plate-forme de tir et du carneau dont les dimensions (250 m x 100 m x 45 m) étaient à elles seules impressionnantes. D'avril à septembre 1956, trente mille mètres cubes de béton furent ainsi coulés. Alors que ces opérations se déroulaient, le système d'érection du lanceur et la tour de lancement à quatre bras articulés étaient mis au point à l'usine mécanique de Leningrad sous la direction de V. P. Barmine. On avait donné à Barmine douze mois pour réaliser cette installation. Elle le fut en moins de six mois. Les essais statiques et dynamiques furent effectués à Leningrad même où l'on disposait des outillages nécessaires, ce qui n'était pas le cas à Tioura-Tam qui, pour l'heure, ne disposait même pas de grues de fort tonnage. Pour ce, on réalisa un puits de 19 m de diamètre dans lequel on testa le système complet avec une maquette en vraie grandeur de la R-7. On simula même un lancement réel. Après des essais satisfaisants, le système fut envoyé en octobre 1956 à Tioura-Tam pour y être installé sur le pas de tir.

Il fallut aussi concevoir un système de remplissage des réservoirs plus rapide que ceux existants. On atteignit ainsi un temps de remplissage de quarante minutes alors que précédemment, il fallait une heure et demie. Korolev sera particulièrement élogieux à l'égard des concepteurs de ce pas de tir. Il dira : «*Seuls des gens de talent ont pu créer une technique pareille, intelligente et douce comme une mère.*»

La construction du bâtiment d'intégration du lanceur (site n° 2), appelé MIK, avait été engagée en même temps que celle du pas de tir. Les problèmes qui s'étaient posés avaient été évidemment plus simples à résoudre.

Ainsi, ce bâtiment était prêt en février 1956, ce qui avait permis d'ailleurs de l'utiliser pour réaliser, à l'abri de conditions climatiques difficiles, les armatures métalliques nécessaires à la construction de la plate-forme de tir. Ce fut la première et la dernière fois que ce bâtiment servit à autre chose qu'à l'assemblage d'un lanceur !

1. Mot turc signifiant « barbe blanche ».

Immeubles d'habitation à Leninsk.

Par ailleurs, on acheva aussi la réalisation du bunker de tir souterrain et des différents sites de poursuite et de mesure. En décembre, une maquette en vraie grandeur de la R-7 était installée pour tester l'ensemble du dispositif. A cette époque, la construction des ouvrages les plus urgents était achevée.

Parallèlement aux travaux d'infrastructure, les diverses fonctions de la future base se mettaient en place comme suit :

- direction politique :
  colonel N. M. Prochletsov,
- division essais :
  lieutenant-colonel I. I. Tchérenkov,
- service technique :
  colonel A. I. Nossov avec sous
  sa responsabilité :
  - un secteur analyse :
    lieutenant-colonel V. A. Bokov,
  - un service des mesures :
    colonel A. A. Vassiliev.

Une autre tâche avait été également entreprise, celle de l'établissement des liaisons radioélectriques. En novembre 1955, tous les sites étaient reliés entre eux et le 27 décembre, les liaisons entre la plate-forme de tir qu'on appelait familièrement le « stade » et l'état-major étaient établies. Ce même mois, une liaison provisoire entre Baïkonour et Moscou était achevée. Là encore, les travaux furent menés avec célérité ; on posa trois kilomètres de câble par jour !

Un important réseau de poursuite, de télécommande et de mesure (KIK) était aussi en cours de constitution. Le choix des sites d'implantation des différentes stations avait été fait en juillet 1955 et, dans les mois qui suivirent, on avait mis en place :

- neuf stations dénommées Taïga dans une zone située entre 1,5 et 800 km du pas de tir,
- et six autres appelées Kama entre 32 et 120 km du centre de la cible prévue à 6 500 km de Baïkonour au Kamtchatka.

Puis, entre le mois d'août et le mois de novembre 1956, le dispositif avait été complété par divers autres systèmes :

- le système Binocle pour la mesure radioélectrique de distance,
- le système Irtych pour la mesure d'angle,
- les systèmes RTS-5 ou Tral pour la télémétrie,
- des systèmes de télécommande,
- des cinéthéodolites* RTN, RT-50 et KST-80,
- un ordinateur Oural-1 capable d'effectuer cent opérations par seconde,
- et le système Bambuk de synchronisation.

Les essais de cet ensemble étaient effectués en décembre 1956 en procédant à des vols d'avions Illyouchine-14. Enfin, le 12 juillet 1957, pour coordonner ce dispositif, on créait un centre à Kaliningrad, dans la banlieue de Moscou.

En 1958, on réalisera aussi près de Simenz, en Crimée, une station pour les liaisons avec les sondes Luna, puis une autre en 1960 à Evpatoria, en Ukraine, pour les liaisons avec les sondes Vénéra et Mars.

La commission d'Etat prononça l'acceptation de la base en mars-avril 1957 à la suite des essais effectués avec les équipements de transport et d'érection du lanceur et les systèmes de remplissage et de contrôle. Ces contrôles intervinrent quelques semaines avant le premier lancement de la R-7 qui eut lieu le 15 mai 1957. En deux années, un travail de Titan venait d'être accompli.

Vladimir Pavlovitch Barmine devant une maquette du pas de tir de la fusée Sémiorka dont il fut le réalisateur.

NICOLAÏ ALEXSEEVITCH PILIOUGUINE

(1908-1982)

Constructeur principal des systèmes de guidage de missiles balistiques, de lanceurs et d'engins spatiaux

1935
Sortie de l'institut Bauman de Moscou

De 1935 à 1941
Travaille au TsAGI

1940
Membre du Parti communiste

1941
Institut des essais en vol (essais d'autopilote)

1943
Soutient sa thèse de candidat es sciences techniques

Août 1944
NII-1 (systèmes de guidage pour fusées)

1945
Etudie les trophées de guerre en Allemagne

1946-1963
Constructeur principal des systèmes de guidage de fusées au NII-885

1958
Membre correspondant de l'Académie des sciences

Avril 1963
Il quitte le NII-885 et fonde son propre institut NII AP devenu en 1978, NPO AP

1966
Membre de l'Académie des sciences

1967
Membre du présidium de l'Académie des sciences

1969
Dirige la chaire de technique radio, électronique et automatismes de l'institut de Moscou (MIREA).

C'est sous la direction de N. A. Piliouguine qu'ont été conçus les systèmes de guidage du lanceur Sémiorka et de ses successeurs ainsi que des missiles balistiques et des engins spatiaux.

Il fut en outre député du Soviet suprême de l'URSS, lauréat du prix Lénine (1957), Héros du travail socialiste (1956 et 1961), lauréat du prix d'Etat en 1967. L'Ordre de Lénine lui fut décerné cinq fois. Il obtint aussi l'Ordre de la révolution d'octobre et de nombreuses autres distinctions. Il fut décoré de la médaille Tsiolkovski en 1958 et de la médaille Korolev en 1976.

MIKHAIL SERGUEIEVITCH RIAZANSKY

(1909-1987)

Constructeur principal des systèmes radiotechniques des missiles balistiques, lanceurs et engins spatiaux

1928
Travaille au laboratoire de radio de Gorki

1931
Etudie à l'institut électrotechnique de Leningrad et travaille simultanément au bureau technique (OTB) sur des systèmes radio pour la marine

1935
Diplômé de l'institut d'énergétique de Moscou et employé de la filiale de Moscou de l'OTB (systèmes de télécommande et de liaisons à grande distance)

1940 Membre du Parti communiste

1940 Chef de secteur du NII-20

1943
Prix d'Etat pour la mise au point de radars pour l'armée

1945
Etudie les trophées de guerre en Allemagne (V-1, V-2, *etc.*)

13 mai 1946
Constructeur principal des systèmes radiotechniques de fusées au NII-885 (devenu le NII KP)

1952/54
Chef d'une direction principale d'un ministère

1958
Membre-correspondant de l'Académie des sciences

C'est sous la direction de M. S. Riazansky, M. I. Borissenko et A. F. Bogomolov qu'ont été conçus les systèmes radioélectriques des fusées spatiales, des satellites, des vaisseaux pilotés, des sondes interplanétaires, ainsi que des stations au sol et des navires de poursuite.

Il fut député du Soviet suprême de l'URSS, lauréat du prix Lénine (1957), Héros du travail socialiste (1956), lauréat du prix d'Etat (1943). L'Ordre de Lénine lui fut décerné cinq fois. Il obtint aussi l'Ordre de la révolution d'octobre, deux Ordres du travail du drapeau rouge et l'Etoile rouge.

VICTOR IVANOVITCH KOUZNETSOV
(1913-1991)
Constructeur principal des systèmes gyroscopiques des missiles balistiques, lanceurs et engins spatiaux

1938
Termine ses études à l'Institut polytechnique de Leningrad

1939
Travaille dans un bureau d'études sur les gyroscopes pour la marine et sur un système de stabilisation pour les canons des croiseurs Kirov et Maxime Gorki

Octobre 1940
En mission en Allemagne où l'on construit des cuirassés pour l'URSS. Lorsque la guerre éclate en juin 1941, il s'évade et rejoint l'Union soviétique en passant par la Yougoslavie, la Bulgarie et la Turquie

Août 1941
Retourne dans son bureau d'études qui est alors évacué à Sverdlovsk. Il recevra pour ses travaux le prix d'Etat en 1943 et 1946.

1942
Membre du Parti communiste

1945
Etudie les trophées de guerre en Allemagne (V-1, V-2, *etc.*)

13 mai 1946
Constructeur principal des systèmes gyroscopiques des fusées au NII-944 (devenu la NPO Rotor)

1958
Membre-correspondant de l'Académie des sciences

1968
Académicien

C'est sous sa direction qu'ont été conçus les gyroscopes des fusées, des satellites, des vaisseaux pilotés et des sondes interplanétaires.

Il fut député du Soviet suprême de l'URSS, lauréat du prix Lénine (1957), deux fois Héros du travail socialiste (1956 et 1961), lauréat du prix d'Etat (1943, 1946, 1967, 1977). L'Ordre de Lénine lui fut décerné trois fois. Il obtint aussi l'Ordre de la révolution d'octobre, deux Ordres du travail du drapeau rouge et d'autres médailles.

VLADIMIR PAVLOVITCH BARMINE
(1909-1993)
Constructeur général des bases de lancement

1930
Diplômé ingénieur-mécanicien du MVTU (institut Bauman)

1930-1941
Il travaille à l'usine Compressor dans le domaine des compresseurs à gaz et à air. Il met au point notamment le premier compresseur à haute pression en URSS pour l'aéronautique (stations mobiles) ainsi que des compresseurs pour systèmes de réfrigération des navires et pour l'industrie

1936
Il réalise le compresseur à gaz carbonique du système de réfrigération du mausolée de Lénine

Février 1941
Constructeur en chef au bureau d'études de l'usine Compressor

Juin 1941
Il commence à produire le système de lancement des Katioucha, les fameuses « orgues de Staline »

1946
Constructeur en chef au bureau d'études de construction spécial d'Etat GSKB SpetsMach qui construisit les ensembles de lancement en surface ou en silos des missiles balistiques, des missiles sol-air et des missiles anti-missiles déployés autour de Moscou
Membre du conseil des constructeurs créé et dirigé par Korolev.

1951
Il commence la construction des sites de missiles stratégiques R-1, R-2, R-5, R-7, R-9, R-12, R-14, R-16, UR-100, UR-200, *etc.*

Il réalisera presque tous les ensembles de lancement des cosmodromes de Kapoustine Yar, Baïkonour et Plessetsk et notamment :

En 1957, le site de lancement du missile R-7 qui sera transformé pour les lanceurs Spoutnik, Luna, Vostok, Soyouz, *etc.*

En 1965, les sites de lancement du lanceur Proton (UR-500).

En 1968, les sites de lancement du lanceur N-1 et la station d'approvisionnement des vaisseaux spatiaux et des stations orbitales.

En 1985, le banc universel Stend-Start pour tester au sol les éléments propulsifs du lanceur Energia

En 1987, les sites de lancement d'Energia/Bourane

Au cours des décennies 1970 et 1980, il réalisa aussi des systèmes de transvasement d'hydrogène, divers bancs d'essais, et les stations d'avitaillement de la navette Bourane.

Il eut aussi la responsabilité de la réalisation des appareils de prélèvements d'échantillons des sols lunaire, martien et vénusien ainsi que divers équipements destinés aux expériences en orbite (pour les biotechnologies notamment).

Aujourd'hui, l'entreprise de Barmine est dénommée Obscheye Machinostroeniye KB (KBOM) ou bureau d'études de machines générales.
Depuis l'instauration du programme « Conversion » destiné à valoriser les technologies spatiales dans l'industrie, V.P. Barmine avait engagé l'élaboration d'équipements de conservation de produits agricoles.

Il était titulaire de nombreuses distinctions dont :

1943
Prix Staline

1944 et 1975
Ordre du drapeau rouge du travail

1943, 1956, 1959, 1961, 1969 et 1979
Ordre de Lénine

1945
Ordre de Koutouzov

1956
Médaille d'or de Héros du travail socialiste

1957
Prix Lénine

1958
Membre correspondant de l'Académie des sciences

1966
Membre de l'Académie des sciences

1967, 1977 et 1985
Prix d'Etat

1971
Ordre de la révolution d'octobre et prix d'Etat (trois fois)

Le chant des bâtisseurs de Baïkonour

Léninsk ne s'embellit pas que par nos chansons
Elle s'embellit aussi par notre labeur.
Voilà une maison,
Plus loin le cosmodrome,
Nous les avons créés dans la steppe par notre labeur.

Refrain
Au-dessus de la steppe s'étend le ciel bleu
Le ciel bleu, le ciel bleu.
Au loin est notre chère Moscou,
Le cœur de notre Patrie - Moscou.

La fenêtre éclairée par le jour levant,
Il me semble voir le soleil de demain.
L'ampleur du ciel bleu,
Dans le cœur, le mois de mai.
Une fusée s'envole vers l'espace lointain.

Refrain
Au-dessus de la steppe s'étend le ciel bleu
Le ciel bleu, le ciel bleu.
Au loin est notre chère Moscou,
Le cœur de notre Patrie - Moscou.

A travers Léninsk nous marchons très fiers.
Nous avons ouvert une voie vers l'Univers.
Tout sur ce terrain
Est l'œuvre de nos mains.
Les flèches de nos grues s'élancent vers les nuées.

Refrain
Au-dessus de la steppe s'étend le ciel bleu
Le ciel bleu, le ciel bleu.
Au loin est notre chère Moscou,
Le cœur de notre Patrie - Moscou.

Paroles de I. Morozov et A. Lébédinski
Musique de A. Lébédinski

Nomade kazakh.

3
Baikonour, théâtre des exploits de l'astronautique soviétique

La montée en puissance

De 1957 au milieu des années 1960, c'est l'époque des grandes premières : premier satellite, premier homme, première femme, première « marche » dans l'espace, premières photographies de la face cachée de la Lune, *etc.*

Baïkonour est le point de départ de ces exploits et plus précisément le pas de tir du site n° 1. Dès 1960, celui-ci subissait des modifications afin de le rendre compatible avec le lanceur du vaisseau habité Vostok. Ainsi, l'adjonction d'un troisième étage impliqua d'ajouter un mât ombilical pour le remplissage des réservoirs de cet étage. Une modification majeure intervint aussi dans l'alimentation du lanceur en ergols et en azote. Alors que pour le lanceur du Spoutnik, cette alimentation se faisait par des systèmes mobiles, on implanta, à partir de Vostok, des systèmes fixes et enterrés à proximité du pas de tir. Pour le Vostok, il fallut aussi ajouter un système de régulation thermique du vaisseau sur le pas de tir. Par ailleurs, la cadence de tir devint telle qu'il fallut construire une seconde plate-forme (site n° 31). Celle-ci fut terminée à la fin de l'année 1958.

Entre 1960 et 1962, deux nouveaux programmes de lanceurs furent décidés. L'un, conçu par le bureau d'études de Tchélomeï, était le Proton, capable de mettre en orbite des charges lourdes comme les stations Almaz et Saliout envisagées. Au cours des décennies 1960 et 1970, deux complexes de lancement Proton comprenant chacun deux pas de tir furent construits à une trentaine de kilomètres à l'ouest de la plate-forme de tir n° 1. La mise en service du premier pas de tir Proton eut lieu le 16 juillet 1965 à l'occasion du lancement du satellite scientifique lourd Proton-1 et celle du second quelques mois plus tard. Puis, c'est en 1970-1971 que le deuxième complexe devint opérationnel. A la fin des années 1960 et afin de mettre des satellites sur des orbites élevées ou sur des trajectoires lunaires, un quatrième étage fut ajouté au Proton. On adapta ce pas de tir à cette nouvelle configuration et en particulier on l'équipa d'une ligne d'alimentation en oxygène liquide pour cet étage. Mais c'est surtout le programme de lanceur lunaire N-1–L-3, dirigé par Korolev jusqu'à sa mort en 1966 puis par son premier adjoint V. P. Michine, qui mobilisa l'essentiel des crédits de réalisation d'infrastructure à Baïkonour. Les travaux relatifs au complexe de lancement de ce lanceur commencèrent alors en 1964 sous la responsabilité de l'entreprise de V.P. Barmine à environ 13 km au nord-ouest de la plate-forme n° 1.

Comme ce fut le cas en 1955, la première des tâches à accomplir fut de réaliser les routes, les voies ferrées, les réseaux électriques et les adductions d'eau. Ce travail fut confié à la septième équipe du génie militaire de Simféropol et s'acheva à la fin de l'année 1966. Comme pour le Proton, il fut *a priori* envisagé de construire deux complexes devant disposer chacun de deux pas de tir mais, par manque de crédits, on réduisit les ambitions à un seul complexe. La construction du premier pas de tir commença en 1964 et s'acheva à la fin 1967, celle du second dura de février 1966 à fin 1968. Sur chaque pas de tir, il avait été aussi envisagé d'implanter deux tours de servitude pivotantes de 145 m de hauteur chacune. Faute de crédits, là encore, une seule tour sera retenue. On mit en place en outre quatre mâts anti-foudre de 180 m de haut chacun. Quant aux carneaux, dont la profondeur atteignait 23 m, ils furent réalisés en trois parties disposées à environ 120° l'une de l'autre.

A sept kilomètres de ces pas de tir, on implanta la zone technique et la zone des habitations du personnel de l'entreprise Progress chargée de réaliser l'assemblage du lanceur complet et des sous-ensembles importants ainsi que les essais. Quatre-vingt-dix installations étaient à construire. Il fut admis que l'intégration du lanceur de 105 m de long serait faite à l'horizontale (après avoir néanmoins envisagé l'intégration verticale ; pour cela, un bâtiment de 160 m de haut aurait été nécessaire, mais, là encore, le manque de ressources budgétaires limita les ambitions). Chacune de ces installations, zones, ou bâtiments, fut affectée d'un numéro comme pour tous les autres complexes Vostok, Soyouz et Proton. Ainsi :

– le hall de montage et d'essais du lanceur appelé MIK RN était situé sur le terrain n° 112. Ses dimensions atteindront 47 m de hauteur et 240 m x 250 m au sol,

– le hall de montage et d'essais du vaisseau lunaire appelé MIK KO était situé sur le terrain n° 2B,

– la station de ravitaillement en ergols du vaisseau lunaire était sur le terrain n° 112A,

– et les deux pas de tir, sur le terrain n° 110.

Chaque jour, deux trains comprenant plusieurs dizaines de wagons arrivaient à Baïkonour avec les matériaux utiles à la réalisation de cet ensemble. Le chantier fut tellement gigantesque qu'il devint une véritable attraction. Plusieurs fois, des délégations des pays socialistes y vinrent en visite.

Hormis la réalisation de toute cette infrastructure, l'un des problèmes importants qui se posa fut celui de l'acheminement des éléments du lanceur de l'usine Progress de Kouïbychev (aujourd'hui Samara) jusqu'à Baïkonour. Tout d'abord, il fut envisagé d'acheminer les réservoirs entièrement montés et le reste de la N-1 par gros sous-ensembles. Mais cela revenait à transporter des éléments d'un diamètre de 17 m sur plusieurs milliers de kilomètres. Des groupes furent constitués pour effectuer des reconnaissances d'itinéraires terrestres et fluviaux. On imagina même de réaliser des moyens de transport automatiques tout terrain puis une route spéciale de plus de 1 500 km de long entre Samara et Baïkonour. Ce projet au coût trop élevé fut rapidement abandonné. On pensa aussi creuser un canal de la mer Caspienne au fleuve Amou-Daria pour constituer un itinéraire fluvial Volga, Caspienne, Amou-Daria, mer d'Aral, Syr-Daria. Mais il fallut renoncer à toutes ces idées, y compris à celle de Korolev consistant à transporter les chargements par dirigeables, car aucun des moyens proposés ne pouvait garantir un transport régulier durant toutes les saisons. Il fut donc décidé de procéder à l'assemblage des grands éléments à Baïkonour même, leurs constituants étant préalablement acheminés par voie ferrée dans des conteneurs métalliques spécifiques. Pour une seule N-1, il ne fallait pas moins de cent soixante-cinq wagons alors que le lanceur Sémiorka/Soyouz n'en nécessitait que huit.

Il s'agissait en fait d'une nouvelle étape dans les missions confiées à Baïkonour. Pour les lanceurs précédents, les étages propulsifs étaient simplement assemblés et testés sur le site. Avec la N-1, on y ajouta des tâches purement industrielles qui nécessitèrent la mise en place de moyens de fabrication, d'essais et de contrôle spécifiques. Il fallut aussi faire venir des spécialistes de nombreuses disciplines. Toutes ces tâches furent de la responsabilité de l'usine Progress de Samara qui créa d'ailleurs une filiale à Baïkonour.

C'est ainsi qu'au début 1967 arrivèrent les éléments de la maquette de la N-1 qui fut assemblée puis amenée le 25 novembre sur le pas de tir. Les essais d'acceptation de ce premier pas de tir furent réalisés d'août à novembre 1967. Les cent quatre-vingt-sept systèmes (tour pivotante, transporteur-érecteur, avitaillement d'ergols, *etc.*) furent testés. De nombreuses commissions regroupant les constructeurs des infrastructures et du lanceur, les représentants des différentes usines, des ministères et des militaires furent constituées.

Le développement du lanceur N-1–L-3 destiné à faire débarquer un cosmonaute soviétique sur la Lune est engagé à partir de 1964 sous la responsabilité de Korolev puis de son successeur Michine. Ce lanceur est transporté à l'horizontale du bâtiment d'assemblage au pas de tir par quatre locomotives. C'est ce même véhicule qui érige à la verticale le lanceur sur la plate-forme de tir comme le montre la photo.

Le 7 mai suivant, ce fut au tour du premier lanceur de vol qui subit des essais sur le pas de tir. Au cours des mois de mai et juin, plusieurs défauts furent d'ailleurs détectés dont le plus important était la présence de fissures microscopiques sur le corps du lanceur au niveau de la fixation du réservoir d'oxygène du premier étage. Il fallut ramener le lanceur dans le hall de montage. En juillet-août, les essais furent poursuivis à l'aide d'une maquette de la N-1. En novembre, un modèle de vol avec une maquette de la charge utile fut installé sur le pas de tir. Puis, en décembre, on essaya la propulsion avec un lanceur sans charge utile. En janvier 1969, ce fut enfin le début de la préparation au premier tir. Elle devait durer vingt-huit jours et mobiliser deux mille trois cents personnes ! Le seul avitaillement en oxygène liquide demanda cinquante wagons-citernes. Pour la première fois, les équipes apprirent à travailler avec l'hydrogène liquide qui n'était pas utilisé comme ergol mais pour la pile à combustible du vaisseau orbital lunaire. Une fois les remplissages et les contrôles effectués et la tour éloignée, l'alignement optique en azimut du lanceur fut réalisé. La fusée resta alors seule sur le pas de tir maintenue uniquement par quarante-huit boulons pyrotechniques. C'était le 21 février 1969. On avait fait coïncider le premier tir de la N-1 avec la fête de l'Armée rouge et de la Marine. La suite est racontée par le major Antipov, l'historien de la N-1.

La journée était claire, ensoleillée, alors que les jours précédents il y avait eu de grands froids (jusqu'à – 44 °C) et un vent des plus violents. Le lanceur gris foncé, un peu semblable à une flûte, à la tête d'un blanc aveuglant, était prêt à s'envoler vers le ciel. Les opérations de pré-lancement et d'allumage des moteurs du premier étage se firent conformément aux calculs. Après leur montée en puissance et la rupture des boulons pyrotechniques, à 12 h 18 min 7 s, heure de Moscou, le lanceur s'arracha du pas de tir. Une telle puissance, qui était encore inconnue au cosmodrome, époustouflait. Le lanceur s'était déjà élevé de 500 m que la queue des flammes «caressait» encore la terre. Mais au bout d'un certain temps, tous les observateurs virent que les flammes s'amenuisaient d'un côté. Pourtant, le directeur du lancement annonça par microphone que la correction du tangage avait eu lieu, tout se passait bien. A 68,67 s lorsque le lanceur atteignit une altitude de 14 km, les trente moteurs du bloc A s'éteignirent contre toute attente. Alors qu'il tombait déjà, on vit l'arrière en feu. Mais pour tous il était clair qu'il pouvait voler. Les gens étaient heureux.

La steppe conserve les séquelles de cette chute que l'on peut voir encore aujourd'hui après un trajet d'une heure et quart en train puis deux heures de marche à pied dans la direction du nord-est à partir de Leninsk. L'attention est attirée par des débris scintillant sous l'action des rayons du soleil. Répartis dans une zone de sept kilomètres de diamètre environ autour d'un immense entonnoir de trente mètres de diamètre et d'une quinzaine de profondeur, ils témoignent que le plus puissant lanceur du monde de l'époque s'est écrasé ici lors de son premier vol.

A partir de 1959, on commence aussi à construire les zones militaires qui devaient servir aux tirs expérimentaux de missiles stratégiques et aux lancements de satellites militaires expérimentaux et opérationnels.

La construction des premiers silos de missiles fut alors confiée au général-major P. Z. Prestensky. A la première génération de silos dénommés Dvina, Tchoussovaya et Desna pour les missiles R-12U (SS-4)[1], R-14U (SS-5) et R-9A (SS-8), succédèrent deux autres familles. L'une en 1967 est relative aux missiles R-36 (SS-9), UR-100 (SS-11) et RT-2 (SS-13), et l'autre aux missiles R-36N (SS-18), UR-100N (SS-19) et RS-16 (SS-17) apparus en 1975.

1. Entre parenthèses figure la dénomination occidentale du missile.

Missiles balistiques soviétiques
(cités dans le livre)

Concordance des désignations soviétiques et occidentales

Désignation soviétique	Désignation occidentale
R-1	SS-1
R-2	SS-2
R-5	SS-3
R-7	SS-6
R-9	SS-8
R-11	SS-1B/SCUD A
R-12	SS-4
R-13	SSN-4
R-14	SS-5
R-16	SS-7
R-36	SS-9
RT-1	-
RT-2/RS-12	SS-13
RT-2P/RS-12	SS-13
RT-20P	SSX-15
UR-100/RS-10	SS-11
UR-200	-
UR-100N/RS-18	SS-19
R-36N/RS-20	SS-18
RSD-10	SS-20
RS-16	SS-17
OTR-21	SS-21
OTR-22	SS-12B
OTR-23	SS-23

Nota: On trouvera en annexe les caractéristiques et performances générales de certains de ces missiles.

Baïkonour en 1989
Quelques chiffres

Il est évidemment impossible d'embrasser d'un seul regard l'ensemble des installations de Baïkonour. Pour avoir une meilleure idée de cet imposant centre, il n'est que de considérer les quelques chiffres suivants. En 1989, Baïkonour, c'est en effet :

- neuf complexes de lancement avec leurs quinze pas de tir et les bâtiments d'assemblage des lanceurs et de préparation des satellites,
- quatre complexes d'essais en vol de missiles intercontinentaux (SS-11, SS-17, SS-18 et SS-19),
- quatre centres d'essais spatiaux (Soyouz, Zénith, Proton, Energia/Bourane)
- quatre stations d'approvisionnement en ergols,
- des stations de mesure et de poursuite,
- une usine de production d'oxygène liquide et d'azote,
- une centrale électrique,
- une piste d'atterrissage pour Bourane,
- un aérodrome.

Baïkonour, c'est aussi :
- 470 km de voies ferrées,
- 1 281 km de routes,
- 1 240 km de canalisations d'eau,
- 2 784 km de lignes téléphoniques,
- 6 610 km de lignes électriques,
- 360 km de canalisations de chauffage,
- 430 km d'égouts,
- six cents transformateurs électriques,
- une consommation d'eau journalière de 220 000 m^3
- une superficie de 6 717 km^2 (120 km c'est en ouest et 80 km du nord au sud).

Compte tenu des zones de retombées des étages et d'affectations diverses (emplacement de moyens de suivi de trajectoire), les différents moyens se répartissent sur le Kazakhstan, la Russie, le Turkménistan et l'Ouzbékistan et sur une superficie totale de 104 000 km^2 !

L'activité économique engendrée par Baïkonour est considérable tant au Kazakhstan que dans d'autres républiques de l'URSS. Ainsi, plusieurs centaines d'entreprises travaillent à son profit.

Les premiers essais de missiles balistiques intercontinentaux débutent en octobre 1960 avec le R-16, puis, en 1961, ce sont ceux du R-9 et ceux de l'UR-200 en 1963. Ces trois types de missiles à propulsion à liquides avaient été respectivement développés par Yanguel, Korolev et Tchélomeï. Puis en 1963/1964 on teste le premier missile à poudre RT-1 de 2 500 km de portée, et en 1965/1966, on expérimente le RT-2 de 8 600 km de portée, ces deux missiles étant réalisés par Korolev. Quant aux satellites militaires, de nombreux types vont être lancés tant de Baïkonour que de Plessetsk, la base spatiale située près d'Arkhangelsk, à environ 800 km au nord de Moscou. Les missions confiées à ces satellites sont les suivantes :

Reconnaissance photographique

Après les Vostok militaires appelés Zénith et lancés à partir de 1962, la seconde génération de satellites de reconnaissance, apparue en 1968, est dotée d'une capacité de manœuvre. Puis, quatre autres générations de satellites, lancés par la Sémiorka/Vostok et depuis 1968 par le lanceur Zénith, vont se succéder.

L'écoute électronique

Cette catégorie de satellites d'appellation Cosmos est apparue en 1967 et a utilisé comme lanceurs les Cosmos, versions adaptées des missiles R-12 et R-14, la Sémiorka/Vostok, le Cyclone et le Zénith.

L'alerte avancée

Ces satellites destinés à la détection des missiles balistiques adverses ont d'abord été lancés à partir de 1972 sur des orbites douze heures par le lanceur Sémiorka/Molniya (satellites Oko) et en orbite géostationnaire* avec le Proton à partir de 1984 (satellites Prognoz).

La surveillance océanique

Ce furent d'abord des satellites de type RORSAT (Radar Ocean Reconnaissance Satellite) mis en orbite à partir de 1967 et EORSAT (Electronic Ocean Reconnaissance Satellite) à partir de 1971 mis en orbite avec le lanceur Cyclone.

Les communications militaires

Les lancements débutèrent en 1964 avec des lanceurs Cosmos auxquels le Cyclone a succédé. En 1967, on commença à lancer des petits satellites de quelques dizaines de kilogrammes par grappes de huit.

La navigation

Après les systèmes Parus (militaire) et Tsicada (civil) lancés par des Cosmos à partir de 1967, on passa en 1982 au système Glonass (satellite Ouragan) lancé par Proton.

La géodésie

Cette activité mit en œuvre les satellites Sphéra (lanceur Cosmos) à partir de 1968 et Mousson (lanceur Cyclone) à partir de 1982.

La calibration radar

Cette activité a débuté en 1975 avec des lanceurs Cosmos auxquels ont succédé, à partir de 1981, les lanceurs Cyclone.

Missile balistique stratégique R-9 réalisé par Korolev. Les essais du R-9 débutent à Baïkonour le 9 avril 1961.

Les forces spatiales militaires en 1993

La gestion des bases spatiales de Baïkonour et de Plessetsk, les opérations de lancement et le contrôle des vols des satellites civils et militaires, des sondes interplanétaires, des stations orbitales et des vols habités sont de la responsabilité des Forces spatiales militaires. Celles-ci ont subi des modifications notables depuis leur création. Ainsi, la direction des Forces spatiales (TsUKOS) a été créée en mars 1965 en même temps que le MOM, le ministère des Constructions de machines générales, et dépendait des Forces de missiles stratégiques sol-sol (RVSN). Hormis les vols pilotés placés sous la responsabilité de l'armée de l'Air, les Forces spatiales étaient chargées :
- de la reconnaissance photographique,
- de l'écoute électronique,
- de l'alerte avancée,
- de la surveillance océanique,
- des communications militaires,
- de la navigation,
- de la géodésie,
- et de la calibration radar.

En 1968, ces activités étaient transférées dans une nouvelle organisation : la direction générale des systèmes spatiaux, le GUKOS, dont le nom fut changé plus tard en UNKS, et qui était directement rattaché au ministre de la Défense.

En novembre 1991, l'UNKS fut subordonnée aux Forces de missiles stratégiques sol-sol, ellesmêmes rassemblées avec les Forces stratégiques aériennes et navales au sein des Forces de dissuasion stratégiques (SSS).

En octobre 1992, l'UNKS devenait les VKS, c'est-à-dire les Forces spatiales militaires telles qu'elles sont connues aujourd'hui, et sont directement rattachées aux Forces de dissuasion stratégiques (SSS).

Les VKS comprennent quarante mille personnes en 1993 et disposent de cinq entités :
- l'unité de défense n° 73790 située à Yubilyne près de Kaliningrad dans la région de Moscou et qui est l'héritière du NII-4 créé en 1946. Son rôle est de définir les besoins en matière spatiale,
- l'académie militaire A. F. Mojaïsky de St Pétersbourg destinée à la formation du personnel des VKS,
- l'unité de défense n° 57275 qui est chargée des opérations liées aux satellites de télécommunication,
- les bases de lancement de Tioura-Tam (unité n° 11284) et de Plessetsk (Kapoustine Yar qui jusqu'en 1990 dépendait de l'UNKS a été, à cette date, rattachée aux Forces de missiles stratégiques. Il est vrai que depuis 1987, aucun lancement de satellite n'y a été effectué mais seulement des essais de missiles balistiques),
- le centre principal de commande et de contrôle duquel dépendent les réseaux de station sol.

A l'époque de l'URSS, les unités des Forces spatiales militaires étaient réparties dans cinq républiques devenues indépendantes : la Russie, l'Ukraine, le Kazakhstan, l'Ouzbékistan et la Biélorussie. Aujourd'hui, seuls la Russie et le Kazakhstan disposent sur leurs territoires de troupes de ces Forces spatiales.

Les chefs des Forces spatiales militaires

1965-1979
Général-colonel **A. G. Karas**

1979-1989
Général-colonel **A. A. Maximov**

depuis 1989
Général-colonel **V. L. Ivanov**

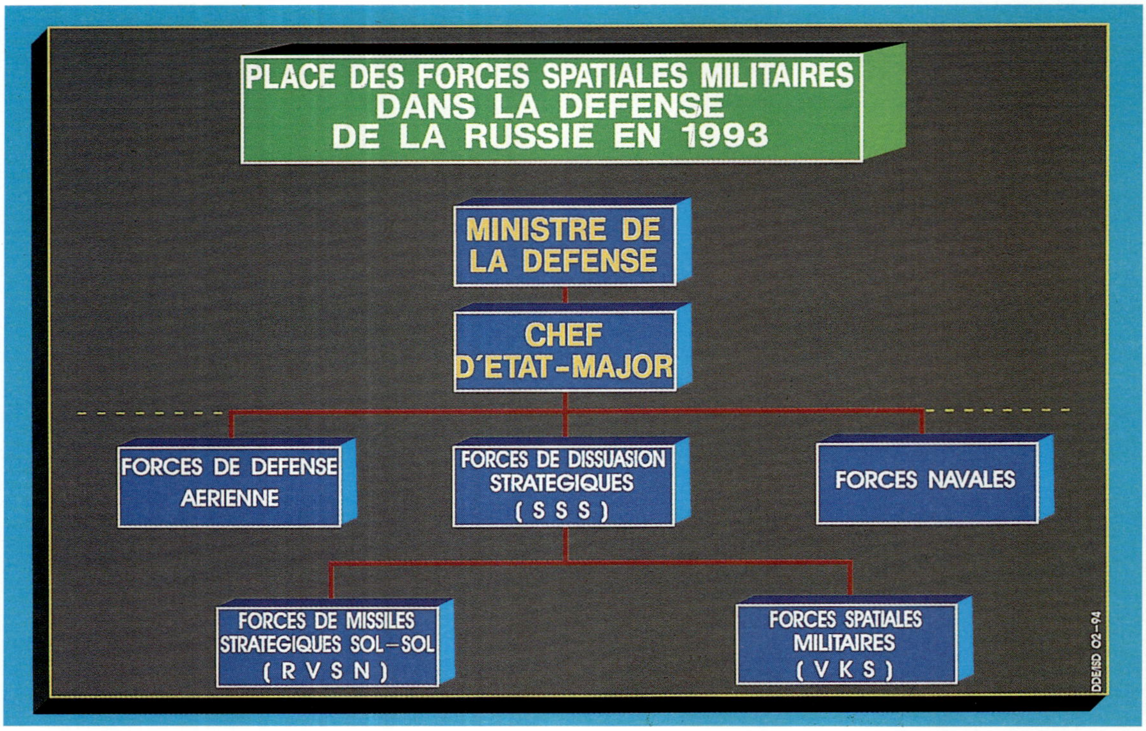
PLACE DES FORCES SPATIALES MILITAIRES
DANS LA DEFENSE
DE LA RUSSIE EN 1993
MINISTRE DE
LA DEFENSE
CHEF
D'ETAT-MAJOR
FORCES DE DEFENSE
AERIENNE
FORCES DE DISSUASION
STRATEGIQUES
(S S S)
FORCES NAVALES
FORCES DE MISSILES
STRATEGIQUES SOL-SOL
(R V S N)
FORCES SPATIALES
MILITAIRES
(V K S)
DDE/SD O2-94

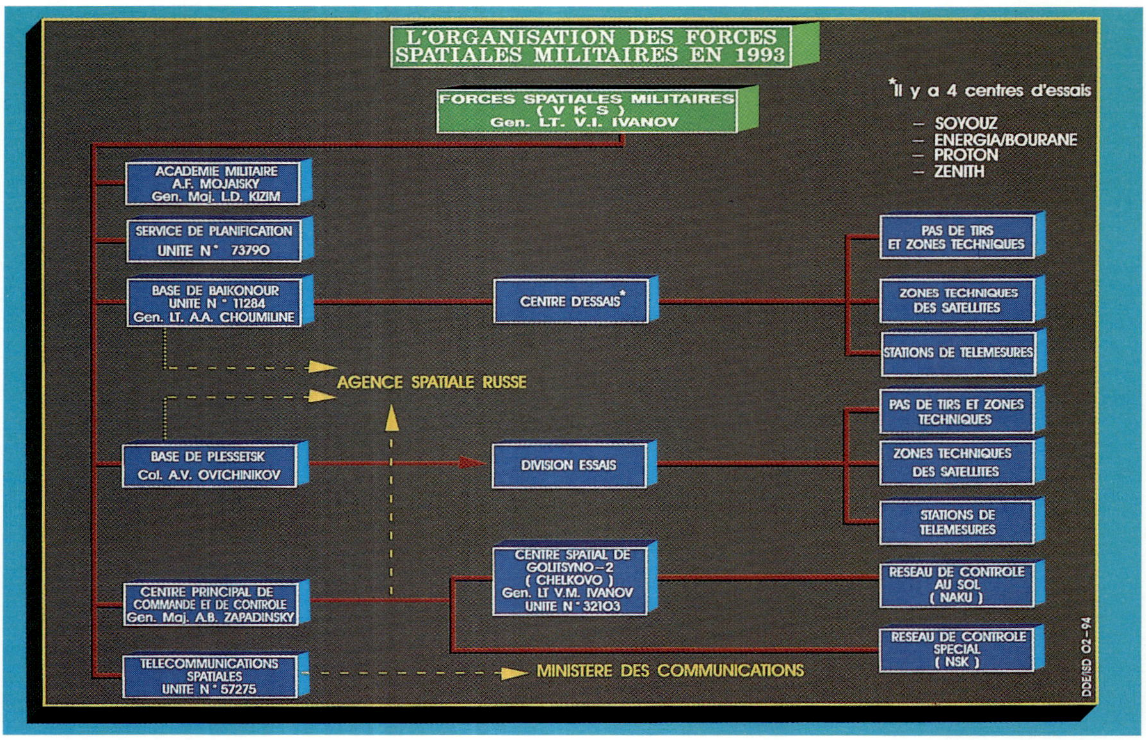
L'ORGANISATION DES FORCES
SPATIALES MILITAIRES EN 1993
FORCES SPATIALES MILITAIRES
(V K S)
Gen. LT. V.I. IVANOV
*Il y a 4 centres d'essais
– SOYOUZ
– ENERGIA/BOURANE
– PROTON
– ZENITH
ACADEMIE MILITAIRE
A.F. MOJAISKY
Gen. Maj. L.D. KIZIM
SERVICE DE PLANIFICATION
UNITE N° 73790
BASE DE BAIKONOUR
UNITE N° 11284
Gen. LT. A.A. CHOUMILINE
CENTRE D'ESSAIS*
PAS DE TIRS
ET ZONES TECHNIQUES
ZONES TECHNIQUES
DES SATELLITES
STATIONS DE TELEMESURES
AGENCE SPATIALE RUSSE
BASE DE PLESSETSK
Col. A.V. OVTCHINIKOV
DIVISION ESSAIS
PAS DE TIRS ET ZONES
TECHNIQUES
ZONES TECHNIQUES
DES SATELLITES
STATIONS DE
TELEMESURES
CENTRE SPATIAL DE
GOLITSYNO-2
(CHELKOVO)
Gen. LT V.M. IVANOV
UNITE N° 32103
CENTRE PRINCIPAL DE
COMMANDE ET DE CONTROLE
Gen. Maj. A.B. ZAPADINSKY
RESEAU DE CONTROLE
AU SOL
(NAKU)
RESEAU DE CONTROLE
SPECIAL
(NSK)
TELECOMMUNICATIONS
SPATIALES
UNITE N° 57275
MINISTERE DES COMMUNICATIONS
DDE/SD O2-94

L'apogée

L'apogée de Baïkonour fut concomitant avec celui des activités spatiales de l'ex-URSS et se situe au cours de la période 1976-1986. C'est l'époque où environ cent cinquante satellites soviétiques sont opérationnels en orbite, dont environ 80 à 90 % sont à usage militaire. Pour certaines de ces années, les lancements spatiaux atteignirent le nombre record d'une centaine, soit un tous les trois à quatre jours ! Notons que 60 % environ de ces lancements étaient réalisés à partir de la base spatiale de Plessetsk, et non à Baïkonour. C'est l'époque où cinq types de lanceurs sont en service : lanceurs Sémiorka/Soyouz, Sémiorka/Molniya, Proton, Cyclone et Zénith[1]. Tous ces lanceurs, auxquels il faut ajouter Energia/Bourane à partir de 1987, seront lancés de Baïkonour. Certains Sémiorka/Molniya, Cosmos[2] et Cyclone seront aussi lancés de Plessetsk.

Aux lancements spatiaux de Baïkonour s'ajoutent les tirs de développement et d'exercice de missiles balistiques. A cette époque, une dizaine de types de missiles balistiques stratégiques sol-sol est en service opérationnel sur le territoire de l'ex-URSS.

Comme les autres bases de lancement, Baïkonour a donc toujours étroitement mêlé les activités spatiales civiles et militaires et celles propres aux missiles balistiques. C'est ce qui explique l'importante présence des militaires sur le site géré d'ailleurs par l'une des structures du ministère de la Défense russe : les Forces spatiales militaires. Celles-ci disposent notamment d'une direction scientifique des essais, la NIOU, qui met en œuvre une unité dans chaque zone de lancement. Ainsi, la 6e NIOU a été créée en 1967 pour les essais du lanceur N-1.

Jusqu'au milieu des années 1980, Baïkonour est peu connue de l'étranger. Seuls quelques privilégiés découvrent le site à de rares exceptions comme lors des vols conjoints Soyouz-Apollo, franco-soviétiques ou Intercosmos.

Aller à Baïkonour au cours de ces années-là et même encore aujourd'hui, c'est aller au bout du monde. Pire, c'est aller dans un lieu qui n'existe pas. Car le voyage passe obligatoirement par Leninsk, cette base-vie sortie des sables et qui, par souci du maintien du secret, n'a jamais été mentionnée sur les cartes de l'ex-URSS. Epoque étonnante où l'on donnait au cosmodrome le nom d'un village situé à 370 km au nord et où l'on créait une ville qui n'existait pas !

Aujourd'hui comme hier, communiquer avec Baïkonour est toujours aussi difficile. En tout cas, il faut s'armer de beaucoup de patience pour la joindre au téléphone depuis Moscou. Quant à la joindre depuis l'étranger, c'est quasiment impossible. En fait, si l'on écarte le chemin de fer qui nécessite de nombreuses heures de voyage depuis Moscou, le seul cordon ombilical qui la relie au monde est l'avion, celui du ministère de la Défense.

Imaginons alors que nous ayons eu la possibilité de faire le voyage de Baïkonour vers 1987-1988, à la fin de son apogée, c'est-à-dire à l'époque des lancements d'Energia et de Bourane.

Le voyage aérien de Moscou à Baïkonour dure alors trois heures. En effet, Baïkonour est aussi éloigné de Moscou que cette dernière l'est de Paris. Après une heure et demie de vol, la forêt russe fait progressivement place à des zones où la végétation se raréfie à un point tel que *in fine* la steppe l'emporte. A mi-parcours, le survol de la mer d'Aral est un moment pathétique. Inexorablement, elle se retire ; ses rivages anciens sont maintenant à plusieurs kilomètres à l'intérieur des terres.

L'avion qui perd de l'altitude indique au visiteur que le terme du voyage est proche et c'est avec une certaine fébrilité que celui-ci cherche du regard par le hublot tout ce qui peut ressembler à un pas de tir, à des halls d'assemblage ou à des installations techniques qui émergeraient de la steppe. Mais l'espoir est déçu, il faudra encore

1. Voir en annexe les caractéristiques de ces lanceurs.
2. Cosmos a été lancé de Baïkonour de 1964 à 1968.

attendre. Un aéroport, ou plutôt un aérodrome répondant au nom de Kraïna, apparaît avec à l'arrière-plan les immeubles et les rues de la ville de Leninsk. Alors que l'avion se rapproche du sol et que les rares touffes d'herbe et les quelques arbustes se dessinent de mieux en mieux, on distingue, quelques centaines de mètres avant la piste, des yourtes, des troupeaux de chèvres et quelques chameaux rappelant que si ce territoire est devenu celui des technologies les plus sophistiquées et la « porte des étoiles », il n'en demeure pas moins celui, millénaire, des transhumances des nomades et des activités humaines les plus simples et les plus anciennes.

L'appareil se pose enfin et freine devant une longue rangée d'avions et d'hélicoptères témoignant d'une intense activité aérienne. A la descente de l'avion, le voyageur est immédiatement saisi et enveloppé par la chaleur. Le contraste avec la température de Moscou ou celle de l'avion est frappant. Pourtant, en ce mois de juin, il ne fait que 36 °C alors que le mercure monte fréquemment à 40 °C à cette époque de l'année.

Quelques minutes plus tard, l'autobus dénommé Baïkonour quitte le parking de l'aéroport et passe devant une immense pancarte en ciment affichant les quelques lettres tant attendues :

Б А Й К О Н У Р

La ville de Leninsk et l'hôtel Baïkonour sont atteints au bout d'une dizaine de minutes. Des rangées d'immeubles d'une dizaine d'étages maximum bordent les rues qui se croisent à angle droit. A l'évidence, pour les bâtisseurs de cette ville, la recherche de l'ombre semble avoir été une priorité car de nombreux arbres y ont été plantés. Leninsk paraît être, au premier regard, une oasis artificielle au milieu du désert. Mais c'est aussi le royaume de la poussière, soulevée par le vent omniprésent ou par le passage des rares automobiles et des nombreux camions. Mais si cette ville étrange mériterait qu'on s'y attarde, l'attraction du cosmodrome est encore plus vive. On prend alors juste le temps de déposer ses bagages à l'hôtel pour repartir vers le cosmodrome.

Leninsk, base-vie de Baïkonour.

A la sortie de Leninsk, les antennes de la station de poursuite spatiale Saturne.

L'organisation générale de la base

Le cosmodrome de Baïkonour se situe à une trentaine de kilomètres au nord de Leninsk. Dès la sortie de la ville, à la hauteur de la station ferroviaire de Tioura-Tam, un poste de garde militaire – le premier parmi de nombreux autres – marque le début de la route qui conduit à Baïkonour. En fait, Tioura-Tam est un carrefour ferroviaire où se croisent la voie ferrée du Moscou-Tachkent et celle qui va desservir toutes les zones techniques et les pas de tir du cosmodrome dispersés sur des dizaines de kilomètres vers le nord. Cette voie ferrée qui longe la route reliant Leninsk à Baïkonour sert au transport des matériaux de toutes natures utilisés à la construction et à la maintenance des installations de Baïkonour, mais c'est aussi par cette voie que transitent les étages propulsifs des lanceurs Proton, Soyouz, Energia, Cyclone et Zénith qui arrivent de Moscou, Samara ou Dniepropétrovsk. Le trafic ferroviaire y est intense. Chaque jour, trois cents wagons de marchandises arrivent à Baïkonour.

La steppe partagée en deux par cette route et cette voie ferrée et que parcourent ici des chèvres, là une horde de chevaux sauvages, est sillonnée par un enchevêtrement de lignes électriques et de postes de transformation, de bâtiments et d'installations diverses. Cette steppe reçoit aussi depuis près de quarante ans les étages propulsifs ou les éléments des lanceurs qui retombent lors des vols propulsés. En 1990, leur nombre atteignait le millier et il fallut alors procéder à une campagne de ramassage de ces débris.

De nombreux postes de garde contrôlent l'accès à Baïkonour. Pendant l'époque de la guerre froide, Baïkonour était un lieu stratégique maintenu secret.

Alors que six ou sept kilomètres ont été parcourus, apparaît sur la droite au sommet d'une colline à environ un kilomètre de la route, la station de poursuite Saturne. Elle est dotée de deux grandes antennes paraboliques auxquelles sont associées plusieurs autres de taille plus réduite et utilisées à la poursuite des stations orbitales. Après avoir franchi un nouveau poste de contrôle, on aperçoit sur la droite une usine de production d'oxygène liquide et d'azote. Mais peu à peu, les constructions se font rares puis la steppe apparaît dans toute sa nudité. La présence humaine se manifeste uniquement par les camions qui vont et viennent.

A mi-chemin entre Leninsk et Baïkonour se situent sur la gauche à environ deux kilomètres de la route, les quatre tours bétonnées du système Véga destiné à la calibration de certains moyens radioélectriques du champ de tir. Auparavant, dans les années 1950, un pas de tir de fusée-sonde V-5A avait été aménagé en ce lieu. Il faudra encore franchir deux postes de garde pour voir la route se séparer en trois directions et ainsi former une sorte de trident dont les trois branches correspondent aux trois zones mises en œuvre par les trois principales entreprises spatiales de la CEI :

- la branche du centre mène à la zone de NPO Energia, responsable des vols habités Soyouz et Energia/Bourane,
- la branche de gauche située à l'ouest conduit à la zone des pas de tir du Proton. Elle est mise en œuvre par KB Saliout et l'usine de production Khrounitchev,
- enfin, la branche située à l'est conduit à la zone NPO Youjnoye en charge notamment du lanceur Zénith.

Dans chacune de ces zones sont aussi implantés des silos destinés aux tirs expérimentaux de missiles balistiques intercontinentaux sol-sol.

Bien que ces trois zones soient distinctes et séparées les unes des autres de plusieurs kilomètres, elles ne sont pas totalement indépendantes. Certains travaux de la responsabilité d'un constructeur se déroulent parfois dans la zone d'un autre constructeur. Chaque zone possède des moyens techniques et administratifs et un hôtel pour loger les techniciens venant des différentes usines de l'URSS. Exception faite de la zone de NPO Energia, il n'y a pas d'activité d'étude et de développement à Baïkonour.

Le lanceur N-1–L-3 est prévu pour satelliser une charge de 95 t en orbite terrestre basse qui sera ensuite envoyée sur une trajectoire lunaire. Le lanceur est gigantesque. Sa masse au décollage est de 2 800 t et la poussée délivrée par les trente moteurs du premier étage atteint 4 620 t !

Baïkonour vue par le satellite français d'observation SPOT. On distingue en bas de l'image le fleuve Syr-Daria et la ville de Leninsk de laquelle part vers le nord la route de Baïkonour.

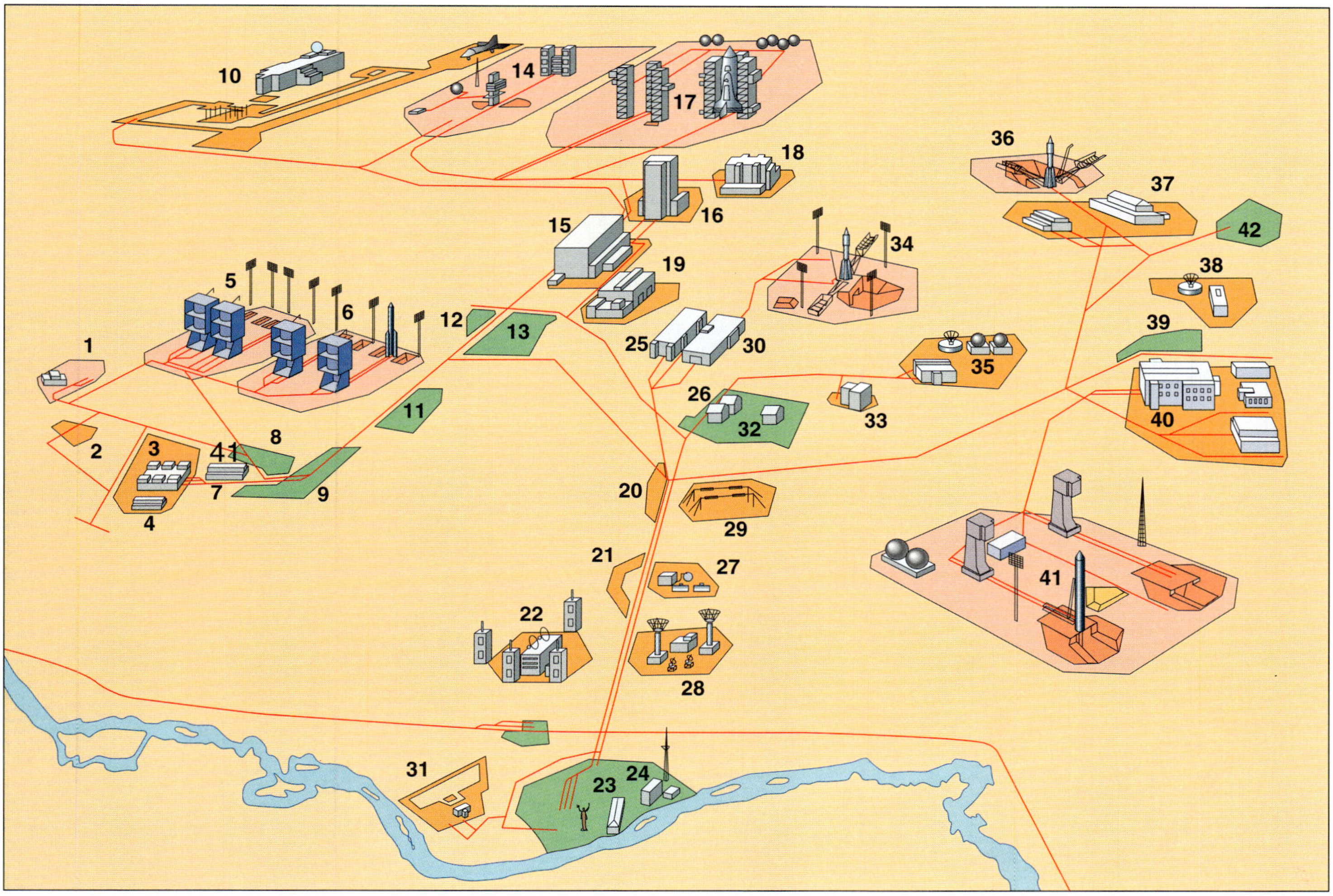

1. Pas de tir du lanceur Cyclone
2. Zone Proton : station d'avitaillement en ergols des satellites
3. Zone Proton : bâtiment d'assemblage, de contrôle et d'essais (MIK) du lanceur Proton, des satellites et des éléments de station orbitale. Ce bâtiment sert aussi au lanceur Cyclone
4. Zone Proton : bâtiment de stockage des éléments du lanceur Proton et des satellites
5. Zone Proton : complexe de lancement Proton (deux pas de tir)
6. Zone Proton : complexe de lancement Proton (deux pas de tir)
7. Zone technique Proton
8. Zone Proton : aire d'habitation du personnel participant aux préparatifs et au tir du Proton
9. Zone Proton : aire d'habitation et zone industrielle des troupes du génie militaire
10. Piste d'atterrissage de la navette Bourane (aérodrome Jubilé)
11. Poste de distribution d'électricité
12. Zone Energia-Bourane : aire d'habitation et zone industrielle des troupes du génie militaire
13. Zone Energia-Bourane : aire d'habitation du personnel participant aux préparatifs et au tir du lanceur Energia
14. Zone Energia-Bourane : pas de tir universel
15. Zone Energia-Bourane : bâtiment d'assemblage, de contrôle et d'essais (MIK) du lanceur Energia
16. Zone Energia-Bourane : banc d'essai en vibration du lanceur Energia-Bourane
17. Zone Energia-Bourane : complexe de lancement du système Energia-Bourane (deux pas de tir)
18. Zone Energia-Bourane : station d'avitaillement en ergols stockables du système Energia-Bourane
19. Zone Energia-Bourane : bâtiment d'assemblage, de contrôle et d'essais (MIK) de la navette Bourane
20. Aire d'habitation et zone technique du bataillon chargé de l'entretien du réseau ferroviaire
21. Entrepôt de la base
22. Système de calibration des moyens radioélectriques de la base (système Véga)
23. Ville de Leninsk
24. Ville de Leninsk : hôtels Baïkonour et Cosmonaute
25. Zone Soyouz : bâtiment de préparation des éléments du lanceur Soyouz et des vaisseaux spatiaux
26. Maisons de Korolev et de Gagarine
27. Usine de production d'oxygène liquide et d'azote
28. Station de poursuite Saturne
29. Station de radio
30. Zone Soyouz : bâtiment d'assemblage, de contrôle et d'essais (MIK) du lanceur Sémiorka/Soyouz et des vaisseaux Soyouz et Progress
31. Aéroport Kraïna de la ville de Leninsk.
32. Musée de Baïkonour
33. Unité des communications
34. Zone Soyouz : pas de tir du lanceur Sémiorka/Soyouz
35. Zone Soyouz : zone des télémesures
36. Zone Soyouz-Vostok : pas de tir des lanceurs Sémiorka/Soyouz et Sémiorka/Vostok
37. Zone Soyouz-Vostok : zone technique des lanceurs Sémiorka/Soyouz et Sémiorka/Vostok et des satellites
38. Zone Soyouz-Vostok : zone des télémesures
39. Zone Zénith : aire d'habitation du personnel participant aux préparatifs et au tir du lanceur Zénith
40. Zone Zénith : zone technique du lanceur Zénith
41. Zone Zénith : complexe de lancement Zénith (deux pas de tir)
42. Zone Soyouz-Vostok : aire d'habitation du personnel participant aux préparatifs et au tir des lanceurs Sémiorka/Soyouz et Sémiorka/Vostok

Un autre poste de garde.

La maison que Gagarine occupa la nuit précédant son vol historique.

Maison de Gagarine : la chambre historique.

Au mur a été apposée une plaque : « Dans cette maison Youri Alexeievitch Gagarine a passé la nuit du 11 au 12 avril 1961 précédant son vol. »

Le musée de Baïkonour conserve la mémoire des exploits mais aussi des malheurs de l'astronautique soviétique.

Musée de Baïkonour. Le calculateur utilisé pour le guidage à partir du sol de la première Sémiorka en 1957.

Le site de Baïkonour est riche en stèles commémoratives. Ici, le buste de Gagarine près du musée a été réalisé par les étudiants de l'institut d'artisanat de Lioubirsny près de Moscou d'où Gagarine était sorti en 1948.

Un nouveau poste de contrôle doit être franchi pour entrer dans la partie centrale du cosmodrome. Vingt-cinq kilomètres ont été parcourus depuis Leninsk. Ici, la steppe a fait place à de nombreuses constructions disposées parmi les arbres qui ont été plantés au cours des années. De nombreux indices indiquent au visiteur que ce lieu est chargé d'histoire. Ici, une pancarte a été érigée à la gloire des cosmonautes, une autre vante la réussite de l'espace soviétique. Un peu plus loin sur une petite place, c'est une maquette de Sémiorka haute de trois mètres environ.

Dès l'entrée de cette zone se situent plusieurs modestes maisons en bois d'une superficie d'une trentaine de mètres carrés. L'une d'elles est celle où Gagarine passa la nuit avant son vol historique. L'autre appartenait à Korolev qui, lors de ses fréquentes visites au cosmodrome, préférait être ici, « sur le terrain », plutôt qu'à l'hôtel. Ces deux maisons ont été transformées en musée. A quelques mètres de celles-ci, le musée Gagarine a été édifié et retrace tous les moments glorieux mais aussi les tragédies de Baïkonour.

Quelques centaines de mètres plus loin commence la zone Soyouz proprement dite, appelée aujourd'hui complexe de lancement Gagarine, avec ses divers bâtiments d'assemblage et de contrôle et son pas de tir, c'est-à-dire le « site n° 1 », celui du lancement du premier Spoutnik et de Gagarine. C'est de ce pas de tir que s'effectuent encore actuellement les lancements habités, mais aussi ceux des vaisseaux-cargos Progress.

Le deuxième site capable de lancer des fusées de type Sémiorka est situé à une vingtaine de kilomètres plus à l'est à proximité de la zone Zénith. Il est parfois utilisé pour les vols habités lorsque le pas de tir n° 1 est indisponible mais surtout pour les lancements des Progress. Ce pas de tir désigné n° 31 a été utilisé pour la première fois pour un vol habité le 25 octobre 1968 qui devait conduire au premier rendez-vous manuel entre Soyouz-2 et 3. Mis en service en 1961, il a depuis accumulé trois cent trente lancements (vols habités ou non).

Autre plaque commémorant le lancement du premier Spoutnik : « Pour la paix et le progrès, 4 octobre 1957. »

▲ *On conserve à Baïkonour les antennes de trajectographie et de télémesure ayant servi aux premiers lancements spatiaux et essais de missiles balistiques et qui ont été remplacées au cours des années par d'autres de technologie plus moderne.*

La zone Soyouz mise en œuvre par NPO Energia

Cette zone comprend :

– Un bâtiment de contrôle des étages propulsifs : les étages propulsifs du lanceur arrivent par voie ferrée depuis l'usine de production MZ Progress de Samara située à environ 1 500 km de là. Dans ce bâtiment, ils sont extraits de leurs conteneurs et subissent les préparatifs nécessaires à leur intégration dans le lanceur. Ce bâtiment sert aussi d'entrepôt pour les éléments de lanceurs et de vaisseaux spatiaux.

– Un bâtiment destiné au remplissage en ergols des réservoirs du véhicule spatial : c'est dans ce bâtiment que sont remplis en ergols et en gaz les différents réservoirs des véhicules spatiaux Soyouz et Progress.

– Un bâtiment d'assemblage et de contrôle du lanceur, le MIK : situé à une cinquantaine de mètres du précédent, ce bâtiment, dont les dimensions au sol sont de 100 m x 50 m et la hauteur de 20 m, est utilisé depuis 1957 pour l'assemblage de tous les lanceurs de type Sémiorka qu'ils soient habités (lance-Vostok, Voskhod, Soyouz) ou non (Molniya, Luna, Vénéra, Progress…).

Dans le cas d'un vol Soyouz ou Progress, le vaisseau spatial est amené par la route ou par la voie ferroviaire et mis en configuration de vol sur des bancs verticaux à l'intérieur du MIK. Il est ensuite transféré par rail ou par route dans un autre bâtiment dans lequel il subit des essais sous vide et radioélectriques dans une chambre anéchoïde. Ses réservoirs sont ensuite remplis en ergols et en gaz comprimés. Ramené au MIK, le vaisseau est assemblé au 3e étage. Le MIK permet de préparer en parallèle deux Soyouz et deux Progress.

Dans ce même bâtiment se déroule également l'assemblage des deux premiers étages du lanceur. Pour cela, le second étage qui est en fait le corps central est placé sur un bâti mobile sur rails. Les quatre propulseurs latéraux qui constituent le premier étage sont ensuite assemblés à ce corps central pour former ce qui est appelé le *paquet*. Ce dernier subit ensuite des essais pneumatiques et électriques partiels et d'ensemble. Enfin, le montage complet du lanceur est effectué non plus sur un bâti spécial mais directement sur le véhicule ferroviaire transporteur-érecteur. Le paquet y est alors assemblé au composite 3e étage-vaisseau spatial. Le lanceur subit ensuite divers contrôles et essais. Deux lanceurs peuvent être assemblés simultanément dans le MIK.

Intérieur du MIK. Le paquet constitué du propulseur central et des quatre propulseurs latéraux de la Sémiorka est installé sur le véhicule ferroviaire transporteur-érecteur. ▶

Le MIK, bâtiment d'assemblage, de contrôle et d'essais du lanceur Sémiorka et des vaisseaux spatiaux Soyouz et Progress.

Les opérations d'assemblage sont réalisées par les techniciens civils de la société Progress alors que le contrôle est de la responsabilité des militaires des Forces spatiales. Sur le pas de tir, la préparation du lanceur est faite à la fois par les civils et les militaires.

Dès l'origine, les Russes ont choisi d'assembler leurs lanceurs à l'horizontale dans des halls fermés plutôt qu'à la verticale sur le pas de tir, essentiellement pour éviter les inconvénients des difficiles conditions climatiques de leurs champs de tir (froid, vent et sable notamment).

C'est également dans le MIK que les cosmonautes revêtent leurs scaphandres et subissent les derniers contrôles médicaux.

Intérieur du MIK. La partie haute du lanceur dotée du système de sauvetage du vaisseau est transportée par un pont roulant afin d'être assemblée au paquet. On distingue, au fond du MIK, l'assemblage du paquet d'un autre lanceur et, au premier plan, un propulseur latéral.

Intérieur du MIK. Le lanceur Sémiorka/Soyouz assemblé.

Intérieur du MIK. Un vaisseau-cargo Progress en cours d'achèvement.

▶

Le lanceur Sémiorka/Soyouz est acheminé vers le pas de tir.

▼

ЗОНА

СТОП

Le lanceur Sémiorka/Soyouz, parvenu au-dessus de la plate-forme de tir, est prêt à être basculé à la verticale.

– **Le pas de tir (complexe de lancement Gagarine ou site n° 1) :** Assemblé et contrôlé, le lanceur complet quitte le MIK à l'horizontale sur son véhicule ferroviaire transporteur-érecteur pour rejoindre le pas de tir. Ses trois étages sont alors dépourvus de leurs ergols au contraire du vaisseau Soyouz ou Progress.

Bien que la rigueur et le respect des procédures soient une des clés majeures du succès dans le domaine spatial, ce qui laisse peu de place à l'incertitude et à l'irrationnel, il est étonnant de constater que du côté russe, la superstition occupe une place notable. Ainsi, depuis de nombreuses années, la croyance veut que le fait d'avoir assisté au transfert de son propre lanceur porterait malheur au cosmonaute. C'est pourquoi, en juillet 1992, il fut interdit au spationaute français Michel Tognini d'accompagner sa fusée sur le pas de tir. L'année suivante toutefois, l'autorisation lui fut donnée d'accompagner son collègue Jean-Pierre Haigneré.

Le convoi atteint donc le pas de tir qui se présente sous la forme d'une immense dalle de béton d'une centaine de mètres de longueur et d'une cinquantaine de mètres de largeur sur laquelle aboutissent cinq voies ferrées, celle du milieu étant réservée au convoi du lanceur. Cette dalle se termine par une plate-forme également bétonnée qui surplombe de 45 m le bas du carneau. La partie la plus avant de cette plate-forme est soutenue par deux énormes piliers en béton ancrés quelque 45 m plus bas dans le sol. Au centre de cette plate-forme, un trou carré d'environ 20 m x 20 m a été pratiqué et au-dessus duquel le lanceur est installé. Pour ce, le véhicule ferroviaire amène ce dernier au bord du trou puis des vérins l'érigent à la verticale. Quatre bras métalliques saisissent alors l'engin à la hauteur du point d'attache des accélérateurs au corps central. Le lanceur est ainsi suspendu au-dessus du vide par ces quatre bras, son centre de gravité se situant évidemment au-dessous du point de suspension. Par ailleurs, le niveau le plus bas du lanceur, c'est-à-dire celui des moteurs, se trouve à 7 m au-dessous de la surface de la dalle.

L'originalité de la conception de l'ensemble de mise en œuvre du lanceur sur la plate-forme de tir mérite qu'on s'y attarde quelque peu. Les quatre bras métalliques, plus communément appelés *la tulipe*, qui maintiennent le lanceur sont articulés à leur base sur une couronne également métallique composée de vingt-quatre secteurs, la constitution de cette couronne de 16 m de diamètre en secteurs ne répondant qu'à des commodités de transport et de montage. Cette couronne est par ailleurs posée sur la plate-forme en béton par l'intermédiaire d'un dispositif à galets qui permet à l'ensemble lanceur, bras articulés et couronne de tourner sur lui-même afin d'aligner, avant le tir, le lanceur dans l'azimut désiré. En outre, cet ensemble peut être calé à l'horizontale par des vérins hydrauliques. Il est en effet nécessaire que le lanceur soit bien vertical et que les quatre bras soient chargés de manière identique. Une fois ces différents réglages effectués, la couronne est bloquée dans la position définie. L'ensemble métallique tournant a une masse de 610 t.

Toutefois, afin de minimiser les effets du vent sur la fusée avant et pendant le décollage, le dispositif est complété par quatre tirants métalliques reliés à une de leurs extrémités à la plate-forme bétonnée et à l'autre au bas du lanceur par une glissière en forme de I. L'engin est donc maintenu au-dessus de son centre de gravité par les quatre bras métalliques qui supportent tout son poids et latéralement, en bas, par ces quatre tirants. Dans ces conditions, le tir peut avoir lieu avec des vents dont la vitesse peut atteindre 20 m/s (72 km/h) et par des températures comprises entre –36 °C et +35 °C. Ces différents éléments qui au décollage libèrent la fusée ne sont actionnés par aucun dispositif mais agissent uniquement sous l'effet de la pesanteur. Ainsi, lorsque la poussée des moteurs devient supérieure au poids du lanceur et que celui-ci commence son mouvement ascensionnel, la partie supérieure de chacun des quatre bras quitte le logement situé sur le corps de la fusée et dans lequel elle était encastrée. Sous l'effet de leurs contrepoids respectifs, les quatre bras basculent alors et s'ouvrent comme les pétales d'une fleur. Puis, lorsque le lanceur s'est élevé de 70 mm, les quatre tirants du bas sortent de leur glissière. La fusée est alors totalement libérée et poursuit son ascension.

L'ensemble mécanique de la plate-forme de tir est complété par deux tours de service comprenant notamment huit plates-formes et un ascenceur. Comme les bras métalliques, ces tours sont articulées à leur base et basculent de la position horizontale à la position verticale et réciproquement. Comme deux demi-coquilles, elles viennent donc enserrer le lanceur pendant la phase de préparation et sont basculées à l'horizontale trente minutes avant le tir.

L'alimentation en ergols (kérosène et oxygène liquide) du corps central et des accélérateurs latéraux s'effectue par le bas du lanceur alors que celle du troisième étage est réalisée par un mât lui aussi articulé à sa base.

Cet ensemble de mise en œuvre et de tir des lance-Vostok/Voskhod/Molniya/Soyouz a été conçu et réalisé par le bureau d'études du ministère des Constructions de machines générales (KBOM) dirigé par l'académicien V. P. Barmine. Les deux plates-formes de ce type installées à Baïkonour et les quatre autres de Plessetsk ont cumulé, depuis plus de trente-cinq ans, mille cinq cents lancements et ont toujours parfaitement fonctionné. Aux dires de M. Khlebnikov, l'ingénieur en chef du bureau d'études de Barmine qui fut chargé de leur conception, la seule précaution à prendre est de s'assurer que les axes de rotation

De cette tribune, située à environ un kilomètre du pas de tir, de nombreuses délégations soviétiques ou étrangères ont assisté aux départs pour l'espace.

des bras métalliques sont bien lubrifiés ! On notera cependant un incident intervenu lors du premier tir d'une Sémiorka le 15 mai 1957. Lors de la mise à feu, il y eut des remontées de flammes qui vinrent envelopper le bas du lanceur et furent à l'origine de l'échec en vol. Korolev para alors au plus pressé en fixant des tôles de protection en acier au bas du lanceur, ceci bien sûr au détriment de la performance de ce dernier. Mais très rapidement, Barmine trouva une solution plus élégante qui consista à injecter de l'air comprimé pour chasser la flamme. On put donc supprimer les plaques d'acier et ainsi alléger le lanceur de quelque 500 kg. Ceci dut particulièrement plaire à Korolev qui avait pour habitude de bien récompenser ceux qui apportaient des idées conduisant à une réduction de la masse inerte. Ainsi, il donnait volontiers une prime de l'ordre de 50 à 60 roubles alors que le salaire moyen d'un jeune ingénieur était de 120 à 150 roubles.

Le pas de tir proprement dit est complété par plusieurs bâtiments de servitude enterrés à proximité, tels le stockage des ergols et le PC de tir. Et puis, à quelque 900 m du pas de tir, en bordure de la zone technique, une tribune a été érigée. Depuis de nombreuses années, elle a reçu des centaines de visiteurs illustres ou non venus assister aux lancements spatiaux.

Le 1er juillet 1993, lorsque le spationaute français Jean-Pierre Haigneré et ses collègues russes Tsibliev et Sérébrov sont partis pour l'espace, c'était la 346e fois qu'une fusée de type Sémiorka habitée ou non était lancée de ce site n° 1. En 1994, la cadence de tir globale pour les deux plates-formes Soyouz/Progress de Baïkonour est d'environ sept à huit par an. L'expérience accumulée est donc considérable et bien sûr les anecdotes ne manquent pas. Les vétérans de Baïkonour qui ont quitté le site depuis des années et qui évoquent avec nostalgie leurs campagnes de tir passées n'hésitent pas à en raconter quelques-unes. D'aucuns se souviennent, en effet, vers

La plate-forme de tir et son carneau destiné à canaliser les flammes et les gaz de combustion au moment du décollage.

1958-1959, alors que la phase de préparation d'un lanceur s'achevait et que l'on était à vingt minutes du décollage, qu'un bruit étrange et répétitif se produisit à l'intérieur du lanceur. C'était la première fois qu'une telle manifestation apparaissait lors d'un lancement et n'avait d'ailleurs aucune raison de se produire puisque le lanceur était complètement inerte. Après plusieurs heures de contrôle et après avoir pris la décision de reporter le tir, l'origine de ce bruit n'avait toujours pas été trouvée. Le mystère s'épaississait tout comme le brouillard qui, peu à peu, enveloppait le lanceur. Il fallut encore attendre de nombreuses heures avant qu'un jeune ingénieur s'aperçoive qu'un bout de câble était malencontreusement resté dans une canalisation de mise à l'air libre. Gelé par la présence proche d'une canalisation d'oxygène liquide, il bougeait sous l'effet du vent qui s'engouffrait dans l'interétage et frappait la structure de l'engin à la manière du marteau frappant un gong.

Un autre jour, les difficultés vinrent de la météo qui joue un rôle important lors des lance ments. Ainsi, il pleuvait depuis trois jours, ce qui interdisait le lancement. Korolev, excédé par cette attente, convoqua le responsable de la météo et lui demanda de lui faire un état de la situation. Ce dernier lui déclara que la pluie cesserait le lendemain de 11 h 30 à 12 h 30. Cette prévision fut parfaite. La pluie s'arrêta effectivement à 11 h 30, le tir put avoir lieu à 12 h 30 et, à peine le lanceur avait-il décollé, que la pluie se remit à tomber. Pour Korolev et ses adjoints, l'étonnement fut grand quant à la qualité de la prévision. Korolev voulut en savoir plus et demanda au météorologiste de lui expliquer le secret de la justesse de sa prévision. Ce dernier lui répondit simplement qu'il avait des relations privilégiées avec Dieu. Au pays de l'athéisme, cette affirmation, sans doute dite sous forme de boutade, ne manquait pas de piquant ! Quelle qu'en fût la cause, Korolev lui attribua une prime, au demeurant fort méritée.

Et puis, il y a toujours les superstitions et les traditions. Ainsi, depuis le vol de Gagarine, il est de coutume pour les membres des équipes de préparation du lanceur d'aller uriner au même endroit sur la plate-forme de tir ! Pour d'autres, ce serait mauvais présage que de porter des vêtements neufs lors du lancement. Mais il y a aussi ceux qui ne portent que des vêtements usagés ! Certains lancent leur casquette en l'air au moment du décollage. Quant à Korolev, il interdisait la présence des femmes. A chacun ses croyances !

Le navire de trajectographie Cosmonaute Youri Gagarine.

Les navires du réseau de poursuite spatiale

La constitution d'une flotte de navires équipés de radars, de cinéthéodolites et autres systèmes de poursuite, a été élaborée de 1955 à 1959 au sein du NII-4 et avait pour responsable le général Tiouline. Ce projet avait un nom de code : Equateur. De la fin des années 1950 à aujourd'hui plusieurs générations de bateaux se sont succédé comme indiqué ci-dessous :

Première génération mise en service en 1959-1960
Il s'agissait de quatre bateaux répartis en mer Baltique, en mer du Nord (près de Sakhaline), au large de la Norvège et en mer de Barentz.

Deuxième génération mise en service d'août 1960 à 1962
Quatre nouveaux bâtiments sont déployés (*Ilitchevsk*, *Krasnodar*, *Dolinsk* et *Aksaï*).

Troisième génération mise en service à partir de 1965-1966
En 1965-1966, le *Bejitza* et le *Ritsna* remplacent l'*Ilitchevsk* et le *Krasnodar* et en 1967, quatre nouveaux apparaissent : le *Kegostrov*, le *Nevel*, le *Morzhovets* et le *Borovichi*, tous de 6 100 t de déplacement. Puis, en août 1967, le premier navire amiral est mis en service, c'est le *Cosmonaute Vladimir Komarov* (17 850 t) suivi en mars 1971 d'un second navire amiral, l'*Académicien Sergueï Korolev* (21 465 t) et en juillet de la même année d'un troisième le *Youri Gagarine* (45 000 t).
Ces trois derniers navires sont placés au large de Terre-Neuve, à la Havane (Cuba) et à Oran (Maroc). Les autres stationnent dans le golfe de Guinée, au large du Brésil, dans l'Atlantique sud et dans le Pacifique.

Quatrième génération mise en service entre 1975 et 1977
Quatre navires sont remplacés par le *Cosmonaute Gueorgui Dobrovolsky* (9 000 t), le *Cosmonaute Pavel Belayev* (9 000 t), le *Cosmonaute Vladislav Volkov* (9 000 t) et le *Cosmonaute Victor Patsayev* (9 000 t). Deux autres navires de la classe Desna, le *Tchajma* et le *Tchoumikan* sont aussi utilisés ainsi que les deux derniers, le *Maréchal Nédéline* (24 000 t) et le *Maréchal Krylov* (24 000 t) plus particulièrement utilisés pour les essais de missiles balistiques.

Un dernier bâtiment, l'*Académicien Nikolaï Piliouguine* a été mis en chantier en 1988 mais sa construction a, semble-t-il, été arrêtée. En 1993, l'agence spatiale russe envisageait à nouveau de le mettre en service à partir de 1996.

Depuis 1986 et la mise en service des satellites relais Altaïr/Loutch, les liaisons hors de visibilité du territoire soviétique ont pu être réalisées en se passant de cette flotte de navires.

En page de droite : Vue d'ensemble du pas de tir Sémiorka/Soyouz

Mission franco-russe *Altaïr* : le lanceur est suspendu au-dessus du carneau par quatre bras métalliques.

Mission Altaïr : le lanceur est érigé à la verticale. On distingue les contrepoids (en jaune) qui, au moment du décollage, permettront aux quatre bras métalliques de basculer et de libérer la fusée.

Afin de le maintenir vertical, le lanceur est relié à la plate-forme de tir dans sa partie basse par quatre bras.

Achèvement de la mise en place du lanceur. On distingue en bas à droite le véhicule ferroviaire transporteur-érecteur avant son retrait, la demi-tour de service (à droite et à l'horizontale) avant son érection et à gauche le mât ombilical. ▶

La zone Energia/Bourane mise en œuvre par NPO Energia

Cette zone située au centre du cosmodrome, au nord de la zone Soyouz, est la plus vaste de Baïkonour. Sa construction débuta en 1976 pour la mise en œuvre, les essais et le lancement du lanceur lourd Energia et de la navette Bourane dont les maîtrises d'œuvre ont été confiées respectivement à NPO Energia et NPO Molniya.

Vingt-huit ministères et environ deux cents usines et bureaux d'études ont participé pendant dix ans à la construction de cette zone Energia/Bourane qui réutilisa néanmoins certaines installations du programme N-1. Elle fut inaugurée par Mikhaïl Gorbatchev du 11 au 13 mai 1987, c'est-à-dire deux jours avant le premier lancement d'Energia.

Par rapport aux zones Proton, Soyouz et Zénith qui ne sont utilisées que pour les lancements, la zone Energia/Bourane est une véritable zone industrielle où sont notamment conduits des essais de moteurs et même des essais en vibration du lanceur Energia et de la navette Bourane. En 1988-1989, trois mille cinq cents personnes étaient affectées à ces travaux.

Le banc d'essai et de lancement universel

Ce banc a deux fonctions. Il permet d'effectuer :

- Les essais à feu des deux étages d'Energia soit individuellement soit assemblés. Dans cette dernière configuration, c'est le lanceur entier qui est testé de manière statique.
- Les lancements d'Energia. Pour ce, le lanceur repose sur huit supports. L'eau nécessaire au refroidissement du carneau au moment du décollage est stockée à proximité du pas de tir dans seize capacités de 8 m de diamètre et de 40 m de hauteur. Le premier lancement d'Energia, le 15 mai 1987 à 21 h 30, heure de Moscou, a été effectué sur ce banc. Avant le premier vol, cinq essais à pleine poussée et six mille autres particuliers ont été accomplis.

Comme celles des bâtiments et des sites de lancement liés à Energia, les dimensions et les valeurs de ce banc sont impressionnantes :

- profondeur du carneau : 47 m,
- hauteur des mâts anti-foudre : 225 m,
- débit d'eau de refroidissement du carneau : 40 t/s,
- hauteur de la tour de service : 60 m (du haut de cette tour, on aperçoit la ville de Leninsk, pourtant située à 35 km).

Les deux pas de tir Energia/Bourane

De façon identique aux zones Proton et Zénith, les deux pas de tir Energia/Bourane ont été construits à quelques centaines de mètres l'un de l'autre, sur les emplacements mêmes des pas de tir du lanceur lunaire N-1 dont ils ont repris le carneau ainsi que la tour de service pivotante dont la hauteur a cependant été ramenée de 145 m à 60 m afin de s'adapter à celle d'Energia. Cette tour est constituée de trente-sept niveaux. Ces pas de tir sont les plus gigantesques jamais réalisés. Ils sont aussi équipés de toboggans destinés au sauvetage de l'équipage de Bourane en cas d'accident lors du décollage. Ainsi, en une quinzaine de secondes, les cosmonautes sont évacués vers un abri souterrain proche du pas de tir. Les différents bâtiments de servitude ont été également installés à proximité et enterrés. Le PC est un bâtiment de trois étages situé à 5 km. Sa pièce principale mesure 100 m x 50 m. L'hydrogène et l'oxygène liquide sont stockés dans des réservoirs sphériques à quelques dizaines de mètres du lanceur. Les opérations de remplissage en kérosène, oxygène et hydrogène liquides d'Energia demandent la plus grande sécurité.

Pendant celles-ci, une zone de 15 km autour du pas de tir est définie comme zone à risques. C'est à H moins 13,5 heures que ces opérations commencent et tous les autres travaux sont arrêtés dans cette zone. Puis, à H moins 6 heures, tous les techniciens quittent le site, et commence alors l'ultime phase de préparation effectuée en mode automatique.

Le bâtiment d'intégration d'Energia

Situé à environ 7 km des deux pas de tir Energia/Bourane, le bâtiment d'intégration d'Energia est une construction aux dimensions impressionnantes : 240 m de longueur, 190 m de largeur et 47 m de hauteur. Avec les bâtiments de servitude annexes, il occupe une superficie au sol de 55 000 m^2 ! Ce bâtiment a été construit de 1964 à 1966 pour l'assemblage du lanceur lunaire N-1. Lors de l'arrêt de ce programme en 1974, il fut fermé puis réouvert et aménagé pour Energia. L'intégration de ce lanceur nécessite mille deux cents personnes pour réaliser les quatre cents assemblages et les trois cents essais nécessaires. Environ dix pour cent de ces personnes sont affectées à la fonction qualité.

Les différents éléments du lanceur sont acheminés dans ce bâtiment soit par avion, soit par train. Ainsi :

- Les deux gros réservoirs centraux sont amenés un par un par une version adaptée du bombardier stratégique M-4 Bison depuis l'usine Progress de Samara. Cet avion devait par la suite être remplacé par l'Antonov-225 Mriya.
- Les moteurs du corps central arrivent par train de l'usine de mécanique de Voronej.
- Les accélérateurs latéraux et leurs moteurs viennent également par train de l'usine NPO Youjnoye de Dniepropétrovsk en Ukraine.

Le bâtiment d'intégration possède quatre grands halls. L'un est réservé à l'achèvement des boosters, le second à celui du corps central et les deux derniers à l'intégration finale du lanceur seul et du lanceur avec la navette Bourane, ces opérations s'effectuant horizontalement. Le lanceur est ensuite placé sur un véhicule ferroviaire transporteur-érecteur repris du programme N-1 et adapté. D'un poids total de 470 t, il achemine le lanceur sur le pas de tir à la vitesse de 4 à 5 km/h. Pour ce, l'ensemble du véhicule et du lanceur est poussé par quatre locomotives diesel réparties par deux sur deux voies parallèles.

L'entrée de la zone Energia.

▲ *L'un des deux pas de tir d'Energia en cours d'aménagement. On distingue très bien les trois branches du carneau.*

Fin des années 1970. Construction des deux pas de tir d'Energia-Bourane sur les emplacements mêmes des pas de tir construits plus de dix années auparavant pour le lanceur lunaire N-1 –L-3. La hauteur de la tour de service du pas de tir de gauche a déjà été diminuée pour être adaptée au lanceur Energia.

Derniers préparatifs du lanceur Energia installé sur le banc universel avant son premier vol du 15 mai 1987.

Construction du banc universel servant à la fois aux essais statiques et au lancement du lanceur Energia.
◄

Les deux pas de tir d'Energia.-Bourane

Bâtiment d'assemblage d'Energia. Achèvement de l'un des accélérateurs latéraux du lanceur.

Bâtiment d'assemblage d'Energia. Stockage des accélérateurs latéraux.

Bâtiment d'assemblage d'Energia. Moteurs à hydrogène-oxygène liquides de 200 t de poussée unitaire utilisés sur le corps central d'Energia.

▲ *Arrivée à Baïkonour des réservoirs centraux d'Energia. Le plus gros des réservoirs a 8 m de diamètre et une masse de 40 t.*
▼

Bâtiment d'assemblage d'Energia. Hall d'assemblage final du lanceur.

Bâtiment d'assemblage d'Energia. Achèvement du réservoir central.

▲
Entre l'usine de fabrication de Moscou et Baïkonour, la navette Bourane est acheminée par avion. Ici, l'Antonov-225 Mriya.

La navette Bourane en cours d'achèvement à Baïkonour.

Derniers contrôles de Bourane avant l'assemblage avec Energia.

L'arrière de Bourane. On distingue les moteurs protégés par un couvercle rouge.

Maquette de Bourane servant aux essais radioélectriques.

La navette spatiale Bourane

Masse au décollage : 105 t

Masse à vide au lancement : 75 t

Charge utile emportée à 450 km d'altitude : 27 t

Charge utile pouvant être ramenée sur Terre : 20 t

Nombre de cosmonautes : deux à quatre pilotes plus six passagers

Durée nominale du vol en orbite : sept jours (extensible à trente)

Pas de tir d'Energia. Les « canalisations » de droite servent à l'évacuation rapide de l'équipage de la navette Bourane en cas d'accident.*

L'une des branches du carneau.

Bâtiment d'intégration et de contrôle de la navette Bourane

Ce bâtiment d'une hauteur de 20 m et d'environ 100 m de longueur et de largeur, qui fut celui de l'assemblage et du contrôle du véhicule lunaire L-3, permet d'achever ou de remettre à niveau après vol trois navettes Bourane. Un quatrième hall transformé en chambre anéchoïde est utilisé pour les essais radioélectriques. Bourane est auparavant acheminée par un avion Antonov-225 Mriya de l'usine de production de Moscou à Baïkonour.

L'aérodrome Jubilé

A quelques kilomètres au nord du banc d'essai et de lancement universel se trouve l'aéroport Jubilé. Doté d'une piste de 4 500 m de long et de 84 m de largeur, il reçoit notamment les avions chargés du transport des différents éléments d'Energia. Mais il a surtout été réalisé pour l'atterrissage de la navette Bourane. C'est ici qu'elle s'est posée de manière automatique le 15 novembre 1988 après avoir réalisé deux orbites. A cette fin, un bâtiment surmonté de six antennes et servant de tour de contrôle a été construit à proximité de la piste.

Le système Energia-Bourane quitte le bâtiment d'assemblage.

Acheminement du système Energia-Bourane vers le pas de tir. Le véhicule ferroviaire et son chargement sont tirés par quatre locomotives réparties deux à deux sur deux voies parallèles. ▲

Installation sur le pas de tir.

Quelques heures avant le lancement d'Energia-Bourane, le 15 novembre 1988. ▶

ЭНЕРГИЯ
СССР

Les gigantesques constructions de la zone Energia vues de la zone Soyouz. L'imposant bâtiment est destiné au remplissage en ergols stockables du lanceur Energia/ Bourane.

Les autres installations

De nombreuses autres installations affectées au programme Energia/Bourane ont été implantées sur le site et notamment :

- un hall d'essai en vibration de l'ensemble Energia/Bourane de 100 m de hauteur,
- un banc d'essai à feu des moteurs de Bourane situé près du bâtiment d'intégration et de contrôle de cette navette,
- une station de remplissage en ergols pour Bourane,
- une installation d'essais de remplissage en ergols stockables d'Energia.

Le bâtiment d'assemblage (MIK) du Proton.

La zone Proton mise en œuvre par KB Saliout et l'usine de production Khrounitchev

Située à environ 35 km au nord-ouest de la ville de Leninsk, la zone Proton est constituée de deux complexes de lancement (sites 81 et 200) disposant chacun de deux pas de tir et d'une zone administrative et technique avec des immeubles d'habitation et même une place centrale. Cette dernière et les pas de tir sont reliés entre eux par une voie ferrée. Le complexe de lancement le plus proche de la zone technique est situé à environ 6 km et le deuxième complexe à environ 4 km du premier. Les deux pas de tir de chaque complexe sont distants de 600 m et utilisent certaines servitudes communes. Lorsqu'ils ont été construits, on imaginait de grandes cadences de tir, de l'ordre de quatre par mois. Par ailleurs, chaque pas de tir était prévu pour procéder à vingt lancements avant une remise en état des installations. Pour cela, on construisit quatre pas de tir, ce qui permit d'en avoir toujours un disponible.

Bâtiment d'assemblage (MIK) du Proton. On distingue à droite un premier étage et ses six propulseurs assemblés et à gauche un second étage.

MIK du Proton. Achèvement du quatrième étage.

MIK du Proton. Le lanceur Proton utilisé pour le lancement d'une sonde Phobos est prêt à partir pour le pas de tir.

La zone technique

La zone technique est organisée de manière analogue à celle du Soyouz. Elle comprend :

– **Un bâtiment de préparation et de contrôle du satellite :** le satellite arrive à Baïkonour par voie aérienne et son transfert vers ce bâtiment peut se faire soit par le rail, soit par la route. Pendant ce trajet, le satellite est conditionné thermiquement. Lorsqu'il est débarrassé de son conteneur, si besoin est, il peut être installé dans une salle propre située à l'intérieur du bâtiment. On y effectue alors :

- les contrôles des circuits électriques,
- les essais pneumatiques et de pressurisation,
- la vérification du déploiement des panneaux solaires,
- la préparation du satellite avant le remplissage en ergols du réservoir,
- la préparation du satellite pour le transport dans le bâtiment des opérations de remplissage.

– **Un bâtiment destiné aux opérations de remplissage en ergols des réservoirs du satellite :** le transfert entre le bâtiment précédent et celui-ci distant de plusieurs dizaines de kilomètres, peut s'effectuer soit par route soit par rail. Le conditionnement thermique du satellite est assuré pendant cette phase. Le remplissage est réalisé soit en position horizontale, soit verticale. Une fois cette opération effectuée, le satellite regagne le bâtiment d'intégration et de contrôle pour y subir les opérations suivantes :

- contrôle des dispositifs pyrotechniques,
- préparation pour l'assemblage du satellite avec l'adaptateur (liaison avec le 4e étage du lanceur),
- mise en place de l'adaptateur,
- assemblage du satellite, de l'adaptateur et du 4e étage du lanceur,
- mise en place de la coiffe.

Parallèlement, il est procédé au remplissage en kérosène du 4e étage. cette opération s'effectue dans la zone NPO Energia près du pas de tir Gagarine. La détermination du centre de gravité de cet étage se fait également dans les installations de NPO Energia. Le remplissage du 4e étage en oxygène liquide s'effectuera sur le pas de tir quelques heures avant le décollage.

– **Un bâtiment pour l'intégration de la partie haute du lanceur :** l'intégration du 4e étage, du satellite et de la coiffe est réalisée dans ce bâtiment en position soit horizontale, soit verticale.

– **Un bâtiment pour l'assemblage final du lanceur (MIK) :** dans ce bâtiment, le Proton est assemblé à l'horizontale. Une cinquantaine de personnes sont affectées à cet assemblage qui dure trois à quatre semaines. Le corps central du premier étage est monté sur un berceau rotatif. Le premier accélérateur latéral est amené sous ce corps central et y est fixé. Le berceau est alors tourné de 60°, le deuxième accélérateur est monté et ainsi de suite jusqu'au sixième. Une fois assemblé, le premier étage est transféré par un pont roulant sur un bâti pour y être intégré au second étage. Comme pour la Sémiorka/Soyouz, l'assemblage du lanceur complet, c'est-à-dire des étages inférieurs et de la partie haute du lanceur, est effectué sur le véhicule ferroviaire transporteur-érecteur. Trois Proton peuvent être simultanément assemblés dans ce bâtiment.

La tour de service d'un des quatre pas de tir Proton.

Erection du Proton sur le pas de tir.

Le pas de tir

Le lanceur complet est ensuite acheminé à l'horizontale par voie ferrée vers le pas de tir distant de 6 à 10 km selon celui choisi. La masse du lanceur dépourvu de ses ergols est d'environ 47 t. Pendant le transport, le satellite est maintenu dans des conditions thermiques définies au moyen d'un système de conditionnement d'air. Parvenu sur le pas de tir, le véhicule ferroviaire qui porte le lanceur se positionne sur un bras escamotable installé dans la dalle de béton.

Ce bras articulé par de puissants vérins soulève alors l'ensemble du véhicule ferroviaire et du lanceur à la verticale. Pendant l'érection et l'installation sur le pas de tir, lesquelles durent quatre heures, le conditionnement d'air du satellite a été arrêté. L'installation terminée, il est rétabli de deux heures à trente minutes avant le lancement selon les cas.

Le lanceur repose alors directement sur six supports solidaires de la plate-forme de lancement contrairement au lanceur Sémiorka qui est suspendu au-dessus du carneau. Ces supports rentrent dans la dalle de la plate-forme de tir au moment du décollage afin de ne pas être endommagés par le jet propulsif.

Ce pas de tir qui ne comprend pas de mât ombilical ni de bras de tenue du lanceur est incomparablement plus simple que celui de la Sémiorka. L'alimentation en ergols (UDMH et N_2O_4) des trois premiers étages s'effectue par le bas. Les différentes liaisons électriques et pneumatiques (au nombre de cinq mille) sont réalisées.

Contrairement au lanceur Sémiorka/Soyouz, on ne procède pas à un alignement en azimut du lanceur avant le tir. Ce dernier sera effectué par le système de guidage du lanceur lui-même au début du vol.

De façon générale, le lancement intervient entre trois et cinq jours après l'installation du lanceur sur le pas de tir. Si une annulation du tir intervient, il faut douze heures pour vidanger les réservoirs et mettre le lanceur en position horizontale avant de le renvoyer vers le hall d'intégration. Le temps se décompose en six à huit heures pour la vidange proprement dite et quatre heures pour la mise à l'horizontale.

La préparation du satellite sur le pas de tir dure un jour. La décision de procéder au lancement est prise d'un commun accord entre les autorités du champ de tir et le client propriétaire du satellite au moins trente minutes avant le lancement. Une tour mobile montée sur rails est utilisée pour effectuer les opérations de contrôle et les préparatifs avant le tir. Elle est éloignée avant la mise à feu.

Le stockage des ergols du lanceur est réalisé près du site de lancement dans des citernes enterrées. Les opérations de remplissage en ergols sont totalement automatisées. Au début des années 1970, une grue a été installée sur la tour mobile de service afin de permettre l'assemblage vertical de la charge utile au sommet du lanceur.

Le lanceur Proton.

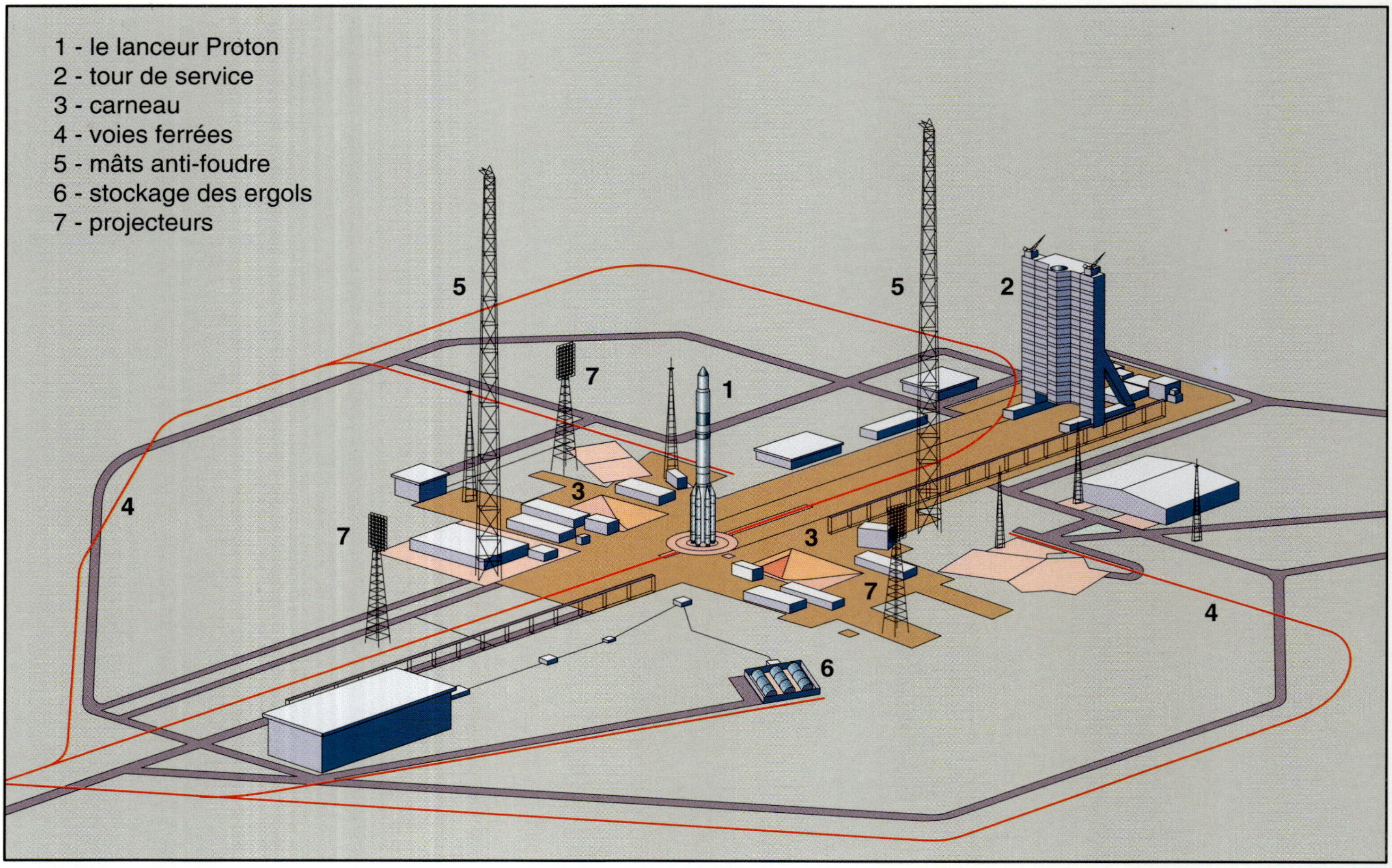

Pas de tir Proton

Conditions de lancement

Les lancements peuvent être effectués en présence de vents allant jusqu'à 20 m/s. La neige et la pluie ne sont pas des obstacles.

Après l'allumage des moteurs et après avoir vérifié qu'ils délivrent bien la poussée nominale, le lanceur commence à s'élever. Le connecteur de culot contenant cinq mille liaisons reste attaché au lanceur et monte avec lui pendant quelques dixièmes de seconde puis il est promptement repoussé vers le bas et séparé du lanceur par un système pneumatique et immédiatement protégé par un ensemble de plaques d'acier qui se ferment et qui jouent le rôle de déflecteur de flamme. Ainsi, le jet de flamme est séparé en deux. Les contrôles avant tir et la mise à feu sont effectués depuis un PC situé à 1,5 km du pas de tir. La préparation et le déroulement d'un lancement de Proton mobilisent entre trois et quatre cents personnes.

De 1965 à novembre 1993, deux cent douze lancements de Proton avaient été effectués pour la mise en orbite de satellites, de stations orbitales et de sondes interplanétaires. Depuis la mise en service du premier pas de tir en 1965, la cadence de lancement a donc été en moyenne de l'ordre de sept par an. Au milieu des années 1980, elle atteignit treize.

Chacun des quatre pas de tir n'a toutefois pas comptabilisé le même nombre de lancements. Ainsi, en 1989, alors que cent quatre-vingts tirs avaient été effectués, on en notait cinquante-trois pour l'un, soixante-deux pour l'autre, les deux restants se partageant donc les soixante-six autres tirs.

Le premier lancement en orbite géostationnaire eut lieu le 26 mars 1974 et le 1er octobre 1993, le centième satellite géostationnaire était lancé.

Notons que de 1969 à 1976, alors que Glouchko mettait au point le moteur RD-301 de 10 t de poussée à fluor-ammoniac, il avait été envisagé d'utiliser celui-ci comme 3e étage du Proton. Ainsi, la charge utile en orbite basse pouvait être augmentée d'une fois et demie. Mais lorsque l'un des deux pas de tir fut modifié en vue de l'utilisation de ce moteur, on prit conscience qu'il serait vraiment trop dangereux d'utiliser des ergols aussi toxiques. On arrêta donc les travaux.

Aujourd'hui, un seul des quatre pas de tir est toujours en service, sa durée de vie ayant déjà été prolongée plusieurs fois.

▶ *Tir de nuit.*

Un Proton sur le pas de tir.

Derniers préparatifs avant lancement.

Chronologie d'un lancement du Proton

Date	Evénement
J – 60 j	Arrivée du satellite sur l'aérodrome de Baïkonour
J – 59 j	Déchargement du satellite de l'avion
J – 58 j	Acheminement du satellite dans le bâtiment d'assemblage de la zone technique Proton
J – 57 j	Le satellite est enlevé de son conteneur
J – 56 j à J – 52 j	Installation du satellite dans la salle blanche
J – 51 j à J – 39 j	Tests des circuits et des continuités électriques
J – 39 j	Tests des systèmes pneumatiques et de pressurisation
J – 36 j	Tests des mécanismes de déploiement des panneaux solaires et des batteries
J – 18 j	Préparation du satellite pour le remplissage des réservoirs. Transport du satellite dans le bâtiment « remplissage ergols »
J – 17 j	Remplissage en ergols. Sortie du bâtiment « remplissage ergols »
J – 14 j	Contrôle des éléments pyrotechniques. Opérations finales
J – 12 j	Montage du satellite sur l'adaptateur du 4e étage
J – 11 j	Montage du satellite et de l'adaptateur sur le 4e étage
J – 10 j	Tests électriques. Chargement et transport de l'ensemble dans le bâtiment de remplissage en ergols du 4e étage
J – 9 j	Remplissage du dernier étage. Transport de la charge utile dans le bâtiment d'assemblage du lanceur
J – 6 j	Préparation de la charge utile pour son assemblage avec le lanceur, assemblage et contrôle des continuités électriques. Installation du lanceur complet sur le véhicule transporteur-érecteur. Transfert sur le pas de tir. Erection à la verticale du lanceur. Mise en place de la tour de service mobile. Contrôle général du lanceur
J – 5 j	Remplissage des réservoirs du lanceur (pendant six à huit heures). Poursuite des contrôles
J – 4 j à J – 2 j	Poursuite des contrôles
H – 24 h	Poursuite des contrôles
De H – 10 h à H – 8 h	Opérations et contrôles sur le satellite. Confirmation par les données télémétriques que le satellite est prêt pour le lancement
H – 8 h	Début des opérations finales sur le lanceur. Mise sous tension du satellite
H – 2 h 30/2 h 10	Arrêt du conditionnement d'air du satellite
H – 1 h 40/1 h 30	Fin des opérations de contrôle. Mise sous tension définitive du satellite. Fin de la charge des batteries du satellite. Enlèvement des capots de protection des dispositifs optiques du satellite
H – 1 h 40/1 h 20	Evacuation du personnel de la tour de service et du pas de tir
H – 1 h 20/30 min	Retrait de la tour
H – 60 min	Evacuation totale du personnel de la zone de lancement
H – 45 min	Complément de plein d'ergols du dernier étage
De H – 45 min à H – 30 min	Complément de plein d'ergols du 1er étage
H – 30 s	Fin du complément de plein d'ergols du 1er étage
H – 10 s	Allumage du 1er étage
H – 4 s à H – 1,885 s	Atteinte de la poussée moyenne des moteurs
H – 0	Décollage - Atteinte de la poussée nominale des moteurs
H + 1 s	Libération du lanceur du pas de tir
H + 12 s	Début du pilotage en roulis
H + 60 s	Pression dynamique maximale
H + 122 s/123 s	Allumage du 2e étage et atteinte de la poussée moyenne
H + 127,5 s	Arrêt de la propulsion du 1er étage, séparation des étages et atteinte de la poussée maximale du 2e étage
H + 334 s/335 s	Allumage des moteurs de pilotage du 3e étage
H + 337,7 s	Arrêt de propulsion du 2e étage
H + 338,4 s	Séparation des 2e et 3e étages. Mise à feu des six rétrofusées du 2e étage
H + 340,8 s	Allumage du 3e étage
H + 351 s/360 s/370 s	Séparation des deux parties de la coiffe et éjection
H + 578 s/582 s	Arrêt du moteur principal du 3e étage
H + 592 s/597 s	Arrêt des moteurs de pilotage du 3e étage
H + 597 s/600 s	Séparation des 3e et 4e étages et mise à feu des rétrofusées du 3e étage
H + 600 s	Injection en orbite de la charge utile et du 4e étage
H + 600 s à H + 4 750 s	Orientation du composite. Compensation du système de guidage
H + 4 800 s	Premier allumage du 4e étage pour le transfert vers l'orbite elliptique de transfert géostationnaire
H + 5 250 s	Premier arrêt du moteur du 4e étage
H + 5 356 s à H + 15 840 s	Orientation du composite avant le 2e allumage du moteur
H + 23 880 s	Deuxième allumage du 4e étage et fonctionnement pendant 680 s
H + 25 220 s/25 776 s	Séparation du 4e étage et du satellite qui est en orbite géostationnaire (36 000 km)

Décollage du Proton.

Proton en vol.

Les différents sites de Baïkonour et de Leninsk

N° du site	Lieu	Fonction
0	LK	Emplacement du premier hôtel en 1959 près du Syr-Daria
1	BK	Pas de tir du lanceur Sémiorka/Soyouz (pas de tir Gagarine)
2	BK	Bâtiment d'assemblage et de contrôle du lanceur Sémiorka/Soyouz
2 B	BK	Bâtiment d'assemblage et de contrôle du vaisseau lunaire N-1 – MIK KO
5	LK	Lieu de stationnement des troupes
8	LK	Lieu de stationnement des troupes
9	LK	Aérodrome Kraïna
10	LK	Place centrale de Leninsk, état-major, maison des officiers, hôtel Tsentralnaya, magasin Univermag
13	LK	Cimetière
17	LK	Hôtels Baïkonour et Cosmonaute
18	BK	Station de poursuite Saturne
23	BK	Station de contrôle radioélectrique Véga
31	BK	Second pas de tir du lanceur Sémiorka
32	BK	Bâtiment d'assemblage et de contrôle du lanceur Sémiorka/Soyouz
41	BK	Pas de tir du missile R-16
42	BK	Bâtiment d'assemblage et de contrôle du missile R-16
43	BK	Bâtiment d'assemblage et de contrôle du lanceur Zénith
45	BK	Pas de tir du lanceur Zénith (au nombre de deux)
81	BK	Pas de tir du lanceur Proton (au nombre de deux)
92	BK	Bâtiment d'assemblage et de contrôle des lanceurs Proton et Cyclone
110	BK	Pas de tir du lanceur N-1 (au nombre de deux)
112	BK	Bâtiment d'assemblage du lanceur N-1–MIK-RN
112 A	BK	Bâtiment de remplissage des réservoirs de la charge utile de la N-1 transformé par la suite pour Bourane
113	BK	Zone d'habitation et bâtiment pour le soudage des éléments de la N-1
131	BK	Pas de tir du lanceur Cyclone
200	BK	Pas de tir du lanceur Proton (au nombre de deux)
250	BK	Banc universel du lanceur Energia
251	BK	Aérodrome Jubilé
254	BK	Bâtiment d'assemblage et de contrôle de Bourane

Légende : BK : Baïkonour ; LK : Leninsk

Nota : de nombreux autres emplacements essentiellement à usage militaire ne figurent pas dans ce tableau faute d'informations. C'est notamment le cas des anciens pas de tir des lanceurs Cosmos, des missiles balistiques R-9, UR-200, *etc.*

Dates de mise en service des différents pas de tir

Lanceur	1er pas de tir	2e pas de tir	3e pas de tir	4e pas de tir
Sémiorka/Soyouz	15 mai 1957	1961	—	—
Proton	16 juillet 1965	Fin 1965	1970	1971
N-1	20 février 1969	27 juillet 1971	—	—
Zénith	13 avril 1985	30 août 1991	—	—
Energia	15 mai 1987	—	—	—
Energia/Bourane	15 novembre 1988	—	—	—

La zone Zénith mise en œuvre par NPO Youjnoye

Située à l'est de Baïkonour, à cinq ou six kilomètres du second pas de tir Soyouz, la zone Zénith fait partie du complexe où opère l'entreprise NPO Youjnoye et comprend des moyens techniques et administratifs. La zone Zénith proprement dite est constituée d'un bâtiment d'assemblage et de contrôle du lanceur relié par une voie ferrée à deux pas de tir (site n° 45) distants l'un de l'autre de quelques centaines de mètres. La distance séparant le bâtiment d'assemblage construit en 1958 et les pas de tir est de deux kilomètres et demi. Ceux-ci sont situés au sommet d'une petite colline, à environ trois kilomètres du site où eut lieu le 24 octobre 1960, l'explosion du missile R-16 qui fit cent soixante-cinq victimes. Le 4 octobre 1990, l'un de ces pas de tir a été détruit par l'explosion d'un lanceur Zénith sept secondes après le décollage. L'explosion fut d'une violence inouïe. L'infrastructure du pas de tir d'un poids de 600 t a été soufflée et est retombée sur les installations.

Comme pour tous les autres lanceurs, l'assemblage, les contrôles et le transport du bâtiment de préparation au site de lancement s'effectuent horizontalement. Dans le cas du Zénith, la phase de préparation du lanceur dans le MIK demande quatre-vingts heures et environ soixante personnes. Une fois assemblé et contrôlé, le lanceur installé sur un véhicule ferroviaire, son moteur dirigé vers l'avant, quitte le bâtiment d'intégration pour le pas de tir poussé par une locomotive. Contrairement aux convois du Proton et de la Sémiorka, celui du Zénith n'est pas escorté. Lorsqu'il parvient à un endroit déterminé à proximité du pas de tir, son simple passage déclenche automatiquement l'opération d'érection du lanceur. Pour ce, le wagon dispose à l'avant de six gros connecteurs mâles qui s'encastrent dans leurs équivalents femelles disposés sur le butoir terminal de la voie ferrée situé sur l'aire de lancement. C'est l'arrivée du wagon elle-même qui démasque la partie femelle des connecteurs protégée par un capot en dehors des périodes de lancement. Le branchement électrique, pneumatique et hydraulique du lanceur avec les équipements du site de lancement se fait de la même façon par jonction d'une prise dont la partie mâle est située sur le lanceur et la partie femelle sur un mât pivotant articulé et solidaire du pas de tir. Cette prise comprend notamment deux cents connecteurs électriques. Une fois le branchement automatiquement fait, le lanceur est érigé à la verticale au moyen d'un berceau appartenant au véhicule ferroviaire. Durant la préparation du lancement sur le pas de tir, le satellite et certains équipements du lanceur sont conditionnés thermiquement par circulation d'air.

Le lanceur, une fois positionné à la verticale au-dessus du carneau, repose sur quatre supports. Le bas du lanceur se trouve alors à 4 m sous la surface de la dalle et il est maintenu en son milieu par la prise du mât ombilical. Lorsque le lanceur commence son mouvement ascensionnel et a parcouru 110 mm, les quatre supports sont escamotés à l'intérieur de la dalle. Dans celle-ci, il existe aussi quatre trappes en tôle d'acier par lesquelles passent les canalisations d'alimentation en ergols et certaines liaisons électriques et pneumatiques. Ainsi, les deux étages sont remplis par le bas. De la même manière que les supports, les canalisations d'ergols sont rétractées automatiquement dans la dalle six minutes avant le décollage et les trappes fermées. Ensuite, la prise liant le mât et le lanceur est déconnectée par l'élévation du lanceur, puis le mât s'abaisse automatiquement à l'horizontale. A cet instant, seules restent soumises au jet propulsif les quatre trompes d'alimentation en eau servant à refroidir le carneau et à diminuer l'ambiance acoustique.

Les liaisons électriques et pneumatiques entre le mât ombilical et le lanceur sont réalisées par une prise dont cette photo montre la partie mâle installée sur le lanceur.

Intérieur du MIK Zénith. On distingue deux lanceurs Zénith en cours de contrôle.

Le lanceur Zénith avant son érection sur le pas de tir. On distingue, entre le véhicule ferroviaire portant le Zénith et ce dernier, le mât ombilical de couleur blanche.

La zone Zénith, comme les autres zones de Baïkonour, comporte des stèles commémoratives. Ainsi, à côté du MIK, se trouve le buste de M. K. Yanguel qui dirigea NPO Youjnoye de 1954 à 1971.

Le bâtiment d'assemblage (MIK) du Zénith.

L'innovation par rapport aux autres sites de lancement est que tant la préparation sur le pas de tir que le lancement lui-même sont complètement automatisés donc sans intervention humaine directe. Cette technique permet évidemment de réduire sensiblement les temps d'opération, le nombre de personnes travaillant sur le site, les erreurs humaines et globalement les coûts, en revanche elle complique la définition du lanceur. C'est une technique particulièrement adaptée à une cadence élevée de lancements. Le temps nécessaire entre deux lancements est de quatre heures, et six lancements peuvent être effectués par jour. Même en cas de tir avorté, la vidange des réservoirs ne nécessite aucune présence humaine. Le pas de tir Zénith est remarquable par sa simplicité. Il s'inspire directement de celui du lanceur Cyclone conçu dans les années 1960-1970 comme système antisatellite. Ces deux pas de tir ont d'ailleurs été conçus et réalisés par le bureau d'études GSKB de V. N. Soloviov, dépendant du ministère des Transports. Il a fallu presque dix ans pour le réaliser : l'avant-projet a été établi en 1976 et le premier vol a eu lieu en 1985. Les lancements peuvent s'effectuer par n'importe quelles conditions météorologiques avec toutefois des vents dont la vitesse est inférieure à 20 m/s.

En 1993, les deux pas de tir étaient en cours d'équipement d'une tour de service. Il était en effet envisagé de pouvoir effectuer des vols habités de vaisseaux Soyouz avec le Zénith.

Derniers préparatifs avant le tir.

Les zones militaires

Hormis les zones de lancement évoquées ou décrites précédemment et utilisées le plus généralement pour les lancements à usage civil, Baïkonour est grandement impliquée dans les activités spatiales militaires et dans le domaine des missiles balistiques stratégiques. Ces zones et ces activités sont largement couvertes par le secret militaire, c'est pourquoi nous nous bornerons à donner quelques informations notables mais fragmentaires.

L'activité missiles balistiques

Dans ce domaine, Baïkonour n'est qu'un centre d'essais. Tirés depuis Baïkonour, les missiles ont des cibles situées soit au Kamtchatka, soit dans l'océan Pacifique. Depuis 1957, de nombreux types de missiles balistiques intercontinentaux mis au point par l'ex-URSS ont été testés ici : R-7 (SS-6), R-16 (SS-7), R-9 (SS-8), R-36 (SS-9), RS-10 (SS-11), RT-2 (SS-13), RS-16 (SS-17), RS-20 (SS-18), RS-18 (SS-19). D'anciens silos utilisés pour les missiles des générations précédentes ont bien sûr été convertis pour accueillir les missiles les plus récents.

En juillet 1991, il y avait à Baïkonour quatre sites d'essais de missiles balistiques ainsi répertoriés :
– sites 10-1 et 10-2 : deux silos de SS-11,
– sites 16-1 à 16-4 : quatre silos de SS-17,
– sites 20-1 à 20-10 : dix silos de SS-18,
– sites 18-1 et 18-2 : deux silos de SS-19.

De nombreuses anecdotes jalonnent aussi l'histoire des essais de missiles balistiques. Les ingénieurs de NPO Youjnoye se souviennent en effet qu'au cours de l'hiver 1969, alors qu'ils préparaient un essai de SS-9, la température est descendue à –44 °C et très rapidement les canalisations et les dispositifs assurant le chauffage dans la zone technique et administrative ont été mis hors service par le gel. Dans les chambres de l'hôtel, le mercure indiquait –15 °C et pendant quinze jours il fallut dormir tout habillé avec manteau et *chapka* ! On se souvient aussi que l'été suivant la température a dépassé +40 °C et là, pour dormir, il fallut mouiller les draps et s'enrouler dedans pour avoir un peu de fraîcheur. Mais la chaleur était telle qu'il fallait recommencer l'opération toutes les heures. Cependant, le plus difficile à supporter était le manque de nouvelles des familles car il n'était pas possible de communiquer par téléphone avec la Russie ou l'Ukraine. Mais de l'avis de tous, l'enthousiasme lié aux tâches à accomplir permettait de supporter ces difficultés et puis on se souvenait qu'au début de Baïkonour, les conditions de vie étaient bien pires. Il n'y avait même pas assez de lits pour tout le monde. On dormait à tour de rôle.

Toutes ces difficultés n'empêchaient pas de faire la fête, de boire et de porter des toasts. Ainsi, la coutume veut qu'au cours de ces fêtes et de ces réunions amicales le troisième toast à Baïkonour soit porté à l'amour (des femmes), alors qu'en usine il est porté à l'amour (du travail et des fusées).

A Baïkonour, comme ailleurs, on s'amuse aussi avec les fonctionnaires. Ainsi, dans les années 1960, il était prévu de procéder à l'essai d'un missile balistique dont la retombée devait se faire à trente kilomètres de la base de départ. Le fonctionnaire du ministère de la Défense, peu informé sur le déroulement et les objectifs du tir et qui avait marqué de sa présence l'essai, fut invité à se rendre au point de chute de l'engin. Arrivé sur les lieux, on lui fit croire qu'en fait l'essai avait échoué pour cause d'explosion prématurée de la charge nucléaire et que, pour éviter les irradiations, il devait porter un vêtement spécial fourré de laine, très chaud, jour et nuit pendant plusieurs jours. Le narrateur de l'histoire rappelle avec une certaine délectation que l'événement se passait en été par une température avoisinant 40 °C. Le fonctionnaire zélé informa évidemment ses supérieurs à Moscou que l'essai avait été un échec et que la région et lui-même avaient été contaminés. Mais auparavant ces mêmes supérieurs avaient été avertis de la farce par ses auteurs.

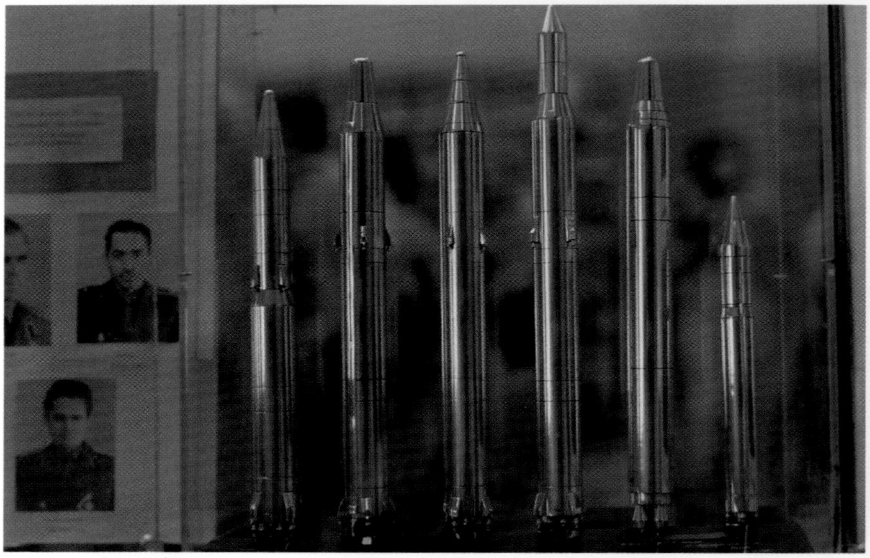

Maquettes de missiles et de lanceurs spatiaux militaires conçus par NPO Youjnoye présentées au musée de Baïkonour. On distingue de gauche à droite les missiles R-16 (SS-7) et R-36 (SS-9) et le lanceur R-36K destiné à transporter la bombe orbitale, le lanceur Cyclone-2 et les missiles RS-20 (SS-18) et RS-16 (SS-17).

L'activité antisatellites

Les travaux relatifs à la conception d'un système antisatellite ont commencé au début de la décennie 1960. Le premier système opérationnel fut le Poliot de V. N. Tchélomeï dont deux modèles ont été lancés en 1963 et 1964 par une Sémiorka modifiée. En 1965, un nouveau type de satellite antisatellite, réalisé également par Tchélomeï, était lancé par une version modifiée du missile balistique R-36 (SS-9) de M.K. Yanguel. Un site de lancement est alors construit dans la partie ouest de Baïkonour, au-delà de la zone Proton. C'est l'actuelle zone du Cyclone, lequel est d'ailleurs assemblé dans le MIK du Proton. Ce site fut utilisé en 1966-1967 pour les essais du système de bombe orbitale FOBS et à partir de 1967 pour le système antisatellite. Ce dernier sera déclaré opérationnel en 1979. Il consistait à mettre en orbite un satellite intercepteur doté d'un autodirecteur* permettant d'identifier le satellite cible et d'un dispositif de manœuvre destiné à le placer sur l'orbite du satellite ennemi à détruire. La charge militaire était constituée d'une bombe à fragmentation. Pour les essais, le satellite cible contenait un émetteur radio et l'on constatait qu'il avait été détruit lorsque l'émission radio s'arrêtait.

Au total, vingt satellites antisatellites ont été lancés et treize interceptions réalisées, ceci jusqu'en 1982. Après quatre années de vie opérationnelle, ce système était retiré du service.

La préparation au tir qui ne durait que quelques heures était entièrement automatique. Plusieurs intercepteurs (lanceur et satellite) pouvaient donc être lancés par jour dans un bref délai. Notons aussi que le lanceur Cyclone qui a été tiré plus d'une centaine de fois, n'a enregistré que deux échecs.

Les lancements de satellites militaires

A Baïkonour, il est aussi procédé au lancement de satellites d'application militaire. Ainsi :

- la Sémiorka/Soyouz, hormis les vols habités, met en orbite des satellites de reconnaissance photographique,
- la Sémiorka/Molniya, des satellites de télécommunication,
- la Sémiorka/Vostok, des satellites d'observation en orbite héliosynchrone,
- la Cyclone (seule la version biétage Cyclone-2 est tirée de Baïkonour)[1], des satellites de surveillance océanique, des satellites de télécommunication, de géodésie et de calibration radar,
- la Zénith, des satellites d'écoute électronique et de reconnaissance photographique,
- la Proton, des satellites de navigation, de détection radar et d'alerte avancée.

Le système FOBS (Fractional Orbital Bombardment System)

En 1967, le traité de Moscou avait interdit de disposer en orbite des charges nucléaires. Tout en restant dans le respect strict de ce traité, les Soviétiques conçurent un système, appelé FOBS par les Américains, qui consistait à mettre en orbite une charge nucléaire qui n'effectuait pas une orbite complète et qui, par conséquent, ne pouvait pas être considérée comme un satellite permanent en orbite. Lancée de Baïkonour, cette charge effectuait donc une orbite partielle et, une fois arrivée au-dessus du territoire américain et de la ville choisie comme objectif, était freinée, rentrait dans l'atmosphère et se dirigeait vers cet objectif. Une autre originalité de ce système était d'arriver au-dessus du territoire américain par le sud alors que les réseaux de défense étaient disposés au nord de ce pays. Le lancement était effectué avec une version adaptée du missile balistique SS-9. Des essais ont été réalisés de 1966 à 1971 et une douzaine de silos destinés à ces lanceurs semblent avoir été mis en service à Baïkonour à cette époque.

---

1. La version à trois étages est lancée uniquement de Plessetsk et ce, depuis 1977.

Les armes de la ville de Leninsk.

La ville de Leninsk

Base-vie du cosmodrome de Baïkonour, la ville de Leninsk atteint son apogée au moment de la construction des sites de lancement d'Energia/Bourane dans les années 1980. A cette époque, elle compte environ cent mille habitants contre soixante mille en 1975. Toutefois, tout le personnel du cosmodrome n'habite pas à Leninsk. A partir du début des années 1960, des centres d'activité et de vie liés au cosmodrome sont créés à l'est et à l'ouest de Leninsk le long de la voie ferrée Moscou-Tachkent dans un rayon d'une cinquantaine de kilomètres. On y trouve les villes et les petites agglomérations de Maylibash, Bay-Khoza, Dyurimentyube, Khorkhut et Djousaly.

Le visiteur qui parcourt Leninsk imagine aisément qu'y vivre est un combat quotidien. Combat contre les difficultés climatiques et combat pour l'eau notamment. Ainsi, les trottoirs des rues tracées à angle droit sont parcourus par de nombreuses canalisations destinées à l'irrigation. Les arbres plantés çà et là, les *karagatch* (arbres noirs), les peupliers et les acacias sont arrosés quotidiennement sans quoi ils ne survivraient pas. Certains atteignent parfois le toit des immeubles de cinq étages. Pour apporter encore plus de fraîcheur à ce lieu de vie au cœur de la steppe aride, on a constitué le parc Soldatski en plantant des milliers d'arbres. C'est aussi dans ce parc qu'ont été érigés deux monuments à la mémoire des victimes des explosions de missiles intervenus à Baïkonour les 24 octobre 1960 et 1963. La cérémonie de plantation d'un arbuste dans les jardins de l'hôtel Cosmonaute par les équipages rentrant de l'espace prend ici une valeur plus que symbolique. Le premier de ces arbres a été planté par Gagarine en 1961. Depuis, une centaine a été plantée et constitue une véritable allée. En fait, sans le fleuve Syr-Daria, qui coule à proximité, il n'y aurait eu ni Leninsk ni Baïkonour.

Leninsk, une sorte d'oasis au milieu du désert.

Le centre de la ville est occupé par la place Lénine où, depuis 1970, date du centenaire de la naissance du dirigeant communiste, s'élève un monument à sa gloire. Cette place est bordée de bâtiments administratifs sur lesquels apparaissent des représentations des diverses décorations attribuées aux travailleurs de Baïkonour (Ordres de la révolution, du travail socialiste, *etc.*). Sur cette même place existe aussi une galerie des citoyens d'honneur de la ville : ingénieurs, scientifiques, constructeurs, cosmonautes soviétiques et étrangers. Les rues qui partent de cette place portent les noms des héros du cosmodrome (Korolev, Gagarine, Nédéline, Komarov, *etc.*).

A quelques centaines de mètres de la place Lénine, on trouve une autre place sur laquelle a été érigée une stèle de granit rose qui rappelle qu'ici, le 5 mai 1955, les bâtisseurs militaires ont commencé à construire le premier bâtiment de la ville.

Sur une autre place, non loin de la poste, c'est un lanceur Sémiorka/Soyouz qui est érigé en guise de monument. Leninsk est la ville qui contient le plus de monuments, de plaques commémoratives et de symboles de l'ère spatiale.

Leninsk est la ville qui compte le plus de monuments et de stèles dédiés à l'espace. L'un de ceux-ci, érigé près de la poste, est une maquette en vraie grandeur du lanceur Sémiorka/Soyouz.

Et toujours l'omniprésence des grands constructeurs. Ici, Korolev.

Là, Yanguel.

Monument dédié aux premiers bâtisseurs de Baïkonour.

L'obélisque « La Science ».

La place Lénine.

La production d'électricité est assurée par une centrale thermique implantée au cœur même de la ville. Il a fallu aussi créer des équipements sociaux (deux centres culturels, une piscine, trois cinémas, une station de radio et télévision et des équipements sportifs).

Enfin, à la sortie de la ville, dans un site boisé, au bord de la rivière, vers Baïkonour, a été construit l'hôtel Cosmonaute sur une superficie de 60 ha. C'est dans cet hôtel que les équipages descendent avant et après leur vol.

La statue de Lénine, élevée en 1970, à l'occasion du 100e anniversaire de la naissance du leader communiste, semble indiquer la voie à suivre, celle de l'espace.

En parcourant les rues de Leninsk, on constate que, hormis le sable et l'eau, seules matières disponibles ici, tout le reste a été apporté de Russie ou des autres républiques de l'ex-URSS. Pour compenser les difficultés de la vie à Leninsk, les autorités soviétiques ont d'ailleurs pratiqué une politique salariale attractive. Ainsi, en 1989, alors que le salaire mensuel moyen en URSS était de 230 roubles, ceux des habitants de Leninsk étaient compris entre 300 et 600.

Leninsk, la ville de l'espace, se devait aussi de former ses jeunes aux techniques spatiales. Dès le début des années 1960, une infrastructure scolaire et universitaire a été mise en place. Ainsi, le 23 juin 1963, on commençait à construire la première école technique qui prendra le nom de Nédéline, maréchal et responsable des missiles stratégiques tué lors de l'explosion du missile R-16 (SS-7) le 24 octobre 1960. L'année suivante, c'est le célèbre institut d'aviation de Moscou (MAI) qui créait une annexe à Leninsk (annexe Zaria). Les premiers examens d'entrée ont eu lieu en décembre et les quatre-vingt-treize étudiants admis ont commencé leurs études en janvier 1965. Mais les conditions sont difficiles. On manque de professeurs et de laboratoires. Les cours se déroulent quatre fois par semaine et par séance de quatre heures. Les officiers du cosmodrome prêtent leur

Univermag, le grand magasin de Leninsk.

La poste elle-même ne peut cacher son appartenance à la ville de l'espace. Les étrangers de passage n'ont qu'un souci : envoyer à leur famille, à leurs amis, une carte postale oblitérée à Baïkonour.

concours à l'enseignement. Progressivement, la situation s'améliore. En septembre 1967, Zaria change de statut et devient la faculté Voskhod. Le nombre des disciplines enseignées s'accroît également. En 1970, on y ajoute un module lié à la théorie et à la technologie des ordinateurs. C'est le 26 juin de cette même année que les trente-huit premiers ingénieurs obtiennent leur diplôme.

Plus de trente ans après les débuts de Leninsk, trois générations se sont succédé dans cette faculté. Leninsk a ainsi formé de véritables familles dynastiques de l'espace !

Pendant cette période, Leninsk a aussi été le témoin de nombreuses anecdotes dont certaines comme celles qui suivent sont restées très présentes dans les mémoires.

Pour les dirigeants soviétiques, l'espace représentait le domaine de prédilection de la réussite de l'Union soviétique et, à ce titre, il devait être la vitrine technologique du pays. On n'hésitait donc pas à diffuser ce qu'il fallait d'informations à l'étranger dans ce domaine. Cette politique de communication valait aussi à l'intérieur même du bloc socialiste et les dirigeants étaient évidemment fiers de montrer les installations de Baïkonour et de Leninsk aux dirigeants des « pays frères ». L'anecdote se passe donc à l'époque de la direction collégiale Brejnev, Kossyguine et Podgorny à la fin des années soixante, à l'occasion de la visite à Baïkonour d'un certain nombre de dirigeants des pays socialistes. Les hommes du KGB arrivèrent à Baïkonour quelques jours avant la date prévue pour cette visite, rassemblèrent tous les techniciens de la base et les évacuèrent vers la ville de Leninsk dans des voitures arrivées par train spécial de Moscou. Les techniciens furent alors conduits dans les hôtels de la ville qui avaient été réquisitionnés et eurent interdiction de les quitter. Ceci s'appliquait à tout le monde, quel que fût son rôle ou son grade. Ainsi, V. P. Michine, le successeur de Korolev, n'échappa pas à la consigne. La raison de cette « rafle » était qu'il ne devait pas y avoir de contact entre le personnel technique et les visiteurs. La moindre information ne devait pas quitter Baïkonour et il était donc plus facile pour le KGB de surveiller ces techniciens une fois rassemblés. La confiance envers les « pays frères » était limitée. La visite de Baïkonour terminée, les dirigeants reprirent l'avion pour Moscou et les voitures du KGB le train également pour Moscou. Quant aux techniciens, ils furent contraints de regagner Baïkonour à pied ou en auto-stop en arrêtant les rares voitures qui passaient.

Les conditions de travail étaient loin d'être sereines si l'on prend en compte le poids du KGB dans la vie quotidienne et surtout son obsession

Le poumon de Leninsk, c'est le Syr-Daria, mais c'est aussi cette centrale électrique située non loin du centre de la ville.

omniprésente du maintien du secret. Le contrôle s'exerçait même aux échelons les plus élevés de la hiérarchie industrielle. Ainsi, Korolev était surveillé par ses deux secrétaires masculins de même que son premier adjoint Michine.

Dans le même but, en mars 1965, pour le lancement de Voskhod-2 et la « marche » de Léonov dans l'espace, le KGB avait élaboré un plan baptisé Scorpion pour préserver le secret lié à l'opération. Ainsi, le couvre-feu avait été imposé lors du passage du train Moscou-Tachkent sur le territoire de la base et lors du survol des avions de ligne.

Notons aussi pour l'anecdote que le constructeur du scaphandre de Léonov, G. Séverine, avait à cette occasion surnommé Korolev Scorpion-4 en raison de son « *despotisme et de ses conflits permanents avec les autres constructeurs* ».

Ce souci du maintien du secret est aussi illustré par la visite effectuée par Gagarine en 1965 à l'usine Sud Aviation de Toulouse où le Concorde était en développement. Korolev avait désigné son premier adjoint, V. P. Michine, pour accompagner le premier cosmonaute pendant son séjour en France. Mais là encore la consigne du KGB était tombée : il ne devait y avoir aucun contact entre Gagarine et Michine. Ils devaient s'ignorer. Il ne fallait pas que les Occidentaux sachent que Michine était un haut responsable technique, sans quoi il aurait pu être victime des services d'espionnage de l'Ouest et livrer des secrets. Mais Michine raconte aujourd'hui avec un certain humour qu'il était non seulement surveillé par le KGB mais aussi probablement par la DST, le service de contre-espionnage français. Il faut en effet savoir que quelques jours auparavant, un attaché militaire soviétique avait été renvoyé en URSS à la suite d'une affaire d'espionnage et que l'attention toute particulière qu'accordait la DST à la surveillance de Michine faisait croire à ce dernier que, dans l'esprit des Français, il était considéré comme le successeur du militaire du KGB expulsé. La technique conduit parfois bien loin !

Dans ce coin perdu de la steppe kazakhe, la vie est difficile. Tout ce que la nature peut offrir d'agréable est bienvenu. En été, par +40 °C, la fraîcheur arrive du fleuve Syr-Daria.

Même les jeux des enfants rappellent l'espace, tel ce toboggan.

Les enfants de Baïkonour sont admiratifs des exploits passés et rêvent d'être un jour les artisans d'autres exploits.

Comme dans d'autres villes soviétiques, on a créé des parcs d'attractions. Mais là, où les conditions de vie sont difficiles, les loisirs sont encore plus appréciés qu'ailleurs.

Chaque jour, des milliers de militaires et de civils utilisent le train pour aller de Leninsk à Baïkonour.

Les marchés de Leninsk.

Les réseaux de commande et de contrôle des activités dans l'espace

Les opérations de commande et de contrôle des activités dans l'espace relèvent de la responsabilité de deux organisations :
– Le TsOUP, dépendant du TsNIIMach, lui-même rattaché à la RKA, l'agence spatiale russe. Ce centre, situé à Kaliningrad dans la banlieue de Moscou, qui compte huit mille personnes dont mille quatre cent cinquante affectées aux vols habités et qui se relaient vingt-quatre heures sur vingt-quatre, a la responsabilité des opérations liées aux sondes interplanétaires, aux satellites météorologiques et aux vols habités. Pour ces derniers, en liaison avec les équipes de Baïkonour, il suit le décollage et le vol propulsé du lanceur mais ne prend en charge la mission qu'une fois la mise en orbite effectuée. Il contrôle également l'amarrage du Soyouz avec la station Mir. Sa responsabilité se prolonge jusqu'à l'extinction des moteurs de freinage du Soyouz qui précède le retour sur Terre. Au préalable, les équipes du TsOUP ont calculé le point d'atterrissage théorique, ce qui permettra de faciliter le travail des équipes de récupération.

Les communications radioélectriques envoyées ou reçues par le sol, par la station Mir et les vaisseaux Soyouz et Progress transitaient en 1992 par sept stations de poursuite situées à Moscou, Djousaly (à quelques kilomètres de Tioura-Tam), Oussourisk (proche de Vladivostok), Oulan-Oude (Sibérie centrale), Kolpachevo (région de Novossibirsk), Saint-Petersbourg et Pétropavlosk-Kamtchatka (péninsule du Kamtchatka), et aussi depuis 1985 par l'intermédiaire de satellites-relais géostationnaires de type Altaïr (Loutch). Chacune de ces stations qui est en fait une base militaire emploie deux à deux mille cinq cents personnes. Avec un tel dispositif, la liaison radio et vidéo entre le TsOUP et l'équipage de Mir dure une vingtaine de minutes pour une orbite dont le temps de révolution est de quatre-vingt-dix minutes.

Même le boucher et sa boutique ne sont pas indifférents à la conquête spatiale.

La publicité aussi… est spatiale.

Avant la mise en service de ces satellites, le réseau comptait sur un certain nombre de navires spécifiques de support. Une quinzaine de ceux-ci ont été mis en service de 1960 au milieu des années 1980 pour compenser le manque de stations à terre autres que celles situées en URSS et de satellites-relais. Cette flottille opérait sous le drapeau de l'Académie des sciences (voir l'encadré de la page 92).

— Les VKS (Forces spatiales militaires) qui ont en charge le contrôle des satellites qui ne sont pas de la responsabilité du TsOUP. Leur centre principal d'essais et de contrôle est situé à Chelkovo, à quarante kilomètres au nord-est de Moscou où se trouve le centre d'entraînement des cosmonautes.

Les VKS opèrent avec deux réseaux, le NSK et le NAKU comprenant respectivement dix et treize stations au sol et réparties sur la totalité du territoire russe. Les centres de contrôle d'Evpatoria, de Simféropol et de Dounaievtsy, situés en Ukraine ont été retirés des réseaux à la suite du différend apparu entre ce pays et la Russie. Le centre d'Evpatoria a toutefois été réintégré à l'occasion du vol Soyouz-TM-18, le 12 janvier 1994.

Monument à la mémoire de Choubnikov, le constructeur de Baïkonour. La stèle devant le monument rappelle qu'ici, le 5 mai 1955, les bâtisseurs militaires de l'unité 12253 ont posé la première pierre du premier bâtiment de la ville de Leninsk.

VLADIMIR NIKOLAÏEVITCH TCHELOMEÏ
(1914-1984)
Constructeur général des missiles, lanceurs et systèmes spatiaux

1937
Il achève ses études à l'institut d'aviation de Kiev
Il entre à l'usine des moteurs aéronautiques de Zaporojie
1941
Membre du Parti communiste
Il travaille à l'institut central de construction de moteurs d'avions P. I. Baranov (TsIAM)
1944
Constructeur principal. Il développe un missile (10X) s'inspirant du V-1 allemand
1951
Docteur es sciences techniques
A partir de 1952
Professeur à l'institut Bauman
1953
Il réalise une série de missiles air-sol à pulsoréacteur (10XN, 12X, 14X, 16X...)
Il spécialise son équipe dans la réalisation de missiles à propulsion aérobie et de missiles à ailes déployables, lancés depuis des conteneurs à bord de navires et de sous-marins
1954
Constructeur principal des missiles navals et de défense côtière dont le SSN-2 Styx et le SSN-3 Shaddock
Très ambitieux, il noue des relations avec N. S. Khrouchtchev, dont le fils devient son adjoint
1957
Il s'engage dans la réalisation des missiles balistiques UR-200, UR-100 (SS-11) puis RS-18 (SS-19)
1959
Constructeur général et directeur du bureau d'études OKB-52
Il participe au développement des missiles balistiques lancés de sous-marins, de la première génération de satellites et stations orbitales militaires (Almaz/Saliout) et au projet d'un système anti-satellite.
Mai 1961
Khrouchtchev lui confie le programme de survol de la Lune tandis qu'il attribue à S.P. Korolev celui du débarquement d'un cosmonaute sur la Lune. Pour ce, Tchelomeï s'engage dans un programme ambitieux de navette spatiale lancée par le Proton qui mobilise d'importants crédits qui n'iront pas chez Korolev. En 1965, un an après le limogeage de Khrouchtchev, ce programme jugé trop ambitieux sera abandonné et remplacé pour le programme Zond
1965
Il réalise le lanceur Proton (UR-500)
Années 1970
Réalisation des stations orbitales militaires Saliout-2 (1973), Saliout-3 (1974), Saliout-5 (1976-1977) puis des stations civiles Saliout, Mir, des modules Kvant et Cristal, des satellites manœuvrables Poliot et des satellites lourds de la série Cosmos
1974
Début de réalisation d'une navette d'interception dans le cadre de l'espace militaire

Décorations et distinctions :
1958 : membre correspondant de l'Académie des sciences
1959 : prix Lénine
1962 : membre de l'Académie des sciences
1964 : médaille d'or Joukovsky
1977 : médaille d'or de Liapounov
1967, 1974, 1982 : prix d'Etat de l'URSS
1959 et 1963 : Héros du travail socialiste
Il reçut aussi l'Ordre de Lénine (cinq fois), l'Ordre de la révolution d'octobre et fut député au Soviet suprême.

MIKHAIL KOUZMITCH YANGUEL
(1911-1971)
Constructeur général des missiles stratégiques sol-sol, des lanceurs et systèmes spatiaux

1931
Membre du Parti communiste
1937
Diplômé de l'institut d'aviation de Moscou (MAI)
1937-1944
Bureau d'études de N. N. Polikarpov. Participe au développement des chasseurs I-16 et I-17 et des chasseurs d'accompagnement des bombardiers à long rayon d'action
Mars 1944
Ingénieur principal adjoint au bureau d'études de A. I. Mikoyan
Janvier 1945
Ingénieur en chef au bureau d'études de V. M. Miassichtchev
Janvier 1946
Ministère de l'Industrie aéronautique

Janvier 1946-mars 1950
Académie de l'industrie aéronautique

12 avril 1950
Ingénieur principal dans l'OKB de Korolev

De mai 1952 au 4 octobre 1953
Directeur du NII-88. Il est alors le supérieur de Korolev

1954
Constructeur principal du bureau d'études SKB-586 de Dniepropetrovsk (Ukraine) qui deviendra le principal organisme de réalisation des missiles stratégiques sol-sol parmi lesquels :
– le R-12 (SS-4) de 2 000 km de portée,
– le R-14 (SS-5) de 4 000 km de portée,
– le R-16 (SS-7) de 11 000 km de portée,
– le R-36 (SS-9) de 15 000 km de portée,
– le RS-16 (SS-17) de 12 000 km de portée,
– le RS-20 (SS-18) de 12 000 km de portée,
– le RS-22 (SS-24) de 10 000 km de portée.
A la réalisation de ces missiles à liquides et à poudre s'ajoute celle de leurs versions lanceurs Cosmos et Cyclone, du lanceur Zénith ainsi que celle des satellites Cosmos, Intercosmos et Océan notamment.

M.K. Yanguel fut titulaire de nombreuses décorations et médailles :

1960
Prix Lénine

1961
Membre de l'Académie des sciences de l'Ukraine

1966
Membre de l'Académie des sciences de l'URSS

1966-71
Député du Soviet suprême

1959 et 1961
Héros du travail socialiste

1967
Prix d'Etat de l'URSS

1970
Médaille d'or Korolev n° 2

L'Ordre de Lénine lui fut décerné quatre fois, il reçut également l'Ordre de la révolution d'octobre ainsi que d'autres médailles et distinctions.

VASSILY PAVLOVITCH MICHINE

(Né en 1917)
Constructeur général des lanceurs et des systèmes spatiaux

1935-1941
Etudes à la faculté n° 3 du MAI. Pilote de planeur et instructeur puis pilote d'avion

1943
Membre du Parti communiste

1940-1946
Employé à l'OKB-293 (avions Bolkhovitinov)

Août 1945-août 1946
Séjour en Allemagne et en Tchécoslovaquie pour étudier les fusées allemandes

1946
Début de la collaboration avec Korolev. Il devient son premier adjoint

1946-1957
Il participe aux premiers programmes de missiles balistiques

1957-1966
Il participe aux programmes R-7, Vostok, Luna…

1958
Membre correspondant de l'Académie des sciences

1959
Il commence à enseigner au MAI

Mai 1966
Il est nommé constructeur général et remplace Korolev décédé en janvier.

1966
Membre de l'Académie des sciences

1966-mai 74
Il dirige les programmes Voskhod, Soyouz et Saliout et ceux des missiles balistiques intercontinentaux à poudre RT-2 et RT-2P (SS-13) jusqu'en 1968
Il dirige le programme de lanceur lunaire N-1–L-3 jusqu'à son arrêt en 1974. Il est démis de ses fonctions pour cause de restructuration industrielle profonde.

1974
Il enseigne de façon permanente au MAI.
Il dirige un bureau d'études d'étudiants du MAI chargé de construire les satellites Radio-1 et 2

Distinctions et décorations
Héros du travail socialiste en 1956
Lauréat du prix Lénine en 1957 et d'Etat en 1985
Titulaire de l'Ordre de Lénine (trois fois), de l'Ordre de l'Etoile rouge, de l'Ordre du drapeau rouge du travail, de l'Ordre de la révolution d'octobre et de nombreuses autres médailles dont la médaille d'or n° 1 de Korolev.

СССР

ALTAIR
CNES
1993
НПО ЭНЕРГИЯ
ANTARES
CNES
1992
CNES • ГЛАВКОСМОС

La tribu des missionnaires passionnés

Un aéroport est apparu sous les ailes de l'avion
Et puis a disparu dans la brume bleuâtre de l'horizon
Les accords de guitare n'étaient pas là pour nous saluer
Et nos femmes n'agitaient pas les mouchoirs
De nombreux hôtels nous attendent
En lointaine province et parfois dans la capitale
Que de chambres se souviennent nous avoir vus
Que de visages nouveaux avons-nous croisés

Refrain
Nous prenons l'avion ou le train
En jouant aux cartes pour tuer le temps
Nous sommes des millions comme cela dans de nombreuses villes
Nous, la tribu des missionnaires passionnés

A l'horizon, c'est le désert infini
Les sites éclairés apparaissent comme des lucioles dispersées
On ne souffre pas d'ennui ici
Et on ne dit pas que la vie y est dure
Le vent de sable nous cingle le visage
On a de l'alcool mais pas une seule jeune fille
Parfois on travaille jusqu'à l'aube
Et on entend les grondements du chef

Refrain
Nous prenons l'avion ou le train
En jouant aux cartes pour tuer le temps
Nous sommes des millions comme cela dans de nombreuses villes
Nous, la tribu des missionnaires passionnés

Même si le destin nous est un peu défavorable
Nous saurons le lui pardonner
Et en nous réunissant une nuit
Nous allons boire à notre jeunesse qui s'en va
A tous les chemins que nous avons parcourus en avion, en train
A ce jeu de cartes, au temps qui s'enfuit
A ceux qui attendent dans les villes lointaines
Cette tribu des missionnaires passionnés

Paroles et musique de
Vitaly Tchékhovsky
Ingénieur à NPO Youjnoye

N.B. : Cette chanson écrite au début des années 1960 et qui décrit les conditions de vie de la « tribu des missionnaires des fusées » ne cite jamais les mots de fusées et de Baïkonour. Dans le contexte de la guerre froide de l'époque, il n'était pas permis d'inclure ces mots dans un texte de chanson. Selon l'auteur, il est fait allusion aux fusées lorsqu'il évoque l'alcool, carburant pour les fusées et les hommes (*sic*), et les grondements du chef qui sont en fait ceux de la fusée au décollage.

4
Les vols habités

Ce sont principalement les vols habités qui ont fait la notoriété de Baïkonour. Des trois bases de lancement créées dans l'ex-URSS, Baïkonour est d'ailleurs la seule à procéder à ces lancements habités et ce depuis le vol de Gagarine en 1961.

Depuis cette date jusqu'à fin 1993, quelque soixante-dix-sept lancements de véhicules habités ont été effectués et soixante-seize cosmonautes provenant des républiques de l'ex-URSS sont partis au moins une fois pour l'espace. Vingt cosmonautes étrangers à l'ex-URSS provenant de dix-sept pays ont aussi volé à bord des vaisseaux de type Soyouz. Parmi tous ces cosmonautes, trois seulement sont des femmes (deux Russes et une Anglaise).

Au total, les cosmonautes de la CEI ont passé plus de neuf mille jours (environ vingt-cinq ans) dans l'espace.

Ce total se trouve augmenté de l'ordre de huit cents jours chaque année. Le séjour le plus long fut celui effectué par Titov et Manarov en 1988 (365 jours). Manarov est par ailleurs le cosmonaute qui a cumulé le plus de jours en orbite (541 jours). Enfin, Djanibekov détient le record du plus grand nombre de vols (5 de 1978 à 1985). La CEI possède aujourd'hui un savoir-faire et une maîtrise uniques dans ce domaine.

Pour chaque vol, il est prévu un équipage nominal et un équipage doublure et parfois un second équipage de réserve. Une seule fois, l'équipage doublure remplaça l'équipage nominal. C'était pour Soyouz-11 en juin 1971. On détecta peu avant le lancement un problème d'ordre médical chez l'un des cosmonautes. Tout l'équipage fut remplacé par l'équipage doublure mais ce dernier devait périr lors de la rentrée dans l'atmosphère quelques jours plus tard.

Un vol habité constitue une succession d'opérations souvent complexes et délicates à réaliser qui mettent en œuvre de nombreux moyens situés à Baïkonour, à Moscou et dans de nombreuses autres régions de l'ex-URSS.

Afin de montrer les aspects essentiels du déroulement d'un vol habité, la relation de l'un deux méritait d'être faite. Il convenait aussi, pour ce livre, de prendre celui du premier spationaute français. C'était le 24 juin 1982, le spationaute était Jean-Loup Chrétien et le vaisseau, Soyouz-T-6. L'équipage était alors composé de Vladimir Djanibekov, commandant de bord, Alexandre Ivantchenkov, ingénieur de bord et Jean-Loup Chrétien, cosmonaute chercheur. Il s'agissait du 51e vol habité soviétique, Jean-Loup Chrétien était le 108e homme envoyé dans l'espace, le premier Français et le premier Européen de l'ouest. Des informations relatives au vol de Michel Tognini, le troisième spationaute français qui fut lancé le 30 juillet 1992, ont cependant été incluses dans le récit qui suit.

Chronologie des événements

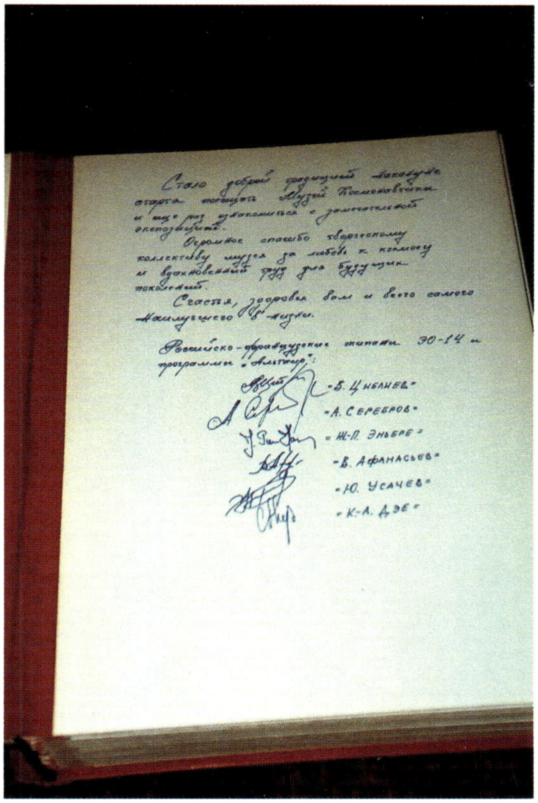

L'équipage de la mission Altaïr, constitué des Russes Tsibliev et Sérébrov, et du Français Jean-Pierre Haigneré, ainsi que les trois cosmonautes de l'équipage doublure ont écrit quelques mots sur le livre d'or du musée de Baïkonour, comme le veut la tradition.

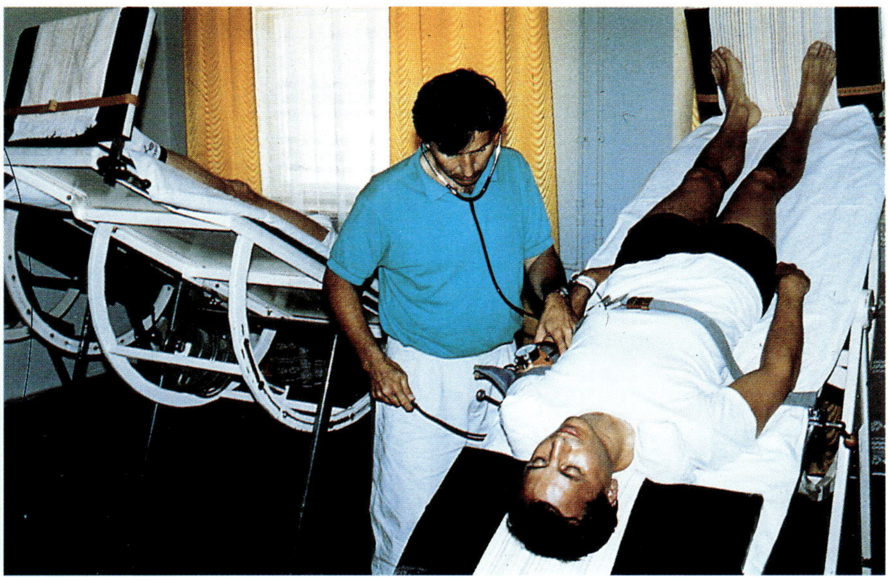

Examens médicaux avant le vol pour Michel Tognini.

Un vol habité nécessite une longue préparation physique et technique qui dure entre dix-huit mois et deux ans et qui se déroule à la Cité des étoiles à une quarantaine de kilomètres au nord-est de Moscou. Pendant cette période, l'entraînement proprement dit est ponctué par le respect d'un certain nombre de traditions dont la plus importante a trait à ce que l'on peut appeler le « culte de Gagarine ». Au grand nombre de musées dédiés au vol historique de Gagarine, répartis en CEI et accessibles à quiconque, s'ajoutent en effet des commémorations propres aux cosmonautes. Ainsi, chaque 12 avril et 27 mars, jours anniversaires de son vol et de sa mort, les cosmonautes répartis en deux groupes effectuent un « pèlerinage » dans sa maison natale et dans la ville où il est mort. En outre, au cours de l'un des deux séjours qu'ils effectuent à Baïkonour, les deux équipages, nominal et doublure, visitent la maison où Gagarine a passé la nuit avant son vol et s'assoient quelques instants sur son lit, là encore pour témoigner.

La veille du départ pour Baïkonour et donc pour le vol, ils effectuent une visite dans le bureau que Gagarine occupait à la Cité des étoiles. Ils y font don d'un objet personnel en témoignage de respect des plus jeunes à l'ancien et apposent leur signature accompagnée de quelques mots sur un livre d'or.

Les deux équipages arrivent donc à Léninsk une quinzaine de jours avant le vol et s'installent à l'hôtel Cosmonaute. Pendant toute cette période, ils vont non seulement y dormir, y manger, mais aussi y poursuivre leur entraînement physique et technique. Ils procèdent notamment à la répétition des expériences qu'ils réaliseront en orbite et des différentes *check-lists* liées au vol. Pour ce, ils ont à leur disposition tout un ensemble d'installations, piscine, sauna, tabouret tournant, tables orthostatiques... Pendant ce séjour, ils dorment la tête légèrement plus bas que le reste du corps. Tous les jours, ils restent dix minutes la tête en bas et le corps incliné à 50° et effectuent aussi une heure de culture physique. Une cinquantaine de médecins et de techniciens contrôlent par ailleurs cet entraînement. Afin de les protéger des virus, ils n'ont de contact qu'avec des personnes ayant subi de stricts examens médicaux. Pendant ces quinze jours, les deux équipages sont isolés du monde extérieur. Cet isolement est cependant rompu environ une semaine avant le lancement. Ils se rendent alors à Baïkonour dans le MIK où se trouve leur Soyouz non encore assemblé à la Sémiorka pour y procéder à un certain nombre de vérifications d'ordres technique et ergonomique. Pour ce, ils revêtiront leur scaphandre et s'installeront à l'intérieur du vaisseau. Si des modifications de ce dernier s'avéraient nécessaires, il serait transféré dans un bâtiment voisin du MIK pour y être adapté aux demandes des cosmonautes, l'approbation finale de ceux-ci étant alors donnée quatre à cinq jours avant le lancement.

L'hôtel Cosmonaute à Leninsk.

Arrivée du lanceur sur le pas de tir. Ce lanceur est celui de la mission franco-russe Antarès qui emportera Michel Tognini le 30 juillet 1992 vers la station Mir.

Depuis plus de trente ans, de nombreuses coutumes et traditions se perpétuent à Baïkonour. Ainsi, on précède le lanceur sur le pas de tir en marchant sur les traverses de la voie ferrée ou encore on conserve comme souvenir une pièce de monnaie écrasée sur le rail au moment du passage du véhicule porteur de la fusée.

Les opérations de lancement

Jour J moins 2

Le lanceur d'un poids à vide de 31,5 t, monté sur son véhicule ferroviaire, quitte le MIK, le bâtiment d'assemblage, pour le pas de tir. Le trajet de 1,6 km est parcouru en une cinquantaine de minutes. Neuf minutes après son arrivée sur la plate-forme, le lanceur commence à être érigé à la verticale. Cette opération dure une heure et dix minutes. Le lanceur est alors suspendu au-dessus du carneau par les quatre bras métalliques de la tulipe. Le véhicule ferroviaire et son dispositif érecteur quittent ensuite le pas de tir pour regagner le MIK. Les deux tours de service pivotent alors de la position horizontale à la verticale enveloppant ainsi la fusée. L'opération suivante est celle de l'alignement en azimut du lanceur. Pour ce, l'ensemble de la plate-forme de lancement tourne sur elle-même et s'oriente dans la direction voulue. Les liaisons électriques et pneumatiques sont alors effectuées et tout d'abord celles relatives au contrôle en température du Soyouz.

Jour J moins 1

C'est la journée des ultimes préparatifs marquée essentiellement par la réunion de la commission d'Etat tenue à l'hôtel Cosmonaute. Chaque responsable fait état de la situation dans son domaine de responsabilité. C'est notamment à ce moment qu'est donnée la composition de l'équipage de vol et celui de la doublure. Comme le

Erection du lanceur.

disait Michel Tognini, c'est un moment particulièrement émouvant. Il y a les élus et ceux qui le seront plus tard, peut-être. Une conférence de presse est alors tenue mais pour prévenir toute contamination par des germes, les cosmonautes sont isolés des journalistes et des officiels présents par une baie vitrée. Cette précaution est cependant quelque peu vaine car des contacts directs avec les journalistes ont lieu à la fin de cette conférence.

Les cosmonautes subissent un contrôle médical une nouvelle fois le soir, au cours duquel se déroule l'épreuve rituelle et peu agréable du lavement. Il devront en effet rester deux jours en orbite dans le Soyouz avant de rejoindre la station… et ses commodités.

Avant la dernière nuit au sol, une autre tradition est respectée depuis Gagarine. Dans le but de détendre l'équipage et de le placer dans les

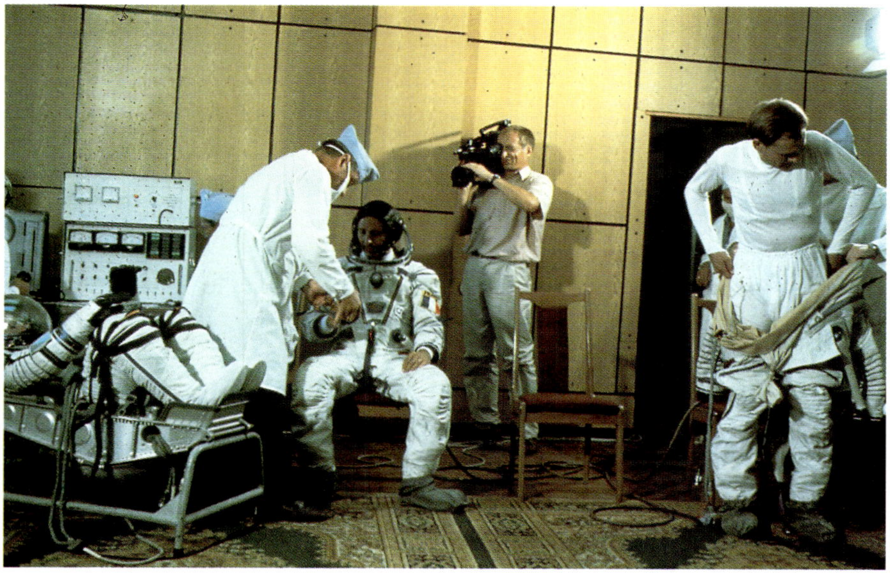

Habillage.

meilleures conditions pour le vol, le film *Le soleil blanc dans la steppe* — mis en service au milieu des années 1970 — est projeté. Il relate une histoire romanesque et surnaturelle mêlant jeux de mots et d'esprit évidemment mieux compris par les cosmonautes de langue russe que par leurs homologues étrangers. Par ailleurs, un montage des photographies prises au cours de la préparation est constitué. C'est l'occasion de faire quelques facéties, comme à l'occasion du vol de Michel Tognini en 1992 où les trois cosmonautes en scaphandre avaient en outre revêtu les chapeaux et les habits des trois mousquetaires. Un tampon est aussi réalisé au nom de chaque cosmonaute. C'est en quelque sorte son sceau qu'il peut notamment utiliser sur son courrier.

Jour J

Le lever des cosmonautes intervient environ sept heures et demie avant le décollage. A la visite médicale succède le petit déjeuner pris dans la détente. La chronologie des événements a été établie dans le but de donner aux cosmonautes tout le calme et la sérénité nécessaires au bon déroulement de leur vol. Deux autres traditions sont alors respectées : le champagne est offert à tous, cosmonautes, médecins et techniciens ; les toasts sont portés à la prospérité et au succès de l'équipage, puis, avant de partir, tout le monde doit s'asseoir quelques instants. C'est la tradition russe avant de partir en voyage. Rester debout porterait malheur à l'équipage. Enfin, avant de quitter leurs chambres respectives, les cosmonautes apposent au feutre leur signature sur la porte de celles-ci.

Michel Tognini et ses collègues russes de l'équipage Soyouz TM-15 s'entretiennent avant le vol avec journalistes et amis. On reconnaît à droite Hubert Curien, le ministre français de la Recherche et de l'Espace au moment de ce vol. Pour éviter toute contamination, les cosmonautes sont isolés de l'environnement par une baie vitrée.

Ainsi, ces portes sont pourvues de dizaines de signatures marquant le passage de tous ceux qui ont pris la voie de l'espace.

Et c'est le départ pour Baïkonour en car avec quelques médecins et techniciens. Les trente kilomètres sont parcourus «*dans le calme et la confiance, lentement, à la vitesse d'un corbillard*», dit en plaisantant Michel Tognini. Depuis quelques années, le car est équipé d'un écran vidéo qui permet aux cosmonautes de voir un film regroupant les témoignages des proches parents ou amis qui souhaitent dire quelques mots aimables aux cosmonautes avant leur vol. Ce film contient aussi quelques séquences retraçant les moments drôles ou cocasses vécus à l'entraînement.

H moins 4 h 20 min

Arrivés dans le MIK, les cosmonautes vont d'abord prendre un second petit déjeuner avant de revêtir leur scaphandre et de subir un ultime examen médical. Ils porteront ce scaphandre dans toutes les parties «dynamiques» du vol (vol propulsé, manœuvres en orbite, amarrage à la station, *etc.*) car il permet de garantir leur survie pendant 125 min, soit un peu plus d'une orbite. Au cours de cette préparation, le constructeur général de NPO Energia viendra expliquer aux cosmonautes que la préparation du lanceur se déroule de façon satisfaisante. Il s'agit de les mettre en confiance. Puis, c'est la dernière conférence de presse avant le décollage.

De 1965 à 1988, le général-lieutenant Kérim Aliévitch Kérimov (à gauche) fut le président de la commission d'Etat pour les vols habités. Ici, un équipage reçoit les dernières consignes avant son départ pour l'espace.

Le départ pour l'espace commence d'abord par un trajet en autobus entre le bâtiment d'assemblage (MIK) et le pas de tir. Ici, on distingue Jean-Pierre Haigneré, le troisième cosmonaute français à voler à bord d'un Soyouz. Il s'agissait de la mission Altaïr qui partit pour l'espace le 1er juillet 1993.

H moins 3 h 30 min

Début du remplissage des réservoirs après avoir refroidi à l'oxygène liquide les canalisations et les réservoirs. L'oxygène liquide sera approvisionné en dernier. On poursuit aussi les vérifications du Soyouz.

H moins 2 h 45 min

Les cosmonautes, fin prêts, quittent le MIK et descendent dans la cour adjacente dans leur scaphandre, portant à la main leur ventilateur-climatiseur. Ils gagnent les emplacements qui leur sont réservés au milieu de cette cour et marqués à la peinture blanche : au centre le commandant de bord, à sa gauche l'ingénieur, et à sa droite l'expérimentateur, en l'occurrence le spationaute français.

Se déroule alors la cérémonie traditionnelle et formelle mais sympathique du passage devant le président de la commission d'Etat. Le commandant de bord s'adresse à celui-ci en lui disant que l'équipage est prêt pour le vol. Le président félicite l'équipage et ajoute que les moyens dont il a la responsabilité sont également prêts. Cela dure environ trente secondes et se déroule sous le regard de Korolev dont l'effigie est présente au mur d'un bâtiment situé derrière, à quelques mètres.

Autre tradition, l'équipage descend de l'autobus... pour uriner à l'endroit même où Gagarine l'avait fait le 12 avril 1961.

On peut y lire aussi ces quelques mots du père du Spoutnik :
« *La route vers les étoiles est ouverte*. »

Puis l'autobus bleu et blanc emporte les trois hommes et quelques techniciens et médecins pour le pas de tir. Le voyage dans l'espace commence donc par un parcours en autobus. « *On part confiant mais néanmoins inquiet*, explique Michel Tognini, *on ne peut pas ne pas penser à l'accident. N'oublions pas que nous nous installons sur un engin qui contient presque 300 t de carburant ! D'ailleurs, plus on s'approche du pas de tir et plus on découvre ce lanceur et ses tours de service qui ressemblent à une potence, plus on a l'impression de monter à l'échafaud sans être coupable, d'autant que votre femme, vos enfants laissent échapper leurs larmes*. » Mais, comme le

Le pas de tir a été construit sur le *flanc d'une petite colline. On a l'illusion que la fusée est en partie enterrée.*

▶

H moins 1 h

◀

Le départ pour l'espace s'effectue dans une ambiance chaleureuse et bon enfant… au milieu des nuées résultant de l'évaporation de l'oxygène liquide. On distingue à gauche les puissants vérins de l'une des deux tours de service.

précise Michel Tognini, cette appréhension n'est qu'émotionnelle car en fait il n'y a jamais eu de morts de cosmonautes lors du décollage. Afin d'ailleurs de se rassurer, l'équipage assiste traditionnellement au lancement de la mission précédente.

Mais un dernier rite reste à accomplir avant d'arriver au pas de tir. Depuis Gagarine, le car s'arrête à mi-chemin et la tradition veut que les cosmonautes descendent pour uriner… sur les roues du car ou dans les buissons, en tout cas à l'endroit où Gagarine s'est lui-même arrêté.

H moins 2 h 30 min

Fin du remplissage des réservoirs ; les pleins continuent d'être ajustés pour compenser l'évaporation.

H moins 2 h 20 min

Après avoir quitté l'autobus au pied du lanceur, l'équipage gravit les quelques marches nécessaires pour atteindre l'ascenseur. Ce dernier, trop exigu, contraint l'équipage à se séparer en deux. « *Quand on arrive là-haut à 35 m de hauteur*, dit Michel Tognini, *on prend conscience qu'on a déjà quitté le monde. Il y aura cependant encore un contact avec quelques techniciens chargés de mener à leur terme les derniers travaux, mais on sait que ce n'est que pour quelques minutes.*

On quitte ses bottes et ses gants blancs et on s'installe dans le Soyouz comme si on descendait dans un trou. Mais les procédures sont encore à respecter. On nous remet des enveloppes et on signe l'accusé de réception ! »

H moins 1 h 55 min

Les portes du Soyouz sont fermées.

H moins 1 h 45 min

Contrôle des équipements du module de descente et pressurisation des scaphandres de vol.

H moins 1 h 30 min

Contrôle de l'étanchéité du sas du module orbital qui sera utilisé pour le transfert de l'équipage vers la station.

H moins 1 h 00 min

La centrale inertielle* de guidage et divers autres équipements sont mis sous tension.

H moins 45 min

Les pleins sont complétés et la centrale de guidage est contrôlée.

H moins 40 min

L'équipage termine le contrôle des équipements de bord.

H moins 30 min

Les tours de service sont abaissées à l'horizontale, le site est évacué par le personnel et la chronologie de tir commence. Désormais, la séquence est irréversible. Il n'est plus possible, en cas d'incident ou d'accident, d'évacuer l'équipage autrement qu'en utilisant le système d'éjection de la partie haute du lanceur. Dans ce cas, le vaisseau serait alors récupéré par parachute à une dizaine de kilomètres du pas de tir.

H moins 15 min

Y. P. Séménov, le patron de NPO Energia, appelle l'équipage par radio pour lui signaler que tout va bien. Puis, dans leur casque, les cosmonautes entendent la voix calme leur annonçant le compte à rebours. « *Dans ce monde métallique et mécanique où tout est programmé, ces dernières présences humaines sont rassurantes.* »

H moins 7 min

La chronologie devient automatique. Les cosmonautes ferment le casque de leur scaphandre qui est alors pressurisé et conformément à la tradition font un communiqué.

H moins 2 min 40 s L'ombilical est débranché.

H moins 20 s

Il est 22 h 30, heure de Baïkonour, et 18 h 30, heure de Paris. Les moteurs des quatre accélérateurs latéraux sont mis à feu et quelques fractions de secondes plus tard, celui du corps central. Cette heure de lancement a été définie de façon telle que le rendez-vous avec la station Saliout-7 puisse s'effectuer à l'endroit choisi. Saliout-7 se trouve alors au-dessus de la mer du Japon. Dix minutes plus tôt, elle était à la verticale de Baïkonour.

H – 0 Décollage.

Les quatre bras métalliques qui maintenaient le lanceur pivotent vers l'extérieur sous l'effet du

H moins 30 min : les tours de service sont abaissées à l'horizontale.

H moins 2 min 40 s : le mât ombilical retiré.

H – 0 : décollage.

mouvement ascensionnel. Le lanceur est libéré et s'élève dans un nuage de fumée rouge orangé qu'éclairent les multiples projecteurs implantés sur la plate-forme, et dans un bruit assourdissant. La flamme s'échappant des trente-deux tuyères mesure 40 à 50 m de longueur.

H plus 8 s

Le lanceur est à 300 m d'altitude. C'est la fin du vol vertical et il va commencer à s'incliner dans le plan de tangage.

H plus 15 s

Les moteurs des accélérateurs atteignent la poussée nominale.

H plus 40 s

L'accélération maximale de 3,5 g est atteinte. Le lanceur est soumis à de légères oscillations en tangage et en lacet.

H plus 115 s

Largage de la tour de sauvetage (altitude : 46 km)

H plus 118 s

Largage des quatre accélérateurs. L'arrêt de leur propulsion donne aux cosmonautes la sensation assez désagréable que la fusée s'est arrêtée et retombe. L'altitude est de 49 km.

H plus 160 s

La coiffe est éjectée (altitude : 84 km).

H plus 280 s

Arrêt du fonctionnement du corps central.

H plus 288 s

Largage du corps central (altitude : 167 km). Il retombera dans la steppe à environ 200-250 km du site de lancement.

H plus 300 s

Allumage du troisième étage.

H plus 307 s

Largage de l'interétage corps central/troisième étage.

H plus 520 s

Fin du fonctionnement du troisième étage.

H plus 529 s

Séparation du troisième étage (altitude : 202 km).
Injection en orbite à la vitesse de 7 700 m/s.
Cette orbite est quasi circulaire, ses paramètres sont les suivants :
— périgée* : 200 km,
— apogée* : 248 km,
— inclinaison : 51,6°,
— temps de révolution : 88,7 min.

L'orbite visée était :
- périgée : 202 km,
- apogée : 238 km,
- inclinaison : 51,6°,
- temps de révolution : 88,6 min.

A partir de ce moment-là, le suivi de la trajectoire n'incombe plus à la base de Baïkonour, le relais est pris par le centre de contrôle des vols de Kaliningrad (TsOUP).

Les opérations suivantes sont effectuées **au cours de la première orbite :**
- contrôle de l'étanchéité du vaisseau et des systèmes de bord,
- déploiement du premier groupe d'antennes utilisées pour l'approche et l'amarrage,
- déploiement des panneaux solaires,
- déploiement du deuxième groupe d'antennes pour les télémesures et les communications radioélectriques.

Au cours de la seconde orbite :
- contrôle du système radioélectrique de rendez-vous,
- l'équipage passe du module de descente dans le module orbital,
- les membres de l'équipage retirent leur scaphandre et déjeunent.

Le vaisseau Soyouz en orbite.

Au cours de la troisième orbite :

- contrôle des systèmes d'orientation du Soyouz.

Au cours des quatrième et cinquième orbites :

- début des manœuvres orbitales avec deux allumages du moteur.

L'orbite atteinte est alors :

- périgée : 248 km
- apogée : 277 km
- période de révolution : 89,6 min

25 juin 1982 : 17 h 10 (H plus 18 h 40 min)

Une nouvelle manœuvre destinée à amener le Soyouz sur une orbite voisine de celle de la station (295-314 km) est effectuée. Pour ce, les cosmonautes revêtent à nouveau leur scaphandre.

25 juin 1982 : 18 h 38

Les manœuvres d'approche de la station commencent. Le Soyouz est alors distant de 20 à 25 km. L'approche est automatique et faite avec le système radioélectrique du Soyouz. Pour ce, un point de l'orbite situé à environ 1,5 km de la station est visé. Lorsque le Soyouz est parvenu à environ 4,5 km, on vise alors directement la station. C'est la partie la plus difficile de l'opération. Alors que la masse d'ergols au départ était de 700 kg, la phase automatique en a déjà consommé 350 kg. (Une approche manuelle en aurait consommé davantage.) Au cas où l'approche aurait consommé trop d'ergols et que la masse restante ne serait que de 150 kg, le rendez-vous serait annulé car il faut disposer d'une quantité suffisante d'ergols pour la sortie de l'orbite lors du retour sur Terre.

Arrivé à 900 m de la station, le calculateur de bord, contre toute attente, a commandé de passer de la phase d'approche automatique à la phase manuelle. Vladimir Djanibekov est alors contraint de réaliser l'accostage manuellement, lequel se fait non pas au-dessus du territoire soviétique comme prévu, mais à la verticale de la Libye et avec quatorze minutes d'avance sur l'horaire prévu (21 h 46 au lieu de 22 h 00).

L'amarrage réalisé, l'équipage procède alors aux branchements électriques et pneumatiques avec la station, la plus grande attention étant portée à la détection des pertes d'étanchéité éventuelles.

26 juin 1982 : 1 heure du matin

Le sas du Soyouz est ouvert et l'équipage retrouve les deux cosmonautes A. Bérézovoï et V. Lebedev, occupants de la station depuis le 15 mai 1982.

C'est d'ailleurs la première fois que cinq cosmonautes se trouvent simultanément à bord de la station Saliout.

L'équipage procède ensuite au débarquement des équipements et de l'appareillage scientifique apportés par Soyouz-T-6. Hormis ceux prévus pour la mission, chaque cosmonaute a droit à l'emport de 2 kg de fret privé. J.-L. Chrétien, en plus de quelques documents personnels, a emporté des lithographies de Vasarely qui seront offertes à l'Unesco et revendues au profit d'œuvres humanitaires.

Le Soyouz-T-6 est alors mis en état de veille.

Le travail à bord de Saliout

Les sept jours passés à bord de la station seront fort remplis, pendant lesquels alterneront les expériences scientifiques, médicales, les séances de gymnastique, les déjeuners et les repos. Ainsi, trente-sept séances de travail seront effectuées, dont :

– vingt expériences d'astronomie
– trois expériences géophysiques
– cinq expériences de métallurgie
– trois expériences de biologie
– six expériences médicales

Le retour sur Terre

1er juillet 1982

La veille du retour sur Terre, c'est-à-dire le 1er juillet, le moteur de Soyouz-T-6 est mis à feu pour élever l'orbite du train spatial. La nouvelle orbite est alors de 283,86/331,89 km. Pour cette manœuvre 100 kg d'ergols ont été consommés. Une quantité à peu près identique a été consommée au cours des jours précédents pour orienter la station afin d'effectuer des observations astrophysiques. Il reste alors dans les réservoirs du Soyouz 150 kg d'ergols dont 100 serviront au freinage pour la sortie d'orbite.

La station elle-même possède sa propre réserve d'ergols (1 800 kg). A la fin de la mission de Soyouz-T-6, celle-ci n'est plus que de 600 kg. Le complément sera apporté par le vaisseau-cargo Progress-14, le 12 juillet suivant.

Jean-Pierre Haigneré dans la station MIR.

Ce même jour, 1er juillet, l'équipage vérifie le bon fonctionnement des scaphandres.

2 juillet 1982 - 11 h 49, heure de Moscou

L'équipage quitte le Saliout et s'installe dans le Soyouz-T-6. Le sas entre la station et le Soyouz est fermé. Un cauchemar pour l'équipage commence alors, celui de l'équilibrage du module de descente. Les différents équipements et objets ramenés à Terre doivent être particulièrement bien positionnés dans le vaisseau. Leurs emplacements sont calculés par ordinateur. Le centrage réel doit se situer au maximum à un millimètre au plus du point idéal.

Ainsi, lors du vol Soyouz-TM-15, les cosmonautes ont dû couper une longue pellicule photo en deux morceaux pour les répartir en deux endroits différents.

Le complexe orbital est alors orienté de telle manière que le Soyouz-T-6 se retrouve à l'arrière par rapport à la direction du vol.

Une orbite plus tard

Après avoir observé l'environnement de la station, l'équipage relâche les crochets du Soyouz. Ce dernier est alors libre.

15 h 03 min 48 s, heure de Moscou

Le Soyouz et le Saliout sont séparés par la détente d'un système à ressort puis par l'allumage et le fonctionnement pendant trois minutes du système propulsif du Soyouz. Une impulsion de vitesse différentielle d'un mètre par seconde est alors donnée. Lorsque la distance qui les sépare est de 25 à 30 m, les deux éléments pivotent en sens inverse : le Saliout lentement vers l'avant et le Soyouz vers l'arrière de 90°. Cette manœuvre a pour but d'orienter le hublot du Soyouz de manière telle que l'équipage puisse faire des prises de vue de la station afin d'en vérifier l'état externe. La station et le Soyouz se retrouvent ensuite sur deux orbites voisines d'altitude 283 et 330 km.

16 h 05 min

Presqu'une orbite plus tard, alors que le Soyouz se trouve au-dessus du sud de l'Afrique, le module de descente se sépare du module orbital.

Ce dernier restera encore quelques mois en orbite avant de rentrer dans l'atmosphère et de s'y consumer.

16 h 24 min 40 s

Début de la descente en mode automatique. Au cours du vol, le commandant de bord peut décider de passer du régime automatique au régime manuel ou directement en vol balistique. Dans ces deux premiers cas, la décélération est de l'ordre de 4 g et pour le vol balistique de 8 à 10 g. Cette phase commence au-dessus du golfe Persique et entraîne une série d'orientations du vaisseau le préparant à la rentrée. La fin de ces manœuvres intervient lors de la dernière orbite alors que le Soyouz se trouve à la hauteur du cap Horn.

Dans cette région, il est hors de visibilité des stations de poursuite implantées sur le territoire de l'URSS et est suivi par le navire de trajectographie *Kégostrov* déployé dans l'Atlantique.

17 h 34 min 40 s

Le moteur du Soyouz est alors mis a feu et fonctionne pendant 198,8 s dans le but de réduire sa vitesse de 115,5 m/s et d'engager ainsi la descente.

Cette phase d'action du moteur qui débute audessus de l'Atlantique se termine à l'atteinte des côtes d'Afrique. Elle est suivie par le navire *Nevel* qui se trouve à proximité des côtes brésiliennes.

17 h 46 min 47 s

Le module de propulsion et le module de descente se séparent au moyen d'un système pyrotechnique qui est triplé. L'altitude est alors de 227 km et le vaisseau est à la verticale du Nigeria. Le Soyouz et son module de propulsion s'éloignent l'un de l'autre à la vitesse d'un mètre par seconde du fait de leurs coefficients aérodynamiques différents. Le module de propulsion va se désintégrer dans l'atmosphère vers 170 km d'altitude.

17 h 52 min

Le module de descente et ses trois occupants sont à 167 km d'altitude et à 4 750 km du lieu de l'atterrissage.

17 h 57 min 13 s

La rentrée dans les couches denses de l'atmosphère commence. La vitesse va être réduite de 7 300 m/s environ à 180 m/s. Le véhicule est maintenant au-dessus de la Turquie. Son incidence* est de 30° et l'angle de rentrée de 1°. L'altitude et la trajectoire sont contrôlées par l'équipage.

De 17 h 59 min à 18 h 03 min

Cette phase est celle du *black-out* radio provoqué par le plasma créé autour du module par les hautes températures générées par le frottement atmosphérique. Elle se déroule entre 70 et 30 km d'altitude au-dessus de la mer Noire et est suivie par les caméras des stations de poursuite de Tbilissi et d'Evpatoria.

C'est le moment le plus pénible pour l'équipage qui a l'impression en regardant par les hublots que le vaisseau brûle.

Ce dernier est aussi soumis à de violentes vibrations. En outre, la décélération est de 4,5 à 5 g pendant une à deux secondes et 3,5 g pendant quelques minutes.

18 h 05 min 10 s

L'ouverture des parachutes est commandée automatiquement par un dispositif barométrique à l'altitude voisine de 10,5 km et à la distance de 3 km environ du point d'impact. En fait, l'opération se déroule en quatre temps :

- éjection du couvercle fermant le compartiment des parachutes,
- déploiement d'un petit parachute extracteur de 1 m^2 réduisant la vitesse de 180 à 170 m/s,
- déploiement d'un parachute de freinage de 14 m^2 abaissant la vitesse à 80 m/s,
- déploiement du parachute principal de 1 000 m^2 qui s'ouvre à environ 7 000 m d'altitude et abaisse la vitesse à 6 m/s. La descente s'effectue alors dans un mouvement tournoyant, le parachute n'étant pas accroché dans l'axe du Soyouz.

En cas de défaillance de ce parachute, un parachute de secours de 600 m^2 peut être déployé à l'altitude de 4 500 m. Sa plus faible superficie entraîne néanmoins une vitesse finale de 9,5 m/s au lieu de 6 m/s. A environ 1 km d'altitude, le bouclier thermique est éjecté. Enfin, à environ 1 mètre du sol, un détecteur à rayons gamma déclenche la mise à feu des six rétrofusées. Ce qui a pour effet de réduire la vitesse à l'impact à 3,5 m/s. Un système amortisseur placé sous les sièges, lesquels ont été redressés au cours de la descente, complète l'absorption de l'énergie cinétique.

18 h 21 min 10 s

Le Soyouz-T-6 se pose dans la steppe kazakhe à environ 65 km au nord-est d'Arkalyk et à seulement 4 km du point prévu, au milieu d'un champ de blé d'un kolkhoze dénommé Cosmonaute Guerman Titov.

Nota : Les capsules sont récupérées dans la région d'Arkalyk à environ 500 km au nord-est de Baïkonour avec une zone repli au sud de Djezkazgan (à environ 300 km au nord-est de Baïkonour). La précision d'atterrissage est d'environ 30 km.

La récupération de l'équipage s'effectue alors rapidement. Il est même arrivé lors du vol de Manakov et Polechtchouk en 1993 que l'équipe de récupération arrive sur le lieu d'atterrissage avant le Soyouz lui-même. Les moyens de l'équipe de récupération sont importants :

– neuf avions patrouillant entre 4 800 et 7 200 m d'altitude et qui trois minutes avant l'heure d'ouverture des parachutes se placent au point fixé puis volent parallèlement à la trajectoire de rentrée,

— dix-huit hélicoptères volant entre 100 et 1 200 m qui prennent l'air trois minutes après l'ouverture des parachutes.

La surveillance de ces aéronefs s'effectue dans un rayon de 100 km autour du point d'impact prévu. Ils sont complétés au sol par un groupe de dix véhicules terrestres tout terrain.

Le dispositif de récupération est organisé de telle façon que le module de rentrée soit retrouvé au plus tard trente minutes après l'ouverture des parachutes. Toutefois, lors de certains vols Voskhod-2, Soyouz-18A et Soyouz-23 (voir chapitre 5), la récupération du vaisseau et des cosmonautes fut plutôt longue et difficile.

Après les premiers contrôles médicaux et techniques d'usage, et après avoir signé à la craie leur nom sur la paroi calcinée du Soyouz et remercié les techniciens pour la qualité de l'atterrissage, les cosmonautes se retrouvent quelques heures plus tard à l'hôtel Cosmonaute de Léninsk où ils sacrifient à la tradition : la plantation dans les jardins de l'hôtel d'un jeune arbre, « l'arbre noir » (*Karagatch*) marquant l'événement dont ils viennent d'être les acteurs.

Quelques jours plus tard, on remettra en guise de souvenir à chaque cosmonaute la clé (et ses deux doubles) qui a servi à donner l'ordre de lancement.

A environ un mètre du sol, et après avoir largué son bouclier thermique, le vaisseau Soyouz met à feu six rétrofusées pour diminuer sa vitesse et donc le choc lors de l'impact.

Le vaisseau Soyouz suspendu à son parachute peu de temps avant l'atterrissage.

L'équipe de récupération est constituée de nombreux avions, hélicoptères et véhicules terrestres. Un tel dispositif a été conçu pour retrouver le Soyouz et son équipage au plus tard trente minutes après l'ouverture du parachute.

Sur la terre du Kazakhstan, la technologie la plus moderne, tel le Soyouz à l'arrière-plan, côtoie les activités humaines les plus anciennes et les plus traditionnelles comme le nomadisme. Des milliers d'années séparent ces deux conquêtes de l'homme que sont le cheval et l'espace.

Ivantchenkov, Djanibekov et Jean-Loup Chrétien au retour de la mission Soyouz T-6, le 2 juillet 1982.

Au retour de mission, la plantation d'un arbre par chaque cosmonaute dans les jardins de l'hôtel Cosmonaute de Leninsk constitue une tradition chargée de symboles sur cette terre aride. Jean-Loup Chrétien (deuxième à partir de la gauche) satisfait à cette tradition en juillet 1982. A sa droite, Patrick Baudry, sa doublure de l'époque.

Depuis 1961, une centaine d'arbres a été plantée et constitue l'allée des Cosmonautes, ou, comme disait Gagarine, des « autographes vivants ».

L'arbre le plus ancien et le plus gros est bien sûr celui de Gagarine.

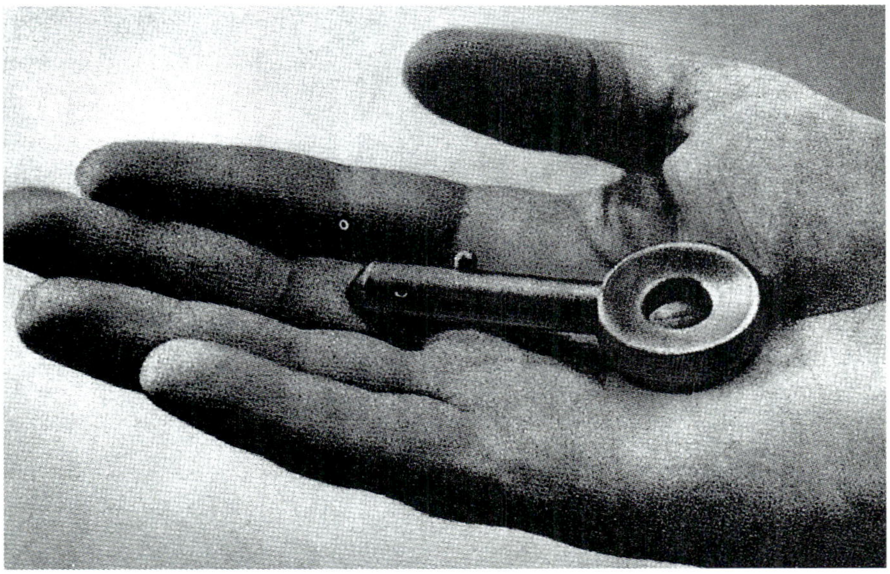

La mise à feu des moteurs du lanceur est rendue possible par une clef. A l'issue du vol, chaque cosmonaute reçoit un exemplaire de cette clef en souvenir.

Aux créateurs de Baïkonour

Avec des tentes, des wagons, des souterrains
Nous avons commencé à construire le cher Baïkonour
Le soleil nous brûlait, la poussière nous étouffait
Mais le cosmodrome s'est dressé comme un chant populaire

Nos ampoules saignantes et notre sueur forte
Sont devenues la grandeur de l'espace
Notre Youri Gagarine a achevé le travail
Il a ouvert aux Terriens le chemin de l'espace

Pour la gloire de la Patrie, un jour au petit matin
Nous avons commencé à labourer l'espace pour le bien
Il vous rapportera des richesses illimitées
Il sauvera du malheur toute l'humanité

Des Soyouz partent vers des planètes et des étoiles
Que les liens de l'amitié deviennent encore plus forts
Notre prochaine et nouvelle réalisation spatiale
Sera le deuxième Baïkonour sur Mars

Chantons la gloire, mes frères, ici et toujours
Aux gens de Baïkonour - les héros du travail!
A tous les créateurs de Baïkonour - Hourra!
Vive le temps des nouvelles victoires!

S. Alexenko

5
Grandeur et malheurs de Baikonour

Les moments glorieux

Le détachement des cosmonautes

Après avoir envisagé au printemps 1957 d'effectuer des lancements de cosmonautes à la verticale ou en trajectoire balistique avec des fusées géophysiques, Korolev, fort du succès du lancement du premier Spoutnik, proposa dès 1958 de réaliser des vols habités orbitaux. Ainsi, en novembre 1958, le conseil des constructeurs principaux décida d'étudier un satellite destiné à un vol habité.

Quelques mois plus tard au printemps 1959, la sélection des cosmonautes fut engagée et le 11 janvier 1960 commença la construction de la Cité des étoiles. Puis le 14 mars 1960, l'entraînement des premiers candidats s'engagea, c'est-à-dire seulement treize mois avant le vol de Gagarine.

La sélection des cosmonautes ne se fit que parmi les pilotes militaires dont trois mille candidatures furent enregistrées. La directive du printemps 1959 pour cette sélection indiquait « qu'il ne suffisait pas que les candidats soient disciplinés, n'ayant jamais eu de blâme au travail, expérimentés, bien notés professionnellement, mais qu'ils aient aussi du caractère et la volonté de se surpasser ».

Il était requis d'avoir une trentaine d'années, un poids de 70 kg et une taille de 1,70 m. Après une seconde sélection, le groupe se réduisit au nombre de deux cents et, in fine, il n'en resta plus que vingt. Pour le premier vol, seuls, six furent retenus : Valentin Varlamov, Youri Gagarine, Anatoly Kartachov, Andrian Nikolaiev, Pavel Popovitch et Guerman Titov. Enfin, il ne resta plus que Titov et Gagarine.

Chaque cosmonaute effectuera en entraînement quatre à cinq vols en apesanteur à bord d'un avion, quatre-vingt-quinze passages en centrifugeuse, dix-sept séances en chambre barométrique* d'une durée de dix à quinze heures et trente-huit à quarante-cinq sauts en parachute selon les cas.

Le 3 avril 1961, le gouvernement prenait la décision de procéder à un vol humain et le 8 avril 1961, Gagarine était désigné. Quatre jours plus tard, il partait pour l'espace.

Du groupe des vingt cosmonautes sélectionnés en 1960, douze iront en orbite :

- Gagarine (Vostok-1),
- Titov (Vostok-2),
- Nikolaiev (Vostok-3/Soyouz-9),
- Popovitch (Vostok-4/Soyouz-14),
- Bykovsky (Vostok-5/Soyouz-22 et 31),
- Komarov (Voskhod-1/Soyouz-1),
- Bélayev (Voskhod-2),
- Léonov (Voskhod-2/Soyouz-19),
- Volynov (Soyouz-5 et 21),
- Chonine (Soyouz-6),
- Khrounov (Soyouz-5),
- Gorbatko (Soyouz-7, 24 et 37).

Les huit restants n'iront pas dans l'espace pour des motifs divers :

- Kartachov aura un problème cardio-vasculaire lors d'un entraînement sur centrifugeuse.
- Varlamov se fracturera les vertèbres cervicales lors d'un plongeon dans un lac en 1960. Il mourra d'une hémorragie cérébrale en octobre 1980.
- Bondarenko décédera le 23 mars 1961, lors d'un incendie ayant pris naissance dans un caisson de simulation dans lequel il s'entraînait.
- Nélioubov, Anikeiev et Filatiev seront exclus du détachement des cosmonautes pour injures à une patrouille militaire. Nélioubov ne supportera d'ailleurs pas cette décision. A la suite d'une dépression nerveuse, il se jettera sous un train le 18 février 1966.
- Zaïkine sera écarté pour raison médicale en 1968, tout comme Rafikov l'avait été en mars 1962.

En 1962, un second groupe sera formé. Il comprendra cinq femmes après une présélection de quatre cents dont une seule (V. Térechkova) ira en orbite, le 16 juin 1963. Cette même année, un troisième groupe de seize cosmonautes sera formé et comprendra les premiers ingénieurs militaires. Les deux premiers médecins seront recrutés dans le groupe de quatre cosmonautes de 1964.

Le premier détachement des cosmonautes vers 1960. On reconnaît de gauche à droite :
Au premier rang : Popovitch, Gorbatko, Khrounov, Gagarine, Korolev, la seconde épouse de Korolev portant sur ses genoux la fille de Popovitch, Karpov (directeur de l'entraînement), Nikitine (responsable de l'entraînement au parachutisme), Fédorov (médecin).
Au second rang : Léonov, Nikolaiev, Rafikov, Zaïkine, Volynov, Titov, Nélioubov, Bykovsky et Chonine.
Au troisième rang : Filatiev, Anikeiev et Bélayev.
Komarov, Kartachov, Varlamov et Bondarenko ne sont pas sur la photo.

A Leninsk sur les bords du Syr-Daria en 1960. Korolev est entouré des six cosmonautes sélectionnés.

En 1965, apparaissent les premiers journalistes et médecins civils, puis, en 1966, les premiers ingénieurs civils.

Au total, de 1959 à 1991, cent quatre-vingt quatre cosmonautes seront recrutés.

Notons aussi qu'en mai 1967, les équipages de cosmonautes destinés au programme de survol de la Lune sont formés. Les neuf équipages représentant dix-huit cosmonautes seront choisis parmi ceux ayant cumulé le plus grand nombre d'heures dans l'espace. Le tandem Bykovsky-Roukavichnikov devait survoler la Lune à bord d'un vaisseau Zond en décembre 1968 et Léonov devait atterrir sur la Lune avec le programme N-1, son coéquipier Makarov devant rester en orbite lunaire. Dans le cadre de ce programme, une simulation d'un vol de douze jours en scaphandre fut réalisée au sol à bord du vaisseau lunaire ! Mais ces vols ne furent jamais réalisés.

Le vol de Gagarine

Le vol de Gagarine constitue sans doute le moment le plus glorieux de Baïkonour. Ce vol sera effectué à bord de Vostok-1 le 12 avril 1961. Il sera bien sûr précédé de plusieurs lancements de vaisseaux Vostok dans différentes configurations, comme la chronologie des événements ci-dessous l'indique.

15 mai 1960

Lancement de Vostok-A de 4 540 kg avec un chien à bord. Le système d'orientation est défaillant au moment de l'allumage du moteur de freinage et le vaisseau est envoyé sur une orbite plus élevée au lieu de descendre.

23 juillet 1960

Deux chiens sont à bord mais le lanceur explose.

19 août 1960

Le vaisseau de 4 600 kg emporte les deux chiennes Belka et Strelka ainsi que des insectes. C'est un succès. Les animaux sont récupérés sains et saufs. Le vol humain est jugé possible. Notons que les deux chiennes avaient subi une préparation de plusieurs jours avant le vol et qu'au moment de les embarquer dans le Vostok, Strelka s'échappa et personne ne put la rattraper. Alors que l'heure du décollage approchait, on prit la décision de mettre à bord le premier chien qui passerait près de la plate-forme de tir. Ce qui fut dit fut fait. Une nouvelle Strelka fut pourvue de capteurs et installée dans le Vostok à côté de Belka. Lors du retour sur Terre et de l'ouverture du vaisseau, les techniciens constatèrent non sans surprise que des deux chiennes, la seule à pouvoir se tenir debout et courir dans la steppe fut celle qui n'avait pas subi d'entraînement et qu'on avait embarquée au dernier moment

11 octobre 1960

Le comité central et le Conseil des ministres prennent la décision d'envoyer dans l'espace un Vostok habité pour décembre 1960.

1er décembre 1960

Spoutnik-6 emporte deux autres chiens mais c'est l'échec. L'angle de rentrée est trop élevé et le vaisseau brûle dans l'atmosphère.

21 décembre 1960

Le 3e étage du lanceur est défaillant. Les deux chiens sont néanmoins récupérés vivants mais sans avoir été en orbite

9 mars 1961

Spoutnik-9 de 4 700 kg parvient à faire une révolution autour de la Terre avec la chienne Tchernouchka et... le mannequin Ivan Ivanovitch. Succès total.

25 mars 1961

Spoutnik-10. Vol et succès identiques à Spoutnik-9.

Gagarine et Korolev, deux noms qui symbolisent la réussite de l'astronautique soviétique.

Un secret gardé pendant dix-sept ans

Lors des six premiers vols de Vostok, le cosmonaute effectuait son retour au sol par parachute après avoir été éjecté de la capsule à 7 000 m d'altitude. Ainsi, celle-ci et le cosmonaute regagnaient la Terre séparément.

Cette éjection était nécessitée par la trop grande vitesse d'arrivée au sol de la capsule qui ne possédait pas, comme le Soyouz, de rétrofusées d'impact et ne pouvait contenir qu'un parachute de taille limitée.

Pendant dix-sept ans, c'est-à-dire jusqu'en 1978, l'administration soviétique expliqua que Gagarine s'était posé dans la steppe à bord de son vaisseau. Pendant cette période, on jugea en effet qu'un retour en siège éjectable puis en parachute, à l'instar d'un pilote qui abandonne son avion en train de s'écraser, n'était pas assez élégant pour conclure dans la gloire la mission historique de Gagarine. Comme le soulignait G.M. Gretchko, l'ancien cosmonaute, «il n'y avait pourtant rien à cacher ni à embellir dans l'exploit de Gagarine.»

En fait, la vérité fut révélée en 1978 dans le livre *Notre Gagarine* dont le tirage fut limité. Le grand public ne l'apprendra réellement qu'en 1991 lors de la déclassification des rapports secrets décidée à l'occasion du trentième anniversaire du vol du premier cosmonaute.

Rappelons que Gagarine s'est tué le 27 mars 1968 aux commandes d'un avion d'entraînement militaire.

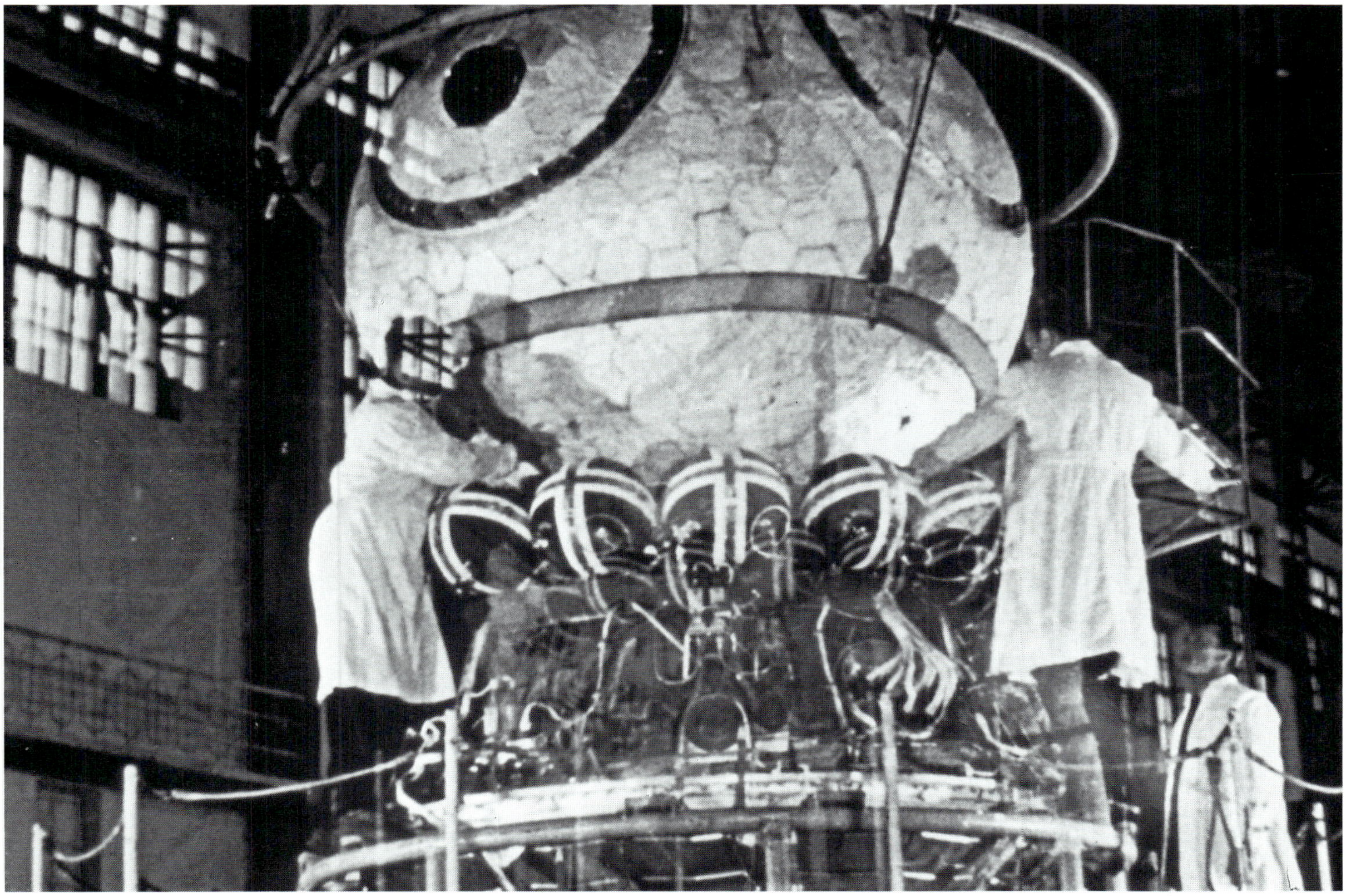

Préparation du Vostok dans le MIK.

La Sémiorka/Vostok en contrôle final dans le MIK.

Pour ces vols de Vostok, les ingénieurs étaient très attentifs au respect du poids du vaisseau. Lors de l'un d'eux, on s'aperçut que le véhicule pesait 15 kg de trop. C'est alors que deux ingénieurs décidèrent de résoudre eux-mêmes ce problème. Ainsi, après examen, ils conclurent qu'on pouvait couper certains câbles qui n'étaient pas utiles pendant le vol. Aussitôt dit, aussitôt fait, car l'heure du décollage approchait. Mais à peine avaient-ils terminé leur besogne qu'arriva Korolev qui découvrit avec effroi le résultat de leur intervention. Il fit donc vérifier tous les circuits électriques... et tous fonctionnaient. Cette initiative permit donc de ramener le poids du Vostok à la valeur exigée et la mission fut un succès. Les deux innovateurs y gagnèrent un sobriquet. Pour avoir procédé à la coupe des câbles (donc de la chevelure du Vostok), on les appela les « coiffeurs » du Vostok.

Gagarine revêt son scaphandre.

C'est l'époque où Gagarine vient pour la première fois à Baïkonour avec quelques autres collègues cosmonautes. En visitant les installations, Korolev leur dit : « *Tout ce que vous voyez ici n'est que le début du commencement. Souvenez-vous de ce que disait Tsiolkovski. Le premier grand pas de l'humanité sera de franchir l'atmosphère et de mettre en orbite le premier satellite artificiel de la Terre. Nous avons fait ce pas. L'un d'entre vous fera le pas suivant dans un vaisseau spatial.* »

30 mars 1961

Korolev écrit au comité central pour avoir l'autorisation de l'envoi d'un homme dans l'espace entre le 10 et le 20 avril.

5 avril 1961

Trois Illiouchine arrivent à Baïkonour avec les six cosmonautes sélectionnés. Gagarine et Titov voyagent dans deux avions différents et avec une équipe de médecins et d'ingénieurs.

8 avril 1961

La commission d'Etat qui s'est réunie, fixe la mission à une seule orbite dont le périgée (180 km) est suffisamment bas pour qu'en cas de défaillance du système de freinage, l'usure de l'orbite due au frottement atmosphérique fasse revenir le Vostok au bout de deux à sept jours. Puis vient le moment de la désignation du cosmonaute. La parole est alors donnée à N. P. Kamanine, responsable du détachement des cosmonautes : « *Il est très difficile de faire un choix parmi les six pilotes sélectionnés, mais nous devons prendre une décision. Aussi, nous recommandons le major Gagarine.* » Korolev prend alors la parole. Il espère que tout se passera bien et souhaite bonne chance à Gagarine. Ce dernier se lève, baissant les yeux vers la table de réunion pour cacher son émotion et dit ces quelques mots : « *Je saurai me montrer digne de la mission qui m'est confiée et s'il devait y avoir des problèmes, je saurai les surmonter comme doit le faire un bon communiste.* » Immédiatement, les applaudissements crépitent venant de Korolev, Keldych, Glouchko, Piliouguine, Michine et des militaires de haut rang comme Roudnev et Kamanine.

Gagarine étant désigné, Titov est la doublure et Nélioubov, le second cosmonaute de réserve. Ce choix est conforme au vœu de Khrouchtchev qui préférait un fils de paysans plutôt qu'un fils d'enseignants.

Gagarine et Titov dans l'autobus qui les emmène vers le pas de tir.

Sur le pas de tir, Korolev souhaite bonne chance à Gagarine. A l'arrière-plan, le maréchal Kirill S. Moskalenko, responsable des Forces de missiles stratégiques.

10 avril 1961

La commission d'Etat se réunit et fixe le vol au 12 avril. La désignation de Gagarine devient officielle

7 h 10 : Le lanceur part pour le pas de tir.

11 avril 1961

Les cosmonautes rencontrent les techniciens sur le pas de tir. La liste des personnes autorisées à être présentes est alors établie. Pour ce, on les identifie par des brassards de trois couleurs :

- ceux qui devront quitter le pas de tir après le plein des réservoirs seront dotés d'un brassard blanc,
- et ceux qui seront autorisés à rester sur le site jusqu'à trente et dix minutes avant le décollage porteront respectivement des brassards bleus et rouges.

A la veillée, les cosmonautes et les principaux responsables techniques se réunissent. On joue de la guitare et on apprend à Gagarine une *Chanson de mauvais garçons* pour le détendre.

Nuit du 11 au 12 avril 1961

Gagarine et Titov se mettent au lit à 22 heures dans une maison de bois érigée à proximité du bâtiment d'assemblage du lanceur. Ils dorment parfaitement.

12 avril 1961

5 h 30 : Réveil des cosmonautes.

6 h 00 : Examen médical. La commission d'Etat donne son approbation au lancement.

6 h 30 : Gagarine et Titov quittent le MIK et montent dans l'autobus qui doit les conduire au pas de tir. Ils sont accompagnés d'une dizaine de techniciens et de médecins. Ceux qui n'étaient pas autorisés à prendre l'autobus arrivent en auto, d'autres ont suivi la voie de chemin de fer en marchant sur les traverses. Cette marche est d'ailleurs devenue une tradition qui demeure plus de trente ans plus tard. Arrivé près du lanceur, le bus s'arrête et Gagarine en descend. Titov, lui, restera à l'intérieur. C'est là que leurs destinées se séparent et c'est là que Gagarine fait son entrée dans l'Histoire. Sur la dalle bétonnée, il fait quelques pas. Sa démarche est chaloupée, malaisée avec le scaphandre. Puis il s'arrête pour échanger quelques mots avec le président de la commission d'Etat Roudnev et Korolev. Ce dernier lui souhaite à nouveau bonne chance. On s'embrasse. Le premier cosmonaute se dirige alors vers l'escalier qui conduit à l'ascenseur et qui doit l'amener au sommet de la fusée. Avant d'y pénétrer, il se retourne et lance «*Tous pour un et un pour tous*» puis il salue de la main ceux qui sont présents. Ce geste

Gagarine, au pied de l'ascenseur qui le conduit dans le Vostok, au sommet de la fusée, salue ceux qui ont préparé son vol. En bas, à droite, Korolev.

Gagarine à bord de son Vostok.

Pour la première fois, un homme part pour l'espace. Il s'agit de Youri Gagarine à bord de Vostok-1 et nous sommes le 12 avril 1961.

▲
Dans le climat de guerre froide de l'époque, on évite, lors des communications radio entre Gagarine et le sol, de révéler les noms des interlocuteurs. Un nom de code est donné à chacun comme suit : Gagarine s'appelle Cèdre, Korolev, Zaria-1 (aube), la station de Kolpachevo (région de Novossibirsk), Zaria-2, et la station d'Elizovo, dans le Kamtchatka, Zaria-3.

Gagarine, comme les cinq cosmonautes qui voleront après lui à bord d'un Vostok, sera éjecté de son vaisseau à 7 000 m d'altitude. Le cosmonaute et le Vostok regagneront séparément la Terre par parachute.

Le lanceur Sémiorka/Vostok en vol. On distingue sous la coiffe, la sphère du Vostok.

Après son vol historique, Gagarine est devenu un héros national. Il incarne le communisme triomphant et parcourt le monde en donnant de nombreuses interviews. Lors d'une réunion à Moscou en 1963, il explique une nouvelle fois le déroulement de sa journée historique du 12 avril. On distingue dans l'assemblée Korolev (avec la main devant la bouche) et, à sa droite, son premier adjoint, V. P. Michine.

se perpétuera pour tous les vols qui suivront. Les applaudissements, en retour, saluent le courage du premier cosmonaute. Notons qu'il emporte avec lui une carte d'identité sur laquelle sont indiqués ses nom et prénom ainsi que sa profession : cosmonaute n° 1.

7 h 10 : Gagarine s'installe dans le Vostok en présence des membres de la commission d'Etat.

7 h 50 : Lors de la fermeture de la porte du Vostok, un voyant d'étanchéité refuse de fonctionner. Ce sera le seul problème lors du compte à rebours.

8 h 50 : Michine demande à Korolev de communiquer par radio avec Gagarine. La tension montant, Michine qui souhaite détendre Gagarine, lui demande lors du décollage de chanter la chanson qui lui a été apprise la veille, de la chanter à tue-tête, mais, bien sûr, de couper la radio afin que le sol n'entende pas !

9 h 07 : Décollage. Gagarine lance alors le fameux «*Poekhali !*» («On y va !»). Au moment où il part le premier pour l'espace, il sait que la fiabilité du Vostok au cours des sept vols précédents n'a été que de 60 % et celle du lanceur d'environ 71 % !

9 h 09 : Les quatre accélérateurs latéraux sont largués.

9 h 12 : Le corps central est largué et le 3e étage prend le relais de propulsion.

9 h 21 : Mise en orbite de Vostok-1.

10 h 02 : Radio Moscou annonce le lancement de Vostok-1.

10 h 25 : Allumage du moteur de freinage.

10 h 35 : Séparation du Vostok et du module des équipements, puis éjection de Gagarine à l'extérieur du vaisseau et ouverture du parachute de descente.

10 h 55 : Gagarine se pose à 25 km dans un champ au sud-ouest d'Engels dans la région de Saratov. Le vol a duré 108 min.

Gagarine reçoit dès son arrivée au cantonnement de la région militaire à Engels les félicitations téléphoniques de Khrouchtchev et de Brejnev.

L'énorme succès que représente ce vol aura néanmoins masqué quelques incidents plus ou moins importants : grandes difficultés à joindre le sol par radio et donc à exécuter certaines consignes, mouvements de rotation et embardées importantes du vaisseau au moment de la rentrée. Mais pouvait-on espérer mieux pour un premier vol ?

Afin de commémorer cette journée historique, le 12 avril est devenu en URSS le jour de la fête des aviateurs et des cosmonautes.

D. L.
13 AVR 1961

EXCLUSIF **Comment Youri GAGARINE a vécu son odyssée historique**

(Page 12, le récit de notre envoyé spécial à Moscou Max LEON)

Spécial Cosmos

Pages 9, 10, 11, 12, avec des articles de Pierre COURTADE, Pierre JUIN, des déclarations de personnalités et toutes nos informations

CINQ HEURES DU MATIN

l'Humanité

ORGANE CENTRAL DU PARTI COMMUNISTE FRANÇAIS

6, boul. Poissonnière - Paris 9e — JEUDI 13 AVRIL 1961 — NF 0,25

UN SOVIÉTIQUE A OUVERT POUR L'HOMME L'ÈRE DU COSMOS

Vibrant meeting hier, à la Mutualité

OU UNE FOULE ENTHOUSIASTE A ACCLAMÉ L'EXPLOIT DE « L'HOMME SOCIALISTE »

Unir toutes les forces démocratiques pour imposer l'ouverture de la négociation avec le G.P.R.A.

ET METTRE A LA RAISON LES ACTIVISTES ET LEURS INSPIRATEURS

déclare la résolution, votée à l'unanimité, après les discours de Jeannette VERMEERSCH, Etienne FAJON et Waldeck ROCHET (Page 5.)

Une déclaration de Maurice THOREZ à l'agence Tass

GLOIRE au peuple soviétique, à ses savants, à ses techniciens, à ses ouvriers, qui ont permis le premier vol de l'homme à travers l'espace cosmique !

Honneur au vaillant fils du peuple soviétique, Youri Gagarine, le véritable héros de notre temps !

Le prodigieux exploit de leurs frères remplit d'admiration et de fierté les travailleurs de France.

C'est une incomparable victoire du pays des Soviets, le pays des bâtisseurs du communisme, pionniers du monde nouveau, le monde du progrès, du bien-être et de la liberté. C'est une affirmation nouvelle et éclatante que la puissance immense de l'Union Soviétique est entièrement au service de la paix et du bonheur des hommes.

Les communistes français adressent de chaleureuses félicitations au glorieux Parti Communiste de l'Union Soviétique, à son Comité central, à son premier secrétaire, le camarade Khrouchtchev.

MAURICE THOREZ.

Un télégramme du PARTI COMMUNISTE FRANÇAIS au PARTI COMMUNISTE DE L'UNION SOVIÉTIQUE

CE matin, 12 avril 1961, l'humanité est entrée dans une nouvelle ère. A bord d'un spoutnik, Youri Gagarine, fils de l'Union Soviétique, vient de faire le tour de la Terre avant d'y être ramené, vivant et bien portant.

Ainsi, pour la première fois, l'homme a voyagé dans l'espace. Et c'est la patrie du socialisme qui ouvre la voie des voyages interplanétaires.

Le Comité Central du Parti Communiste Français salue avec enthousiasme cette grande victoire de la science et de la technique soviétique au service de la paix, du désarmement et du progrès. Il félicite chaleureusement le Parti Communiste de l'Union Soviétique, les savants, les techniciens, les ouvriers, le premier cosmonaute soviétiques qui ont transformé en réalité le vieux rêve des hommes d'échapper à l'attraction terrestre. Il se fait l'interprète des sentiments de fierté de tous les communistes, de tous les hommes de progrès devant cette victoire du socialisme.

Un peu plus de trois années seulement séparent cette prodigieuse réalisation du lancement du premier spoutnik par les savants soviétiques.

Trois années au cours desquelles la science et la technique soviétiques ont enregistré des succès considérables les plaçant à l'avant-garde de la science et de la technique mondiales, dans tous les domaines. Ces succès, versés au fonds commun de la connaissance, ouvrent, à tous les hommes, des perspectives radieuses.

Dans la compétition pacifique entre les deux systèmes, le socialisme vient d'affirmer, une fois de plus et d'une façon éclatante, sa supériorité.

Le développement ininterrompu de l'économie planifiée, les moyens considérables mis à la disposition de l'enseignement, de la culture, de la recherche scientifique, l'aide permanente apportée aux savants et techniciens par le gouvernement soviétique sont à la base des succès remportés dans la conquête du cosmos.

La victoire remportée aujourd'hui par la science et la technique soviétiques est une victoire de la classe ouvrière au pouvoir, libérée des chaînes de l'exploitation et de l'oppression capitalistes. Elle donne plus de force et de confiance à tous les hommes de paix dans leur lutte pour le désarmement que l'Union Soviétique vient de proposer une fois de plus. Elle préfigure ce que sera dans un avenir proche la société communiste où, dans la maîtrise des forces de la nature, l'humanité bâtira librement son propre bonheur.

Le Comité Central du Parti Communiste Français.

Youri Gagarine (27 ans) : retenez bien ce nom. Il est entré dans l'histoire. Il s'agit d'un « homme véritable ».

- Il a fait le tour de la Terre (en 1 h. 48 minutes) à bord du vaisseau cosmique "Orient" (4.725 kilos)
- Il est revenu en parfaite santé
- Pendant tout son fantastique voyage il est resté en liaison télé-radio constante avec le sol

Le Comité Central du Parti Communiste de l'Union Soviétique, le Présidium du Soviet Suprême et le gouvernement de l'U.R.S.S. :

EN CE JOUR SOLENNEL NOUS ADRESSONS UNE FOIS DE PLUS AUX PEUPLES ET AUX GOUVERNEMENTS DE TOUS LES PAYS UN APPEL EN FAVEUR DE LA PAIX

Première page du journal l'Humanité du jeudi 12 avril 1961.

НАРОД ЛИКУЕТ!

ЮРИЙ ГАГАРИН В МОСКВЕ!

ЗДРАВСТВУЙ, ОТВАЖНЫЙ СЫН ОТЧИЗНЫ!

ая, сердечная встреча на Внуковском аэродроме. Фото С. Смирнова и К. Толстикова.

ПРОЛЕТАРИИ ВСЕХ СТРАН, СОЕДИНЯЙТЕСЬ! ПРОЛЕТАРІ ВСІХ КРАЇН, ЄДНАЙТЕСЯ! ПРАЛЕТАРЫІ ЎСІХ КРАІН, ЯДНАЙЦЕСЯ! ... VISŲ ŠALIŲ PROLETARAI, VIENYKITĖS! ПРОЛЕТАРЬ ДИН ТОАТЕ ЦЭРИЛЕ, УНИЦИ-ВЭ! VISU ZEMJU PROLETĀRIEŠI, SAVIENOJIETIES! ... KÕIGI MAADE PROLETAARLASED, ÜHINEGE!

ИЗВЕСТИЯ

СОВЕТОВ ДЕПУТАТОВ ТРУДЯЩИХСЯ СССР

№ 90 (13636) Год издания 45-й | Суббота, 15 апреля 1961 г. | Цена 3 коп.

ДЕНЬ, КОТОРЫЙ ВОЙДЕТ В ВЕКА

ТОРЖЕСТВЕННАЯ ВСТРЕЧА ПИОНЕРА ВСЕЛЕННОЙ

Сюда, к этой асфальтированной площадке Внуковского аэродрома, уносились сегодня сердца и мысли всех советских людей, где бы они ни были, что бы ни делали.

Вскоре после полудня на аэродром прибывают товарищи Л. И. Брежнев, Н. Г. Игнатов, Ф. Р. Козлов, А. Н. Косыгин, О. В. Куусинен, Н. А. Мухитдинов, Н. В. Подгорный, Д. С. Полянский, Е. А. Фурцева, Н. М. Шверник, П. Н. Поспелов, Д. С. Коротченко, Я. Э. Калнберзин, А. П. Кириленко, К. Т. Мазуров, Г. И. Воронов, В. В. Гришин. В числе встречавших — члены Президиума Верховного Совета СССР А. А. Андреев, К. Е. Ворошилов, заместители Председателя Совета Министров СССР, министры СССР и РСФСР, председатели государственных комитетов, члены Центрального Комитета КПСС и кандидаты в члены Центрального Комитета КПСС, Маршалы Советского Союза, руководители партийных и советских организаций Москвы и Московской области и многие другие. С приветственными лозунгами, с букетами цветов в руках собираются представители трудящихся Москвы.

На аэродроме — члены дипломатического корпуса, советские и иностранные [illegible].

Вот выходят из машины отец, мать, жена отважного космонавта. С ними тепло здороваются. Нина Петровна Хрущева передает Валентине Гагариной букет цветов.

Стрелки часов показывают 12.30. На дальней дорожке сел воздушный лайнер «ИЛ-18». Медленно подруливает он к зданию аэропорта. Это для встречи героя специальным самолетом прилетел из района Сочи товарищ Н. С. Хрущев. Аплодисментами встречают собравшиеся выходящих из кабины Никиту Сергеевича Хрущева и прибывших вместе с ним А. И. Микояна и В. П. Мжаванадзе. Никита Сергеевич машет шляпой, здоровается и обнимается с товарищами, друзьями.

Леонид Ильич Брежнев знакомит Никиту Сергеевича с отцом Юрия Алексеевича — Алексеем Ивановичем Гагариным. Крепкие объятия. И именно в эту минуту над головами присутствующих проносится другой самолет, тоже «ИЛ-18», эскортируемый семеркой реактивных истребителей. Там, в кабине,— человек, чье имя повторяет сегодня весь мир, первый путешественник в космос, гражданин Советского Союза майор Юрий Гагарин.

Самолеты ушли, чтобы сделать приветственный круг над Москвой, а руководители Коммунистической партии и Советского правительства, члены семьи героя идут к трибуне. У ступенек трибуны Никита Сергеевич останавливается и пропускает вперед мать Юрия Гагарина — Анну Тимофеевну, его отца, жену.

Еще несколько минут ожидания — и самолет с Юрием Гагариным на борту подруливает к ковровой дорожке. Открывается дверь кабины. Стройный, подтянутый майор Гагарин бодрым шагом спускается с трапа и под звуки авиационного марша направляется к трибуне.

С глубоким волнением слушаем мы, слушает вся наша страна, слушает весь мир такие простые и такие значительные слова рапорта:

«Товарищ Первый секретарь Центрального Комитета Коммунистической партии Советского Союза, Председатель Совета Министров Союза ССР!

Рад доложить Вам, что задание Центрального Комитета Коммунистической партии и Советского правительства выполнено.

Первый в истории человечества полет на советском космическом корабле «Восток» 12 апреля успешно совершен. Все приборы и оборудование корабля работали четко и безупречно.

Чувствую себя отлично.

Готов выполнить новое любое задание нашей партии и правительства.

Майор ГАГАРИН».

Отдав рапорт, он подходит к Никите Сергеевичу. Крепкое рукопожатие, долгие объятия.

— Поздравляю, поздравляю!— говорит Никита Сергеевич.

Героя космоса сердечно поздравляют и другие руководители Коммунистической партии и Советского правительства.

Мать обнимает сына и долго-долго не выпускает из своих объятий. Смахивает слезу отец. Валентина ждет «очереди» — обнять и расцеловать любимого человека.

Потом Никита Сергеевич Хрущев представляет майора Гагарина окружающим, Председателю Совета Министров МНР Ю. Цеденбалу, членам дипломатического корпуса. Они обходят колонны представителей трудящихся Москвы, которые горячо их приветствуют.

А у трибуны уже стоит увитая гирляндами цветов открытая машина. В нее садятся Никита Сергеевич вместе с Юрием и Валентиной Гагариными. Торжественный кортеж трогается в путь — на Красную площадь.

У К А З
Президиума Верховного Совета СССР
О ПРИСВОЕНИИ ЗВАНИЯ ГЕРОЯ СОВЕТСКОГО СОЮЗА ПЕРВОМУ В МИРЕ СОВЕТСКОМУ ЛЕТЧИКУ-КОСМОНАВТУ МАЙОРУ ГАГАРИНУ Ю. А.

За героический подвиг—первый полет в космос, прославивший нашу социалистическую Родину, за проявленные мужество, отвагу, бесстрашие и беззаветное служение советскому народу, делу коммунизма, делу прогресса всего человечества присвоить звание ГЕРОЯ СОВЕТСКОГО СОЮЗА с вручением ордена ЛЕНИНА и медали «ЗОЛОТАЯ ЗВЕЗДА» первому в мире летчику-космонавту майору ГАГАРИНУ Юрию Алексеевичу и установить бронзовый бюст Героя в городе Москве.

Председатель Президиума Верховного Совета СССР Л. БРЕЖНЕВ.
Секретарь Президиума Верховного Совета СССР М. ГЕОРГАДЗЕ.
МОСКВА, Кремль. 14 апреля 1961 г.

У К А З
Президиума Верховного Совета СССР
ОБ УЧРЕЖДЕНИИ ЗВАНИЯ «ЛЕТЧИК-КОСМОНАВТ СССР»

В ознаменование первого в мире космического полета человека на корабле-спутнике учредить звание «ЛЕТЧИК-КОСМОНАВТ СССР».

Председатель Президиума Верховного Совета СССР Л. БРЕЖНЕВ.
Секретарь Президиума Верховного Совета СССР М. ГЕОРГАДЗЕ.
МОСКВА, Кремль. 14 апреля 1961 г.

У К А З
Президиума Верховного Совета СССР
О ПРИСВОЕНИИ ЗВАНИЯ «ЛЕТЧИК-КОСМОНАВТ СССР» ЛЕТЧИКУ МАЙОРУ ГАГАРИНУ Ю. А.

За осуществление первого в мире космического полета на корабле-спутнике «Восток» присвоить звание «ЛЕТЧИК-КОСМОНАВТ СССР» гражданину Советского Союза летчику майору ГАГА-

СКВА, 14 АПРЕЛЯ 1961 ГОДА. КРАСНАЯ ПЛОЩАДЬ. На трибуне Мавзолея руководители партии и правительства с первым космонавтом Юрием Гагариным. Фото В. Савина и В. Сметанина.

Première page du journal Izvestia du 14 avril 1961

La première femme dans l'espace

Valentina Térechkova à Baïkonour, la veille de son départ pour l'espace. On distingue à l'arrière-plan sa doublure, Valentina Ponomaréva.

Au début de la décennie 1960, la compétition spatiale était telle entre l'Union soviétique et les Etats-Unis que chacun de ces deux pays était à la recherche de records ou de premières, et, à ce jeu, l'Union soviétique avait pris une avance certaine. Afin d'accroître encore plus son prestige de première nation spatiale, l'URSS envisagea en 1960 d'envoyer une femme dans l'espace. Le recrutement de femmes cosmonautes fut alors lancé. Dans un premier temps, quatre cents candidates furent sélectionnées, puis, le 14 janvier 1962, cinquante-huit jeunes filles ayant eu une formation de parachutiste ou de pilote étaient retenues. Le 28 février suivant, ce nombre était ramené à cinq. Parmi les candidates sélectionnées figuraient Valentina Térechkova, Irina Soloviéva et Valentina Ponomaréva. Leur entraînement à la Cité des étoiles commença le 14 mars et se poursuivit jusqu'en mai 1963.

Le 4 juin 1963, la commission d'Etat approuvait la mission qui devait être un vol groupé de deux Vostok. Vostok-5 sera lancé le 14 juin avec Bykovsky à son bord et Vostok-6 le 16 juin avec Térechkova qui avait tout juste vingt-six ans. Le choix de cette dernière sera fait par Khrouchtchev lui-même en dernière minute. Il préférait, en effet, pour la gloire du communisme, une ouvrière du textile plutôt qu'une diplômée de l'Institut polytechnique de l'Oural ou de l'institut d'aviation de Moscou. Selon Khrouchtchev, Térechkova était aussi une excellente communiste. Il convient toutefois de noter que le choix de cette dernière fut aussi celui de la commission médicale. Bien que Ponomaréva, compte tenu des critères de sélection, fut jugée la plus apte à partir pour l'espace, elle eut la malchance de constater que la date programmée du vol devait être concomitante avec celle de l'arrivée de ses règles. Il n'en fallut pas plus pour lui barrer le chemin de l'espace. Certains lui reprochèrent aussi d'avoir imaginé un peu trop *a priori* la gloire et le profit qu'elle pourrait tirer de sa future situation de « première femme de l'espace ».

Le vol de Valentina Térechkova durera 70 heures et 50 minutes. On notera pour la petite histoire qu'elle chanta une chanson pour Bykovsky. Ceci est resté dans la mémoire des anciens de Baïkonour. Conformément à la procédure, elle sera éjectée de la cabine à 7 000 m d'altitude et poursuivra sa descente en parachute.

L'histoire retiendra aussi que lors de la préparation du vol, la veille au soir on s'aperçut que l'un des quatre circuits de commande du système de freinage du Vostok était défaillant. Pendant toute la nuit, le vaisseau fut démonté et à 14 heures le lendemain, malgré la grande confidentialité de l'affaire, et contre toute attente, Radio Vatican annonçait le report du lancement.

La nouvelle de l'envoi de la première femme dans l'espace sera annoncée, hors d'Union soviétique, par les Japonais dont l'une des stations d'écoute capta une quinzaine de minutes après le décollage de Baïkonour la voix de Valentina Térechkova indiquant au sol qu'elle se sentait bien dans l'espace. En fait, ce vol fut assez difficile pour la passagère de Vostok-6 qui souffrit du mal de l'espace au point que Korolev envisagea d'écourter le vol, ce à quoi Valentina s'opposa. Quelque peu éprouvée par les trois journées passées en orbite, elle eut bien du mal à se réveiller avant son retour sur Terre. Les appels radio n'y firent rien.

Il fallut utiliser une sonnerie disposée à bord du vaisseau. Elle manifesta d'ailleurs son mécontentement tant elle eut voulu poursuivre son repos. Enfin, lors de la sortie d'orbite, il y aura un défaut dans le fonctionnement du moteur. Le vaisseau se posera à plusieurs centaines de kilomètres de l'endroit prévu.

Tout ceci ne fut pas du goût de Korolev qui fut très dur à l'égard de Térechkova quelque temps après son retour et lui reprocha son comportement pendant le vol. Son commentaire fut bref mais dur : « *L'espace n'est pas un endroit pour les nanas.* »

Valentina Térechkova ne reprendra plus jamais la route du cosmos et il faudra attendre 1982 pour qu'une seconde soviétique, Svetlana Savitskaïa aille dans l'espace. Si l'on en croit Valentina Ponomaréva, la doublure de Térechkova, la raison de cette longue absence des femmes russes dans l'espace est claire :

« *Ceux qui étaient en charge des vols habités étaient particulièrement misogynes. Ils ont seulement envoyé une femme dans l'espace parce qu'ils voulaient être les premiers à le faire.* »

Valentina Térechkova le 16 juin 1963, juste avant son installation dans Vostok-6. Elle reçoit les encouragements de Youri Gagarine (à gauche).

La «première marche» dans l'espace de Léonov

Après les vols de Gagarine et de Térechkova, une autre étape significative sera franchie par l'astronautique soviétique avec la première sortie dans l'espace d'un cosmonaute. C'est donc le 18 mars 1965 que Voskhod-2 décollait de Baïkonour avec Léonov et Belayev à son bord. La sortie de Léonov se fit à la fin de la première orbite (173-495 km) par l'intermédiaire d'un sas télescopique, fixé sur le Voskhod, replié lors du lancement et déployé dans l'espace.

Après avoir revêtu son scaphandre et étant relié au Voskhod par un filin de 5,35 m, Léonov passera 12 min 9 s dans le milieu spatial alors que le vaisseau survolait la mer Noire. Il rentrera épuisé à l'intérieur du Voskhod. Il eut en effet de grandes difficultés à pénétrer à l'intérieur du sas alors que son scaphandre s'était gonflé. La rentrée du vaisseau dans l'atmosphère sera aussi particulièrement périlleuse (voir p. 196-197).

Néanmoins, cette sortie de Léonov ouvrit la voie à d'autres qui permirent de procéder à des réparations en orbite ou de récupérer des satellites, la réparation la plus récente et la plus spectaculaire étant celle du télescope Hubble réalisée en décembre 1993 par les Américains. L'exploit de Léonov sera salué dans le monde entier. Il sera notamment acclamé en 1966 sur les Champs-Elysées. Il reste aussi de ce vol le premier dessin réalisé dans l'espace. Depuis, les talents d'artiste peintre de Léonov se sont affirmés.

Notons qu'avant le vol de Voskhod-2, il fut procédé au lancement d'un véhicule expérimental avec des mannequins à bord afin de vérifier le bon fonctionnement du sas. La préparation, le lancement et le vol se déroulèrent normalement quand, au cours de l'orbite, et au grand étonnement de tous, le vaisseau entama sa rentrée sur Terre. Il fallut plusieurs heures avant de s'apercevoir que la station terrestre de secours de Klioutchi avait donné sans raison l'ordre de retour !

La commission d'Etat pour le vol Voskhod-1, présidée par le général Tiouline, se réunit et approuve la mission le 10 octobre 1964. C'est la première fois que plusieurs cosmonautes (trois en l'occurrence) vont partir pour l'espace dans un seul vaisseau. Voskhod-1 et 2 sont les deux seuls vols pour lesquels aucun système de sauvetage de l'équipage n'est prévu en cas d'avarie lors du lancement. On reconnaît, assis au premier rang et à gauche, le général Kamanine, responsable du détachement des cosmonautes, derrière celui-ci, debout, le colonel Maximov. Korolev, debout, est à l'extrême droite. A sa droite et assis, se trouve le général Tiouline, puis Roudenko, avec à sa droite Pravietski, chargé de la médecine spatiale au ministère de la Santé.

Les membres de la commission d'Etat et l'équipage de Voskhod-1 rassemblés sur le pas de tir. On reconnaît, en partant du centre, Korolev, avec à sa droite Pravietski et le général Tiouline. L'équipage constitué d'Egorov, Féoktistov et Komarov se trouve à droite, les bras chargés de fleurs.

La sortie dans l'espace d'Alexeï Léonov le 18 mars 1965. C'est la première fois que l'homme « marche » dans l'espace.

Achèvement du vaisseau Voskhod-2 dans le MIK.

Les autres grandes premières

Hormis les événements majeurs liés aux vols habités et qui ont fait la renommée et la gloire de Baïkonour, il en est d'autres qui ont marqué l'histoire de l'astronautique soviétique ou mondiale et qui ont eu également Baïkonour pour point de départ. Parmi ces derniers, citons :

Spoutnik-2 qui, le 3 novembre 1957, fut lancé avec la chienne Laïka. Elle devint le premier être vivant a être mis en orbite. Bien qu'elle mourût au bout de sept jours à la suite de l'épuisement des batteries de bord, ce vol prouva qu'un vol humain en orbite était possible.

Spoutnik-3, mis en orbite le 15 mai 1958, fut le premier laboratoire orbital scientifique destiné à effectuer différentes mesures dans l'environnement spatial. C'était l'objet-D que Korolev avait souhaité lancer en premier mais qui, faute de temps, avait été remplacé par un satellite plus simple, le Spoutnik-1.

Luna-3, lancée le 4 octobre 1959 et qui prit quelques jours plus tard les premiers clichés de la face cachée de la Lune.

Avant le lancement de Luna-3, une querelle d'experts s'était déclenchée. Le problème consistait en effet à définir la sensibilité et le temps d'exposition de la pellicule de prises de vues. Des

Laïka, le premier être vivant de l'espace. Son vol conforta l'idée d'envoyer un homme dans l'espace.

instituts de recherche et des académiciens avaient été saisis par cette question sans se mettre d'accord sur la réponse. *In fine*, la décision revenait à Korolev qui décida selon ce qu'il pensait lui-même. Mais cette décision fut contestée par nombre d'ingénieurs et de spécialistes. Au moment où les premiers clichés parvinrent à la Terre, leur qualité était parfaite et Korolev, pour s'amuser un instant avec ses contradicteurs, leur fit croire qu'ils étaient ratés. Un court moment, ils eurent ainsi la satisfaction d'avoir triomphé du constructeur général. Mais le triomphe fut éphémère. Ce succès fut fêté comme il se doit et la France n'en fut pas absente. Il faut d'abord signaler que Korolev s'opposait catégoriquement à toute consommation d'alcool sur la base. Le cosmodrome avait ainsi un statut de « zone sans alcool » et gare à celui qui enfreignait « la loi sèche » ! Mais voilà que quelques jours après le succès de Luna-3, Korolev invita chez lui quelques ingénieurs d'essais et leur remit une bouteille de champagne français, cela au plus grand étonnement de tous. Le constructeur général avait-il oublié « la loi sèche » ? L'explication vint rapidement. Korolev raconta qu'un producteur français de champagne avait promis de fournir une caisse de champagne à qui photographierait la face cachée de la Lune en premier. Et Korolev d'ajouter : *« Tout le monde sait que pour un Français, tenir une promesse est une question d'honneur. Voilà pourquoi vous avez du champagne ce soir. »*

Luna-9, lancée le 31 janvier 1966. Elle effectua le premier alunissage en douceur. Avant l'envoi de cette sonde, les discussions avaient été vives entre Korolev et ses collaborateurs sur la consistance du sol lunaire, laquelle n'était pas indifférente aux conditions d'alunissage. Les tenants du sol mou et ceux du sol dur ne pouvant apporter de preuves convaincantes à l'appui de leurs thèses, ce fut Korolev qui trancha. On trouve aujourd'hui dans le musée de NPO Energia une simple feuille de papier écrite au crayon de couleur rouge de la main de Korolev qui fixait lui-même comme spécification que le sol était dur. La suite lui donna raison.

Maquette de Spoutnik-3, le premier satellite scientifique, présentée au musée Tsiolkovski à Kalouga, ville située à 200 km au sud-ouest de Moscou.

Vénéra-4 qui quitta la Terre le 12 juin 1967 et fournit les premières données relatives à l'atmosphère de Vénus.

Cosmos-186 et 188 qui réalisèrent le premier rendez-vous automatique le 27 octobre 1967.

Soyouz-4 et 5 qui effectuèrent le 16 janvier 1969 le premier rendez-vous de deux vaisseaux habités. Pendant 4 h 34 min, les deux vaisseaux formèrent ce que l'on peut appeler la première station orbitale expérimentale. Les équipages changèrent de vaisseau en passant par l'extérieur et ce fut aussi la première fois que l'on transféra un sac de courrier d'un vaisseau spatial à un autre.

Vénéra-7, lancée le 17 août 1970, sera le premier engin à fonctionner (pendant 23 min) sur le sol vénusien. Elle fournira les premières mesures de pression et de température.

Luna-16 : c'est avec cette sonde lancée le 12 septembre 1970 que sera ramené un échantillon de sol lunaire. A cette fin, un étage propulsif servira au décollage de la Lune et injectera la partie supérieure de la sonde sur trajectoire terrestre. Si les Soviétiques n'avaient pu faire débarquer un cosmonaute sur la Lune, ils montraient là leur maîtrise de la conception et de l'utilisation des engins automatiques.

Lunakhod : l'alunissage de Luna-17 dont le vol vers la Lune commença le 10 novembre 1970, aurait pu avoir un succès plus retentissant s'il n'avait été précédé seize mois auparavant par celui d'Apollo-11. Néanmoins, Luna-17 et son véhicule à roues Lunakhod qu'il déposa dans la mer des Pluies constituèrent l'une des grandes étapes de l'exploration lunaire soviétique. En 321 jours de service, Lunakhod a parcouru plus de 10 km, pris plus de 25 000 images et 200 panoramas lunaires. Il étudia aussi la composition des roches et les caractéristiques du sol lunaire. La performance de Lunakhod-2 (Luna-21), lancé le 8 janvier 1973, sera encore meilleure.

Saliout-1, lancée le 19 avril 1971. C'est la première station orbitale.

Septembre 1982 : assemblage du Proton emportant la station Saliout-7.

15 novembre 1988 : premier (et sans doute dernier) lancement d'Energia-Bourane.

Dans l'espace on s'amuse, mais l'on est parfois inquiet. Ainsi, lors du vol de Soyouz-18 avec Klimouk et Sévastianov en mai 1975, on communique à la Terre un message qui fait mention de la découverte d'un passager clandestin à bord. On ménage le suspense quelques minutes avant de donner le nom de l'intrus : Niourka, une simple mouche. Quelques jours plus tard, la Terre recevra un autre message empreint de tristesse. Il fera état de la mort de Niourka et l'équipage recevra les condoléances de la Terre.

L'inquiétude viendra lors d'un séjour à bord de Saliout-6. L'équipage verra un objet non identifié voler plusieurs jours à quelques mètres de la station. Durant cette période, on communiqua au centre de contrôle les observations relatives à cet étrange engin. Après bien des conjectures, il fallut se rendre à l'évidence, ce n'était ni plus ni moins que la poubelle contenant les déchets qui avait été éjectée de Saliout-6 par l'équipage lui-même une quinzaine de jours auparavant.

Le vol conjoint Soyouz-Apollo

L'une des heures de gloire, que rappellent d'ailleurs des panneaux disposés à plusieurs endroits dans la base de Baïkonour, fut le vol conjoint des vaisseaux Soyouz-19 et Apollo-18, lancés respectivement de Baïkonour et du cap Kennedy le 15 juillet 1975. Le rendez-vous a lieu lors de la trente-sixième orbite du Soyouz à 225 km d'altitude. Les deux vaisseaux resteront amarrés 43 h 54 min et l'on verra Léonov et Stafford se donner une poignée de main à la fois historique et symbolique.

Pour ce vol, les équipages avaient suivi des cours de langues, russe pour les Américains et anglaise pour les Russes. A l'issue du vol, une conférence de presse sera organisée et un journaliste américain demandera à Léonov de lui donner ses impressions. Ce dernier dont la connaissance de l'anglais était encore incertaine répondra : « *It was very sexful.* » Constatant les éclats de rire de l'assistance, il corrigera ses propos en disant : « *It was very successful.* »

Le vol de la navette Bourane

C'est le 1er février 1988 que la commission d'Etat approuve le déroulement proposé des opérations de lancement de la navette Bourane. Le 23 mai suivant, le système Energia/Bourane est installé sur le pas de tir pour y subir des essais, lesquels prennent fin le 10 juin. Le lanceur et la navette reprennent alors le chemin du bâtiment d'assemblage. Au début octobre, les différents navires affectés au suivi du vol se mettent en place. Ainsi, le navire *Maréchal Nédéline* quitte la base de Pétropavlosk-Kamtchatka et se positionne dans l'océan Pacifique par 45° S et 133° O. Il est alors en liaison via un satellite géostationnaire de type Radouga avec la station de Pétropavlosk qui communique ensuite par voie filaire avec Moscou. Un autre navire, le *Cosmonaute Gueorgui Dobrovolsky* prend position dans l'Atlantique Sud. Deux satellites sont alors utilisés pour les télécommunications : un satellite Gorizont avec Pétropavlosk et un satellite Molniya-1 entre cette dernière et Moscou. Le troisième navire, le *Cosmonaute Vladimir Volkov*, se place dans l'Atlantique par 5° N et 30° O. Le dernier bâtiment, le *Cosmonaute Pavel Belayev*, par 16° N et 21° O. Ces deux derniers bateaux étant en liaison avec Moscou par un satellite géostationnaire de type Radouga. Bourane, quant à elle, est reliée à Moscou par le satellite-relais Cosmos 1897.

Le 10 octobre, la commission d'Etat donne son accord à la mise en place du lanceur et de la navette sur le pas de tir. Le lancement est alors prévu le 29 octobre à 3 h 23 en temps universel. Ce jour-là, cinquante et une secondes avant la mise à feu, le compte à rebours est interrompu, une passerelle de la tour de lancement ne s'étant pas retirée convenablement. Si l'on en croit le général Vladimir Goudiline, chef des essais du cosmodrome, « *une catastrophe a été alors évitée car Energia en décollant aurait sûrement heurté la plate-forme.* » Il fallut alors vidanger les 2 000 t d'ergols du lanceur.

C'est finalement le 15 novembre à 6 heures (heure de Moscou) que le lancement sans équipage put enfin avoir lieu. Bourane effectuera deux orbites et rentrera de manière automatique. Elle fut prise en charge par les radars de Baïkonour spécialement affectés à ce rôle alors qu'elle se trouvait à 450 km de la base. Un deuxième groupe de radars prit ensuite le relais à 200 km puis un troisième à partir de 40 km. La mesure de distance était effectuée par un système DME composé de six balises radio disposées sur l'aérodrome et de quatre transpondeurs de bord. Un système d'atterrissage tous temps (MLS) vint compléter le dispositif. Bourane s'est ainsi posée à l'heure prévue et à 1,5 m de l'axe de la piste !

Après deux orbites, la navette Bourane se pose automatiquement à Baïkonour. Elle est accompagnée par un avion MIG-25. ◀

Bourane après son vol. ▼

Avant son vol dans l'espace, Bourane avait subi des essais en vol. Pour ce, l'un des exemplaires avait été équipé de quatre turboréacteurs lui permettant de décoller et d'atterrir de façon autonome. ▼

La publicité occidentale arrive à Baïkonour

Baïkonour fit son entrée dans le monde de la publicité spatiale le 2 décembre 1990 avec le lancement du premier journaliste de l'espace, en l'occurrence Toyokiro Akiyama, rédacteur en chef du service étranger de la chaîne de télévision privée japonaise Tokyo Broadcast System. Pour la circonstance, le corps du lanceur Sémiorka/Soyouz avait été couvert de publicités au profit de Sony, de la chaîne TBS, d'Yunicham, une société japonaise de cosmétiques et d'Ohtsuha, une firme pharmaceutique.

Pour la première fois, le monde de la science spatiale faisait momentanément place à celui de la publicité. Ce vol est à lui seul tout un symbole car, quelques semaines plus tôt, l'URSS avait ouvert les portes de ses usines spatiales aux premiers visiteurs étrangers. C'était le début d'une ère nouvelle.

La publicité occidentale arrive Baïkonour pour la première f avec le vol russo-japonais 2 décembre 1990.

Les malheurs de Baïkonour et de l'espace soviétique

Lors de ses premières années d'existence, l'espace soviétique fut marqué par de nombreux exploits qui se succédèrent très rapidement au nom de la compétition avec les Etats-Unis. La demande de réalisation de grandes premières fit que les technologies avaient peu la possibilité d'arriver à maturité et donc d'assurer aux systèmes une fiabilité suffisante. Par ailleurs, la compétition entre les divers bureaux d'études, si elle devait favoriser l'émulation, provoqua des dissensions et même des gaspillages budgétaires comme dans le cas du programme de lanceur lunaire N-1.

Durant la période 1957-1974, on peut ainsi dire que l'espace soviétique cumula à la fois des succès et des échecs parfois tragiques. Pour cette dernière catégorie d'événements, l'année 1960 est particulièrement désastreuse tant pour les programmes de missiles balistiques que pour les programmes lunaire et martien, la cause en étant exclusivement le manque de fiabilité des lanceurs. Un aperçu des principales catastrophes et déceptions rencontrées est donné ci-après.

Leninsk n'oublie pas ceux qui ont péri victimes de leur devoir. Au centre de la ville, ce monument a été érigé à la mémoire des militaires morts dans l'explosion du missile R-16 le 24 octobre 1960.

La catastrophe du 24 octobre 1960

En 1960, en pleine guerre froide, l'Union soviétique et les Etats-Unis sont engagés dans une véritable frénésie de constitution de leurs arsenaux de missiles balistiques intercontinentaux. Du côté soviétique, après la R-7 de Korolev dont l'avenir comme missile opérationnel fut très bref du fait des difficultés de mise en œuvre liées à l'utilisation de l'oxygène liquide, la relève est prise par le missile R-16 (SS-7) dont la réalisation a été confiée au bureau d'études de Yanguel. Il est décidé d'utiliser un comburant* plus aisément stockable que l'oxygène liquide. Ainsi choisit-on le couple acide nitrique-UDMH. En septembre 1960, le premier missile prototype est réalisé et présenté à Khrouchtchev qui, si tout allait bien, devait donc disposer rapidement de son premier missile réellement intercontinental, c'est-à-dire capable d'atteindre le territoire des Etats-Unis. Autant dire que le premier essai de ce missile prévu pour le mois suivant à Baïkonour était attendu, d'autant que le Premier Secrétaire se préparait à faire une déclaration d'importance à la tribune des Nations unies.

Fort de cette arme nouvelle, Khrouchtchev annoncera en effet le 12 octobre que l'Union soviétique fait un geste sans précédent en matière de désarmement en réduisant les effectifs de l'Armée rouge de 1,2 million d'hommes ! L'arrogance dont il fit preuve ce jour-là en frappant de sa chaussure le pupitre des Nations unies est sans doute la traduction un peu exubérante et médiatique de la suprématie que détient alors l'Union soviétique avec l'arme intercontinentale. Cette suprématie ne sera toutefois réelle qu'après un premier essai réussi. En ce 20 octobre 1960, ce missile, le R-16, est prêt sur l'une des deux plates-formes de tir du site n° 41.

La commission d'Etat présidée par le maréchal Nédéline, promu en décembre 1959 chef d'état-major des Forces de missiles stratégiques (missiles sol-sol), a donné son accord pour un lancement le 22 octobre. Cependant, à deux reprises, celui-ci est reporté car des fuites de combustible ont été détectées. Les mesures correctives sont alors prises et le tir est prévu pour le 23 octobre. Mais, ce jour-là, le compte à rebours est interrompu par le mauvais fonctionnement d'une vanne d'alimentation de combustible du premier étage. Afin de gagner du temps, Nédéline ordonne de remédier à la défaillance sans procéder à la vidange des réservoirs et prend avec résignation la décision de reporter une nouvelle fois le lancement. On se décide alors pour le 24 octobre à 19 h 15. Le 24, à 18 h 30, alors que les techniciens interviennent toujours sur le missile, Nédéline, exaspéré par les reports de tir successifs, et contrairement aux règles de sécurité, est assis sur une chaise près du missile. Certains, néanmoins conscients du danger, font comme lui. Il serait en effet de mauvais ton de ne pas l'accompagner. Il y a là de nombreux ingénieurs et officiers, dont beaucoup de rang élevé. Soudain, à 18 h 45, une demi-heure avant l'heure programmée du lancement, un signal électrique non commandé ouvre les vannes d'alimentation en ergols du deuxième étage. En une fraction de seconde, le moteur s'allume et les gaz de combustion s'éjectent des deux tuyères en enveloppant le fond avant du réservoir du premier étage. Puis c'est l'explosion gigantesque qui détruit le missile et la plate-forme de tir. On dénombre cent soixante-cinq morts dont Nédéline et cinquante-six autres militaires, ainsi que les adjoints de Yanguel, L. A. Berlin et V. A. Kontsevoï. Berlin devait avoir quarante ans en ce 24 octobre. En traitement depuis quelques jours dans un sanatorium, il avait déclaré : «*Je veux assister à ce lancement, dussé-je y perdre la vie.*» Prémonition ou fatalité ? Il y eut aussi B. M. Konoplev, l'adjoint de Piliouguine, G. F. Firsov, l'adjoint de Glouchko, et le colonel A. I. Nossov. Le général K. V. Gertchik, directeur du cosmodrome depuis 1958, sera grièvement blessé. Certains comme V. I. Kouznetsov et le général A. G. Mrykine furent plus chanceux. Ils eurent l'heureuse idée d'aller fumer une cigarette loin du pas de tir quelques minutes avant l'explosion. Alors qu'on évacue les morts et les blessés, le plus difficile reste à faire : avertir Khrouchtchev. Yanguel se charge alors de cette mission risquée. Après avoir décroché le Kremliovka, le téléphone spécial relié au Kremlin, il relate au premier secrétaire ce qui s'était passé. Manifestant sa colère et sa déception, ce dernier demande à Yanguel sans ambages pourquoi il est encore en vie. Le constructeur principal lui explique que voulant fumer une cigarette, il était descendu dans le PC de lancement au moment où l'explosion se produisait. Khrouchtchev raccrocha, furieux, sans fournir d'autres commentaires.

Deux jours plus tard, la *Pravda*, les *Izvestia* et *l'Etoile rouge* faisaient savoir que «*le maréchal Nédéline et un groupe de ses collaborateurs avaient péri dans un accident d'avion.*» Mais les Américains ne seront pas dupes. Leurs avions-espions U2 qui survolaient régulièrement Tioura-Tam observeront qu'une explosion avait bien eu lieu sur la base de lancement n° 41 et ils feront le lien avec la mort du maréchal Nédéline, patron des missiles stratégiques.

Un monument en forme d'obélisque sera érigé quelques années plus tard dans la ville de Léninsk. Des plaques portant le prénom et le nom des cinquante-sept victimes militaires seront apposées au pied de l'obélisque. Sur cette dernière, on peut lire : «*Gloire éternelle aux militaires qui périrent dans l'accomplissement de leur devoir.*» Seuls les militaires tués auront droit à cette reconnaissance publique. Les victimes civiles des différents bureaux d'études resteront dans l'anonymat et seront enterrés dans leur ville d'origine.

Une commission d'enquête se chargea dans les mois qui suivirent de trouver les causes de la catastrophe. Elle sera dirigée par le responsable de l'industrie d'armement et de l'espace au sein du comité central, Léonid Ilitch Brejnev qui, dès le lendemain, arrivait à Baïkonour et rassurait en annonçant que «*personne ne serait puni*». L'enquête conclura à un défaut technique et non à un sabotage comme certains l'avaient imaginé. On constatera en effet que les trois dispositifs devant assurer la non-ouverture intempestive des vannes d'arrivée d'ergols avaient été supprimés et que la faute incombait à un ingénieur d'une

Les victimes de Baïkonour et des autres sites

Comme toute activité humaine, celle relative aux missiles et à l'espace n'échappe pas aux accidents et aux drames. Ainsi, depuis 1957, au moins deux cent trente et une personnes ont perdu la vie dans l'accomplissement de leur tâche au profit de l'espace et des missiles à Baïkonour et à Plessetsk. Cent soixante-douze d'entre elles ont péri à Baïkonour lors de l'explosion des missiles R-16 et R-9 intervenues respectivement en 1960 et 1963. Cinquante-neuf autres ont succombé à Plessetsk en 1973 et 1980 lors des explosions respectives de lanceurs Cosmos et Sémiorka.

En outre, le détachement des cosmonautes paya un lourd tribut à l'espace. Six périrent à l'entraînement, lors de vols en avion ou pour diverses autres raisons.

Enfin, quatre moururent dans l'espace en 1967 et 1971.

entreprise de Kharkov qui seul avait pris la décision de cette suppression. Il sera licencié. Néanmoins, cet accident sera l'occasion pour le KGB de renforcer encore plus sa surveillance des équipes d'ingénieurs. Dans le bureau d'études de Yanguel à Dniepropétrovsk, les techniciens durent ainsi s'accommoder en permanence de la présence d'hommes du KGB en armes dans les ateliers. Les moindres gestes étaient surveillés. Avec et malgré cette contrainte, un deuxième missile R-16 était lancé avec succès dans la nuit du 21 au 22 février 1961. Yanguel pouvait alors rassurer Khrouchtchev. Dès le lendemain, ce dernier prononcera un discours à l'occasion de la fête de l'Armée rouge et annoncera que «*tout est désormais possible*». Le R-16 qui était en compétition avec le R-9 de Korolev et l'UR-200 de Tchélomeï était choisi. Dans les années qui suivirent, il sera déployé à 197 exemplaires (128 en surface et 69 en silos) dans plusieurs régions du pays.

Monument érigé à la mémoire des victimes de l'explosion du missile R-9 le 24 octobre 1963.

L'accident du 24 octobre 1963

Trois ans jour pour jour après l'accident du R-16, le feu se déclarait dans un silo contenant un missile R-9. Sept personnes y trouvèrent la mort. Un monument à Leninsk rappelle également ce tragique événement. Aujourd'hui, à Baïkonour, le 24 octobre est un jour de deuil. On n'y fait plus de lancement.

Les difficultés du programme Luna…

Le premier lancement vers la Lune a lieu en août 1958 et les deux tentatives qui suivront aboutiront au même résultat : l'échec. Le 2 janvier 1959, Luna-1 part et rate la cible à 6 000 km près… et devient contre toute attente la première «planète» artificielle du Soleil. C'est un succès comme un autre ! Jusqu'au 12 septembre suivant, il y aura six autres tentatives. Seule la dernière, avec Luna-2, réussit. La sonde devint le premier engin construit par l'homme à percuter la Lune. Puis ce fut l'immense succès de Luna-3, lancée le 4 octobre 1959, qui prit des photographies de la face cachée de la Lune. Ensuite, les lancements de Luna-4 à 8 seront tous des échecs. Le premier alunissage en douceur ne pourra être réalisé qu'avec Luna-9 le 31 janvier 1966, quinze jours après le décès de Korolev et après onze tentatives infructueuses ! Ainsi, Luna-5 avait été lancée le 15 avril 1960 dans le but d'obtenir des photographies de meilleure qualité que celles prises par Luna-3. Hélas, le moteur du dernier étage du lanceur terminait sa combustion prématurément et Luna-5 restait en orbite terrestre. Le lendemain, un autre lancement était réalisé avec un nouveau Luna, car Khrouchtchev voulait fêter son anniversaire par un événement spatial. Mais dès le décollage, le lanceur Sémiorka perd l'un de ses quatre accélérateurs latéraux. Les trois autres restent accrochés au corps central. La fusée devenue instable quitte la trajectoire nominale à 150-200 m d'altitude. Les accélérateurs se séparent alors : deux explosent immédiatement tandis que le troisième tombe en direction du MIK et explose à 30-40 m d'altitude. Le corps central, quant à lui, tombe sur le bâtiment en provoquant d'importants dégâts. Enfin, le troisième étage et le satellite poursuivent ensemble leur parcours sur 800 m et explosent dans un lac salé proche. Le programme lunaire sera alors arrêté pendant deux ans.

... du programme Mars...

Korolev avait prévu de rééditer l'exploit de Luna-3 pour la planète Mars. L'objectif fut alors de lancer avec une fusée de type Molniya une sonde de 500 kg devant photographier Mars à une distance comprise entre 3 000 et 30 000 km. Une première tentative est faite le 10 octobre 1960 et échoue. Une seconde est effectuée quatre jours plus tard et conduit au même résultat. Dans les deux cas, le troisième étage du lanceur est en cause. Khrouchtchev qui, les 12 et 13 octobre était à la tribune des Nations unies, avait apporté avec lui les maquettes de ces deux sondes. Ainsi, il comptait bien montrer à l'Occident l'avance spatiale soviétique. Les caprices de la technique en décidèrent autrement et l'irritation dont il fit preuve en frappant le pupitre avec sa chaussure trouve peut-être aussi une de ses origines dans ces échecs. Compte tenu de l'explosion du missile R-16 qui aura lieu quelques jours plus tard, on peut dire que le mois d'octobre 1960 avait été particulièrement néfaste à l'espace soviétique.

Aucune des sondes lancées en 1960, 1962 et 1964 n'atteindra Mars. Il faudra attendre Mars-2 et 3 en 1971, mais elles ne donneront pas d'informations suffisantes sur le sol de la planète rouge.

... du programme Vénéra...

Le premier lancement d'une sonde vénusienne a lieu le 4 février 1961 mais le quatrième étage (bloc-L) du lanceur ne fonctionne pas et la sonde reste en orbite terrestre. Huit jours plus tard, la sonde Vénus-1 sera lancée et accomplira avec succès sa mission.

Lors de la préparation au lancement de l'une de ces sondes, un événement amusant se déroula qui caractérise assez bien le pragmatisme et la vive intelligence de Korolev. On s'aperçut que le poids de l'appareillage scientifique de bord dépassait la limite autorisée et il fallut se résoudre à l'idée de laisser à terre l'un des appareils. Mais lequel ? Chacun des ingénieurs responsables n'avait qu'une idée en tête : ne pas attirer sur soi l'attention de Korolev s'il voulait voir son appareil partir pour l'espace. La mission assignée à l'un des dispositifs de bord était la détection de la vie sur la planète visée. L'attention de Korolev se focalisa alors sur cet appareil et il ordonna qu'on le mît au milieu de la steppe kazakhe afin qu'il détermine s'il y avait une quelconque forme de vie terrestre. La transmission des informations effectuées par radio fut parfaite, mais après interprétation des données, le verdict fut sans appel : il n'y avait pas de vie sur la Terre. Le problème de Korolev était résolu : l'appareil resta au sol et la sonde partit avec le poids souhaité.

... de la version militaire du Vostok...

Ce satellite appelé Zénith et destiné à la reconnaissance photographique ne pourra être mis en orbite le 11 décembre 1961 à la suite d'une défaillance du lanceur. Lors d'une seconde tentative, l'un des accélérateurs latéraux de la Sémiorka prendra feu sur le pas de tir. Il y aura explosion et on retrouvera le satellite à 300 m de la plateforme de lancement.

On constate que dans tous ces échecs, la fiabilité du lanceur Sémiorka est en cause. Il faudra encore attendre quelques années pour obtenir la fiabilité qu'on lui connaît aujourd'hui.

Voskhod-2

Le vol de Voskhod-2 fut essentiellement marqué par la première « marche » de l'homme dans l'espace, en l'occurrence Alexeï Léonov, le 18 mars 1965. Mais, au-delà de ce succès, ce vol rencontra de grandes difficultés et surtout lors de la rentrée sur la Terre où la catastrophe a été frôlée.

La première de ces difficultés survint lorsque Léonov après sa sortie dans l'espace voulut rentrer dans le sas installé sur le Voskhod. Son scaphandre qui avait gonflé failli rendre impossible ce retour, Puis, il fut constaté contre toute attente que la pression d'air dans les bouteilles de stocka-

Les directeurs de Baïkonour

De 1955 à 1958
Général-lieutenant A. I. Nestérenko

De 1958 à 1961
Général-major K. V. Gertchik

De 1961 à 1969
Général A. G. Zakharov

De 1970 à 1974
Général A. A. Kourouchine

De 1975 à 1979
Général-lieutenant V. I. Fadeiev

De 1980 à 1984
Général Y. N. Sergounine

De 1985 à 1989
Général Y. A. Joukov

De 1989 à 1992
Général-major A. L. Kryjko

Depuis 1992
Général-major A. A. Choumiline

ge était tombée de 75 à 25 atmosphères. On estima cependant suffisante la quantité d'air restante pour assurer le retour sur Terre. On s'aperçut aussi que le taux d'oxygène dans la cabine était excessif.

Puis, lors de la dix-septième orbite au cours de laquelle le retour sur Terre devait être effectué, on constata qu'à la fois le système d'orientation sur le Soleil et celui de mise à feu de la rétrofusée ne fonctionnaient pas. Le retour dut alors s'effectuer de façon manuelle mais avec une grande imprécision. L'atterrissage eut lieu à 368 km du point visé dans une forêt enneigée de la région de Perm dans l'Oural. Léonov et son coéquipier Belayev ne seront récupérés que vingt-quatre heures plus tard.

Les difficultés rencontrées au début du programme Soyouz...

Le programme de vol habité Soyouz eut des débuts particulièrement difficiles. Ainsi, des trois vols réalisés sans cosmonautes et qui précédèrent celui de Komarov, aucun ne fut un succès. Le premier eut lieu le 28 novembre 1966 sous l'appellation Cosmos-133 mais à la suite d'une défaillance du moteur principal de sortie d'orbite, la trajectoire de rentrée se termina au-dessus de la Chine et non du Kazakhstan. Dans le contexte relationnel des deux pays à l'époque, et afin que la technologie soviétique ne tombe aux mains des Chinois, la destruction du vaisseau fut commandée. Le second lancement effectué en décembre 1966 vit le feu prendre naissance dans le lanceur qui explosa quelques secondes plus tard endommageant fortement le pas de tir. Toutefois, le système de sauvetage fonctionna parfaitement et le Soyouz fut éjecté et récupéré. Le troisième vol eut lieu le 7 février 1967. Le vaisseau, appelé Cosmos-140 eut son bouclier thermique percé lors de la rentrée. Il se posa dans la mer d'Aral où il coula, l'eau s'étant engouffrée par le trou.

... et la mort de Komarov

Le Soyouz avait été défini pour être le véhicule des rendez-vous en orbite et c'est Komarov qui fut choisi pour piloter le premier véhicule de ce type (Soyouz-1) avec Gagarine comme doublure. Compte tenu des difficultés intervenues dans les trois vols précédents, Michine qui a succédé à Korolev depuis un an s'oppose à l'envoi de Soyouz-1 mais la décision du comité central tombe : le vol aura lieu. Le 17 avril 1967, Michine confirme à Komarov que le rendez-vous entre les Soyouz-1 et 2 est prévu de façon automatique. Ce dernier s'y oppose, soutenu d'ailleurs par l'ensemble des cosmonautes qui défendent le rendez-vous manuel. Un compromis est finalement trouvé. Seule l'approche finale à la distance de 70 m et la jonction entre les deux véhicules seront effectuées manuellement.

Le tir est alors prévu pour le 22 avril, jour anniversaire de la naissance de Lénine, mais il aura lieu finalement le lendemain. Le 23 avril, Soyouz-1 est lancé et très vite les défaillances apparaissent. La liaison en ondes courtes ne peut être établie. Fort heureusement, elle pourra se faire en ondes ultracourtes. C'est alors que Komarov fait état du non-déploiement du panneau solaire gauche entraînant un manque d'énergie de cinquante pour cent. Il signale aussi qu'il ne peut orienter convenablement son vaisseau, le système d'orientation solaire et stellaire ne fonctionnant pas. Puis, le dispositif de régulation thermique tombe en panne. La décision est alors prise de ne pas lancer Soyouz-2 qui devait emporter Bykovsky, Eliseiev et Khrounov, et de faire revenir Soyouz-1 dès sa dix-septième orbite. Ce n'est qu'à la dix-neuvième orbite que Komarov réussit avec bien des difficultés à mettre son vaisseau dans la position voulue pour la rentrée. La rétrofusée s'allume et la descente commence. Mais le parachute principal ne parvient pas à sortir de son conteneur qui a été déformé, puis le parachute de secours se met en torche. La cabine tombe alors comme une pierre et arrive sur le sol à la vitesse d'environ 180 km/h. Les rétrofusées d'impact ne résistent pas au choc et explosent mettant le feu à la capsule. L'équipe de récupération trouvera le corps de Komarov sans vie. C'était la première fois qu'un cosmonaute mourait dans l'espace. Quelque trois mois auparavant, les trois astronautes d'Apollo-1 avaient péri carbonisés au sol.

Aujourd'hui, dans la région d'Orenbourg, on peut voir un monument érigé à la mémoire de Komarov à l'endroit même où son Soyouz s'est écrasé.

Les indispensables modifications seront apportées au Soyouz. Le 27 octobre 1967, le premier rendez-vous automatique entre deux Soyouz non habités sera réalisé mais il faudra attendre le 25 octobre 1968 pour voir le premier rendez-vous d'un Soyouz piloté par un cosmonaute (Soyouz-3 de Bérégovoï) réussir un rendez-vous manuel (avec le Soyouz-2 non habité).

La tragédie de Soyouz-11

C'est lors de la mission Soyouz-11 que le détachement des cosmonautes paiera le plus lourd tribut à l'espace. Le 30 juin 1971, après avoir occupé pendant vingt-quatre jours la station Saliout-1, l'équipage de Soyouz-11, constitué de Dobrovolsky, Volkov et Patsayev regagne la Terre. Au moment de la séparation entre la capsule de descente et le compartiment orbital, une des vannes du conditionnement d'air s'ouvre consécutivement au choc provoqué par l'action des douze boulons explosifs utilisés pour la séparation des deux modules. En cinquante-cinq secondes, la cabine se vide de son air. Les trois hommes qui ne disposent pas de scaphandre meurent asphyxiés en quelques secondes alors que l'atterrissage s'effectue normalement. Le Soyouz sera modifié et, jusqu'en 1980, sera limité à l'emport de deux cosmonautes. Depuis cet accident, tous les vols se font en scaphandre.

Chez les cosmonautes, on est aussi superstitieux. Ainsi, il n'est pas question de dédicacer quelque chose avant un vol. Le malheur atteindrait celui qui enfreindrait cette loi. Ainsi Victor Patsayev qui avait voulu donner à son ami et doublure Gueorgi Gretchko une poupée en plastique dédicacée, l'avait datée du lendemain de son retour sur Terre comme pour conjurer le mauvais sort...

Soyouz-18A

Une catastrophe a été frôlée le 5 avril 1975 avec le lancement de Soyouz-18A dont la mission était de rejoindre la station Saliout-4. A la 261e seconde du vol propulsé, la propulsion et le pilotage du 3e étage connurent des défaillances puis trois des six éléments de liaison reliant le deuxième et le troisième étages du lanceur s'ouvrirent à la suite du dysfonctionnement d'un relais. Le lanceur devint alors difficilement pilotable au point que le système de sauvegarde déclencha le largage du Soyouz. La vitesse de satellisation n'étant pas atteinte, ce dernier se retrouva sur une trajectoire balistique de retour sur Terre d'une durée d'un peu plus de vingt et une minutes. La capsule atterrit alors dans les monts Altaï à 1 574 km de Baïkonour et à proximité de la frontière chinoise. Là, elle resta accrochée par son parachute à un sapin juste au bord d'un précipice de 500 à 600 m de profondeur ! Les deux cosmonautes Lazarev et Makarov avaient échappé à la mort de justesse. Néanmoins les décélérations de l'ordre de 20 g qu'ils avaient endurées les avaient gravement commotionnés. Ce n'est que le lendemain que l'hélicoptère de sauvetage pourra les évacuer.

Soyouz-23

Partis rejoindre Saliout-5 le 14 octobre 1976, les cosmonautes Zoudov et Rojdestvenski ne purent réaliser l'amarrage. L'ordre de retour étant donné, la rentrée se fit de nuit et l'impact eut lieu non sur le sol mais sur le lac Tenguiz un peu à l'est de la zone d'atterrissage d'Arkalyk. Le choc brisa la couche de glace du lac, puis au bout d'une quinzaine de minutes, le parachute plongeant dans l'eau provoqua le retournement du vaisseau. Les cosmonautes restèrent en quelque sorte accrochés au plafond de leur Soyouz pendant une douzaine d'heures, temps qui fut nécessaire aux équipes de sauvetage pour localiser le vaisseau et le rejoindre. Si la température voisine de –20 °C fut difficile à supporter, le principal problème à résoudre fut celui de l'alimentation de la cabine en oxygène. Le retournement du vaisseau avait bouché les dispositifs de mise à l'air libre et l'équipage dut faire appel aux réserves spéciales prévues pour une dizaine d'heures. Bref, l'équipage fut sauvé, mais on ironise encore à Baïkonour sur le fait que, dans le désert du Kazakhstan, il faut mettre une certaine volonté pour se poser sur un lac tant les étendues de sable dominent la région ! Mais on ajoute avec un certain fatalisme que ceci était inéluctable : c'était en effet la première fois qu'un équipage spatial comprenait un sous-marinier de métier ! Depuis, Rojdestvenski est appelé l'amiral de Tenguiz.

Soyouz-T10 A

Le 27 septembre 1983, peu avant minuit, sur la plate-forme de tir n° 1, alors que les deux cosmonautes Titov et Strékalov sont installés à bord de Soyouz-T10A, le feu se déclare au niveau du premier étage, quatre-vingt-dix secondes avant le décollage, en raison d'une vanne restée ouverte qui avait produit une fuite d'ergol. Très rapidement, le feu s'étend au lanceur et au pas de tir. Le responsable du tir au sol déclenche le fonctionnement du système de sauvetage situé au sommet du lanceur au-dessus du Soyouz. En quelques secondes, la capsule monte à 1 200 m d'altitude, sauvant du brasier et de l'explosion les deux cosmonautes. Elle retombera à 4 km du pas de tir après un vol de 5 min 30 s. L'accélération subie par l'équipage au moment de l'éjection atteindra 17 g !

Souvent en Russie, les événements les plus tragiques côtoient les situations comiques ou du moins les narrateurs russes prennent un grand plaisir à rappeler que la vie est faite de sourires et de peines et qu'il faut l'accepter telle qu'elle est. Témoins, ces deux anecdotes intervenues lors de l'accident de Soyouz-T10A. Ce jour-là, un photographe qui se tenait à une centaine de mètres du pas de tir fut soulevé de plusieurs mètres par le souffle de l'explosion et se brisa une côte. Quelques jours plus tard, les émotions passées, il recevra la visite de Titov et Strékalov qui lui dirent : *« puisque, comme nous, tu as volé, nous considérons que tu as été le troisième membre de notre équipage. »* Hélas pour lui, l'histoire ne retiendra pas son nom comme cosmonaute.

L'autre anecdote concerne un cameraman qui avait un goût prononcé pour la vodka et qui, la veille du tir, avait été trouvé en état d'ébriété par ses supérieurs. Au moment du lancement, son travail consistait à filmer le décollage puis à se retourner pour filmer les applaudissements des invités dans la tribune officielle. C'est ce qu'il fit, mais à sa grande surprise lorsqu'il se retourna, les invités qui avaient vu le feu sur le pas de tir et l'éjection du système de sauvetage avaient fui en courant laissant vide la tribune. Surpris, il se dit qu'il avait encore dû faire trop d'excès d'alcool et qu'il fallait vraiment qu'il arrête de boire !

Les rendez-vous manqués

La mise au point de la technique et des procédures d'amarrage entre les véhicules Soyouz et les stations Saliout sera longue et difficile. Au moins sept de ces rendez-vous ne pourront se faire et conduiront à un retour prématuré de l'équipage sur Terre, comme l'indique ce qui suit :

12 et 13 octobre 1969
Soyouz-7 et Soyouz-8 : défaillance de l'antenne Igla

23 avril 1971
Soyouz-10 et Saliout-1 : défaillance du système de jonction

26 août 1974
Soyouz-15 et Saliout-3 : rendez-vous manqué

14 octobre 1976
Soyouz-23 et Saliout-5 : rendez-vous manqué

9 octobre 1977
Soyouz-25 et Saliout-6 : rendez-vous manqué

10 avril 1979
Soyouz-33 et Saliout-6 : défaillance du moteur du Soyouz

20 avril 1983
Soyouz-T8 et Saliout-7 : défaillance de l'antenne Igla

Notons aussi que le 23 août 1976, alors que Jolobov est malade et qu'un retour prématuré est décidé, le Soyouz-21 a de grandes difficultés à se séparer de Saliout-5.

Les ennuis des stations orbitales Saliout

La mise en orbite des premières stations orbitales fut aussi difficile en 1972 et 1973, comme l'indique le tableau ci-dessous.

A partir de 1974, la mise en orbite et en service des stations Saliout-3, 4, 5, 6, 7 et Mir s'effectuera de façon satisfaisante. Notons cependant que début 1985, Saliout-7 qui était inoccupée tomba en panne et partit à la dérive en orbite. La mission Soyouz-T-13 fut lancée le 6 juin 1985 dans le but d'établir un diagnostic et de procéder à d'éventuelles réparations. Le rendez-vous entre le Soyouz et Saliout fut particulièrement délicat du fait du mouvement de rotation malencontreusement pris par la station. Lors de leur entrée dans cette dernière, les cosmonautes constatèrent qu'une panne générale d'électricité avait entraîné le gel de nombreux équipements. Les réparations faites, la station reprit progressivement son mode de vie normal. Ce qui aurait pu se traduire par un échec majeur dans le programme spatial soviétique est en fait devenu un véritable exploit.

La station Saliout-7.

Date de lancement	Nom de la station	Nature de la défaillance
29 juillet 1972	Saliout-2A	Echec au lancement dû à une défaillance du deuxième étage du Proton.
3 avril 1973	Almaz-1/Saliout-2B	Défaillance de l'étanchéité. Est retombée dans l'atmosphère après vingt-six jours.
11 mai 1973	Cosmos-557	Devient rapidement inutilisable à la suite d'une panne d'un capteur ionique provoquant l'épuisement des réserves d'ergols.

Le général de Gaulle fut le premier visiteur occidental de Baïkonour. Le 25 juin 1966, il assista au lancement du satellite Cosmos-122 et au tir d'un missile balistique. Il fut reçu par les trois responsables de l'Etat soviétique de l'époque, Brejnev, Kossyguine et Podgorny que l'on distingue à sa gauche.

Les premiers visiteurs étrangers de Baïkonour

Le général de Gaulle fut le premier Occidental à visiter Baïkonour. Les Soviétiques avaient donné à cette visite le nom de code «opération Palma». Il assista le 25 juin 1966 aux lancements d'un satellite de météorologie de la classe Météor (Cosmos-122) et d'un missile balistique R-12. La maîtrise démontrée par les Soviétiques au cours de ces lancements l'impressionna vivement.

Il fut suivi de Georges Pompidou le 8 octobre 1970. Ce jour-là, les Soviétiques mirent en orbite le satellite-espion Cosmos-168. Le troisième président de la République française à venir à Baïkonour fut François Mitterrand en 1988 à l'occasion du second vol de Jean-Loup Chrétien.

C'est le 27 avril 1975 que les premiers Américains (onze astronautes et deux personnalités de la NASA) arrivèrent à Baïkonour pour préparer le vol Apollo-Soyouz du mois de juillet suivant. Dans le climat relationnel difficile de l'époque, toutes les précautions furent prises pour ne montrer aux Américains que les installations concernées par le vol conjoint. Pour plus de sécurité, la délégation arriva à Baïkonour et en partit de nuit. Un seul journaliste, celui de l'agence Tass, fut autorisé à relater l'événement et à prendre en photo les astronautes américains au pied de la rampe de lancement du Soyouz.

Du 12 au 19 mai, une autre délégation américaine, celle des techniciens chargés de préparer le vol, séjournera à Baïkonour, puis, le 15 juillet suivant, Walter Stoessel, ambassadeur américain à Moscou, son épouse, le conseiller scientifique de l'ambassade et le directeur adjoint de la NASA assisteront au lancement du Soyouz 19 partant à la rencontre d'Apollo-18.

A partir de 1978, chaque vol piloté d'Intercosmos sera l'occasion de recevoir des délégations officielles ainsi que des journalistes des pays de l'Est.

Les premiers journalistes occidentaux furent invités en juin 1982 à l'occasion de premier vol de Jean-Loup Chrétien (Soyouz-T-6).

Les premiers militaires américains (USAF) y furent admis à leur tour en juillet 1988 pour le lancement des sondes Phobos-1 et 2. C'était aussi la première fois que des représentants et des journalistes occidentaux assistaient à un lancement de Proton.

L'échec du programme lunaire

En mai 1961, le président Kennedy dans un discours devant le Congrès américain avait lancé le défi de faire débarquer un Américain sur la Lune avant la fin de la décennie. Du côté soviétique, les objectifs furent moins bien définis. Ainsi, à la fin de cette même année, Korolev eut pour directive de développer un lanceur dénommé N-1 au cours de la période 1962-1965 et capable de satelliser 40 à 50 t en orbite basse ainsi qu'un second lanceur appelé N-2 de charge utile 60 à 80 t entre 1963 et 1970. Toujours à cette même époque, il était confié à Tchélomeï la réalisation d'un système de lancement et d'un véhicule habité, ce dernier étant capable de survoler la Lune et bien sûr de revenir sur Terre. Notons qu'à fin 1961 et malgré le défi lancé par Kennedy, l'Union soviétique n'envisageait pas de faire atterrir un véhicule habité sur la Lune. Notons aussi que Korolev se trouvait écarté du programme de survol de la Lune.

Début 1962, la réalisation des lanceurs N-1 et N-2 ne fut pas jugée prioritaire et l'on décida de concentrer les efforts sur le vol piloté autour de la Lune. Pour ce, il était envisagé le lanceur UR-500, encore appelé Proton, en cours de développement.

En juillet 1962, une commission d'experts dirigée par M.V. Keldych estima qu'il était toutefois nécessaire de réaliser un lanceur capable de mettre 75 t en orbite basse. La masse au lancement de ce véhicule était alors estimée à 2 200 t. C'est à cette époque que des dissensions majeures vont apparaître entre Korolev et Glouchko qui avait été naturellement sollicité pour fournir les moteurs. Ces dissensions seront pour une très large part à l'origine de l'échec du programme lunaire soviétique.

Pour un projet aussi ambitieux, Korolev soutenait en effet qu'il fallait posséder des moteurs particulièrement performants utilisant l'oxygène, le kérosène ou l'hydrogène. En outre, il ne souhaitait pas utiliser d'ergols toxiques tels que l'acide nitrique, l'UDMH ou le peroxyde d'azote. Il estimait qu'en cas d'explosion, la grande quantité

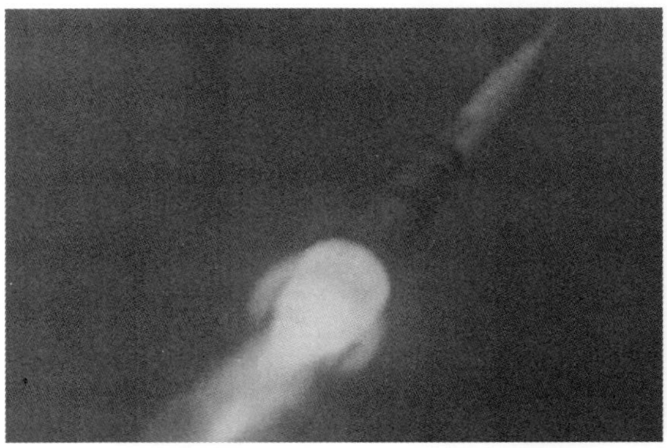

Le programme du lanceur lunaire N-1-L-3 fut le grand échec de l'astronautique soviétique, davantage pour des raisons politiques que techniques. Les quatre lancements réalisés de 1969 à 1972 conduiront à quatre défaillances du lanceur.

d'ergols pouvait à juste titre constituer une menace pour la base de lancement, les hommes qui y opéraient et l'environnement.

Glouchko était d'un avis diamétralement opposé et persistait à vouloir utiliser l'UDMH et le péroxyde d'azote et même le fluor. Il affirmera d'ailleurs et défendra encore pendant quelques années l'idée que *« l'oxygène n'est pas, et de loin, le meilleur oxydant, tandis que l'hydrogène n'est tout simplement pas approprié à des applications pratiques et n'a pas d'avenir comme ergol.»* Il abandonna en effet l'oxygène liquide en 1962... mais y reviendra néanmoins à partir de 1974 !

Le divorce étant consommé, Korolev est contraint de se tourner vers N. D. Kouznetsov, le constructeur général de moteurs d'avions qui avait certes une expérience mais faible dans le domaine des moteurs-fusées.

En 1964, Khrouchtchev est limogé et Tchélomeï perd son influence. Les objectifs généraux sont modifiés. Voyant que le programme Saturn-Apollo est déjà très avancé, le nouveau gouvernement soviétique donne pour priorité l'atterrissage de cosmonautes sur la Lune. Pour ce programme, trois bureaux d'études sont mis en compétition pour développer un lanceur capable d'assurer cette mission en un seul lancement comme l'envisageaient les Etats-Unis. Il y eut le projet UR-700 de Tchélomeï dérivé du Proton, le R-56 de Yanguel et la N-1–L-3 de Korolev. Ce dernier projet fut finalement choisi. On s'orientait alors vers un lanceur de 2 700 t à trois étages surmonté d'un composite lunaire dont la masse devait être de l'ordre de 75 à 92 t. Une possibilité d'accroissement jusqu'à 95-100 t était envisagée. Mille entreprises travaillent alors pour ce projet dirigé par l'OKB-1 de Korolev.

Par ailleurs, le programme de survol de la Lune de Tchélomeï se poursuivait mais avec bien des difficultés, rencontrées à la fois dans la conception et dans la tenue des délais.

Pour y remédier, Korolev proposa alors fin 1965 à Tchélomeï et aux autorités soviétiques d'utiliser le bloc D, prévu comme quatrième étage du Proton et une version allégée du Soyouz. Ainsi naquit le programme UR-500K-L-1 constitué d'un lanceur Proton équipé d'un bloc D et d'un vaisseau piloté appelé 7K-L-1.

La responsabilité du programme de survol de la Lune fut alors retirée à Tchélomeï et confiée à Korolev.

En cette fin d'année 1965, Korolev se retrouve donc responsable de trois programmes majeurs :

- le développement du vaisseau habité Soyouz,
- le développement du système UR-500K-L-1 devant réaliser le survol de la Lune par deux cosmonautes et le retour de ceux-ci sur Terre,
- le développement d'un système N-1–L-3 devant effectuer l'atterrissage sur la Lune d'un cosmonaute puis assurer son retour dans le module orbital qui l'attend en orbite lunaire avec un autre cosmonaute à bord et enfin le retour de ceux-ci sur Terre.

Mais Korolev ne pourra pas assister à la suite de ces programmes. Il mourra quelques mois plus tard, le 14 janvier 1966. Notons aussi que le déroulement du programme N-1–L-3 ne fut accepté que le 4 février 1967, c'est-à-dire un an après sa mort et qu'il prévoyait que les essais de qualification en vol devaient démarrer dès le troisième trimestre 1967 ! Et la mission lunaire au cours du troisième trimestre 1969 ! Ces délais particulièrement courts n'étaient évidemment pas réalistes. Ils étaient seulement la traduction de l'inconscience des politiques qui imaginaient encore pouvoir prendre de vitesse les Etats-Unis.

Quatre lancements de la N-1 seront effectués mais aboutiront à quatre échecs. Lors du premier essai effectué le 21 février 1969, peu après le décollage, deux moteurs sur les trente du premier étage s'arrêtent de fonctionner. Puis, à la 6e seconde, la canalisation d'oxygène liquide d'un générateur de gaz se rompt sous l'effet des vibrations importantes qui ont pris naissance dans la baie de propulsion. A la 28e seconde, une autre canalisation casse. L'oxygène se répand et un incendie se déclare à partir de la 55e seconde. A la 70e seconde, la fusée explose. Elle se trouvait à 30 km d'altitude. Ses morceaux sont retombés à 50 km du pas de tir.

Le second lancement a lieu à partir du même pas de tir le 3 juillet 1969. Par cette sombre nuit d'été tous les habitants de Baïkonour et des environs étaient sur les toits des maisons. A 23 h 18 min 32 s, le lanceur s'arracha du sol et commença son ascension. Dans un rayon d'une cinquantaine de kilomètres, la steppe fut éclairée comme en plein jour. Au bout de 10,5 s de vol et à environ 100 m d'altitude, des morceaux en flammes se détachèrent de l'arrière du premier étage et la fusée commença à s'incliner. Le système de sauvetage fonctionna et le train lunaire se sépara du lanceur alors que ce dernier s'effondrait et explosait sur le pas de tir. L'un des paratonnerres de 180 m de haut tomba en se tordant. Le pas de tir fut détruit ainsi que la tour de service et des dommages importants furent occasionnés aux servitudes souterraines. La reconstruction dura d'août 1969 à 1972. La commission d'enquête mit un an et demi à trouver la cause de la défaillance. Il fut déterminé qu'une membrane d'aluminium d'un senseur s'était brisée et que les morceaux s'étaient retrouvés dans la pompe à oxygène de l'un des moteurs qui explosa. Pour les techniciens et les politiques, cet échec fut d'autant plus difficile à accepter que dix-huit jours plus tard, Armstrong et Aldrin posaient le pied dans la mer de la Tranquillité.

Des éléments de la N1 gisent peu partout à Léninsk ou à Baïk nour. Ici, un bac à sable constr avec les éléments du fond arrière lanceur lunaire N-1 – L-3…

Lors du troisième vol qui intervient le 27 juillet 1971, le lanceur emporte une maquette du LOK et du LK, c'est-à-dire du module orbital lunaire et du véhicule d'alunissage. Le tir a lieu depuis le second pas de tir puisque le premier, détruit lors du lancement précédent, était en cours de reconstruction. A la 7e seconde, une rotation en roulis apparaît et va s'accentuer jusqu'à la 51e seconde, puis tous les moteurs s'éteignent et la fusée s'écrase au sol.

…des morceaux de fusées ont récupérés pour maints usages…

Enfin, le dernier vol effectué le 23 décembre 1972, bien que conduisant à un échec, fut le plus satisfaisant. La propulsion du premier étage dura 107 s jusqu'à l'explosion du premier étage qui se produisit à la suite d'un feu ayant pris naissance après la rupture d'une canalisation d'oxygène liquide de 25 cm de diamètre. Cette rupture faisait suite à l'extinction des six moteurs centraux à la 90e seconde.

Lorsque cette dernière N-1 décolla de Baïkonour, cela faisait déjà plus de trois années que les Américains avaient débarqué sur la Lune.

Pour V. P. Michine, le responsable de ce programme, l'explication de cet échec tient à plusieurs causes. «*Nous avons fortement sous-estimé, dit-il, le défi lancé par le président Kennedy en 1961, de voir les Américains poser les premiers le pied sur la Lune... Nous n'étions pas en mesure d'arriver les premiers car l'URSS ne disposait ni du même potentiel scientifico-technique et industriel que les Américains ni de moyens financiers aussi importants.*»

D'après Michine, en furent aussi la cause :

- les rivalités entre les hommes, et particulièrement entre lui-même et les deux autres constructeurs Tchélomeï et Glouchko qui selon les époques avaient la faveur de Khrouchtchev, Brejnev ou d'autres membres du bureau politique du parti,
- les atermoiements dans la définition des objectifs,
- la dispersion des ressources budgétaires en conduisant de 1961 à 1967 des projets de lanceurs concurrents chez Tchélomeï et Yanguel,
- la suppression des essais au sol du premier étage en allant directement aux essais en vol pour gagner du temps et économiser de l'argent.

Tout ceci n'a pas permis à l'Union soviétique de concentrer ses efforts comme l'ont fait les Etats-Unis sur un objectif suffisamment bien défini et partagé par tous. Des raisons analogues à celles évoquées par Michine seront données dans un article du *Sovietskaya Rossia* du 12 avril 1989 par G. N. Pachkov qui était l'un des collaborateurs de Korolev au moment du lancement du premier Spoutnik.

«*En 1961*, dit-il, *nous étions ivres des éloges et de l'enthousiasme provenant de tous côtés. La prudence, la raison et l'argumentation scientifique de nombreux constructeurs étaient alors simplement ignorées [...]. Les amateurs de gloire facile tendirent également les bras vers les succès obtenus. Tout cela devait affaiblir notre industrie cosmique, et sur le plan économique, et sur le plan de l'organisation. A l'époque de la révolution scientifique et technique, seuls des gens compétents, hautement professionnels et à cheval sur les principes pouvaient assurer les progrès dans un domaine aussi complexe. A l'époque [1961], nous en avions besoin de beaucoup [...]. On aurait eu alors besoin de concentrer des moyens et des forces pour tirer profit des recherches scientifiques. Mais, à la place, on prit une décision qui pratiquement remisait les firmes de S. P. Korolev et de M. K. Yanguel d'un rôle de premier plan vers un second rôle [...].*

On vit apparaître deux projets auxquels on donna une priorité devant tous les autres. Selon leurs auteurs, le premier appareil devait permettre des vols dans l'espace circumterrestre, et le second des vols de planète en planète. Les deux devaient être dotés d'ailes à géométrie variable, chacun devant avoir la possibilité de se poser sur n'importe quel aérodrome donné. On est frappé par le fait que l'auteur[1] des projets affirmait construire les deux engins en seulement trois ans. Sur décision de Nikita Sergueievitch Khrouchtchev, naturellement, on lui dégagea immédiatement des moyens, on dépouilla de grands programmes pour lesquels une infrastructure importante était déjà en place. Et ces moyens manquèrent à S. P. Korolev, M. K. Yanguel... Ce fut un retour en arrière. En un mot, à partir du début de 1961, débuta, dans notre industrie des fusées et de l'espace, une confusion sur le plan de l'organisation qui devait nous coûter cher.»

Les travaux liés à la mission lunaire et au lanceur N-1 furent donc arrêtés même si Michine, le successeur de Korolev, avait proposé des améliorations et même un nouveau projet accepté par tous (la N-1–L-3M) qui prévoyait le débarquement de trois cosmonautes sur la Lune pour un séjour de quatorze à trente jours. En 1974, Glouchko qui prendra la succession de Michine, s'engagea dans le concept d'une base lunaire et du lanceur Vulcain. Pour ce programme de cent milliards de roubles, Glouchko imagina un lanceur de 4 700 t capable de placer 200 t en orbite basse. Quatre projets de base lunaire (Colombe, Grand Cercle, Lointain et Conquête) furent élaborés par V. P. Barmine. Après avoir dépensé cinquante milliards de roubles, les travaux furent toutefois arrêtés au profit du concept Energia/Bourane dont les études démarrèrent en 1976.

1. Il s'agit de Tchélomeï.

...comme ce garage, implanté entre deux immeubles avec les éléments de structure d'un lanceur...

...et parfaitement adapté à son nouvel usage.

Indéniablement, l'échec du programme lunaire fut durement ressenti non seulement dans la communauté spatiale mais aussi au niveau le plus élevé de l'état soviétique. C'était à la fois un échec technique et politique. Pour la première fois en effet les Américains, avec le programme Apollo, prenaient l'avantage sur les Soviétiques. Comme pour masquer cet échec, le pouvoir gardera le silence sur le programme N-1 jusqu'au milieu des années 1980, allant d'ailleurs jusqu'à expliquer que le débarquement d'un Soviétique sur la Lune n'avait jamais été considéré comme une priorité. Beaucoup d'éléments devant constituer les exemplaires suivants du N-1 furent même détruits pour effacer toute trace de cette douloureuse aventure. En fait, l'observateur avisé qui parcourt certains lieux de Léninsk peut y faire des découvertes étonnantes quant à l'utilisation de certains éléments du lanceur N-1. Ainsi, dans le centre de la ville, un garage est construit avec des éléments de la structure du lanceur. A la périphérie de la cité, c'est un ensemble de garages long de 70 m environ qui réutilise des éléments d'aluminium marqués 11A-52, provenant donc du N-1. Un peu plus loin, ce sont des toilettes publiques qui ont bénéficié de l'espace. Par ailleurs, les capots de protection extérieurs de canalisations et de câblages électriques du lanceur ont trouvé une application inattendue. Ils servent d'embarcations pour promener les enfants des crèches sur les nombreux canaux qui sillonnent Léninsk. A Baïkonour même, il y a aussi des vestiges. Ainsi, près du bâtiment d'assemblage d'Energia qui fut aussi celui du N-1, il reste des bâtis rouillés sur lesquels ce dernier a été assemblé et testé. Ici ou là, on trouve aussi des conteneurs destinés à acheminer des éléments du lanceur des usines de fabrication jusqu'à Baïkonour. Un peu plus loin, dans une aire de repos, des réservoirs du lanceur ont été utilisés comme bassins et des fonds arrière et des coiffes ont été transformés en pare-soleil ! A quelques kilomètres de là, une surprise encore plus grande attend le visiteur. Dans la ferme gérée par les militaires, de grands panneaux métalliques d'un blanc aveuglant servent d'auvent à une porcherie. Ce sont des éléments de la coiffe d'un N-1 ! Décidément, ce lanceur dont la naissance et la vie furent difficiles a trouvé une mort peu glorieuse.

Le programme lunaire Zond

En 1961, Khrouchtchev avait confié à Tchélomeï la mission de survol de la Lune par un véhicule habité. Réorienté sur la proposition de Korolev, ce programme est approuvé dans ses grandes lignes le 15 décembre 1965. Il est alors prévu de faire survoler la Lune en novembre 1967 par le vaisseau 7K-L-1 (Soyouz allégé) encore appelé Zond[1] emportant deux cosmonautes et lancé par une UR-500K (Proton). Il s'agit alors de prendre de vitesse les Américains qui envisageaient une mission identique pour fin 1968 avec leur programme Apollo.

Entre le 10 mars 1967 et le 20 octobre 1970, onze vols seront réalisés dont cinq avec des véhicules Zond proprement dits (Zond-4 à 8). Tous ces vols automatiques, sans cosmonautes à bord, eurent pour but de préparer les vols humains. Il faudra toutefois attendre le cinquième tir (Zond-4) pour que la Lune soit survolée. Cependant, le système de contrôle d'attitude sera défaillant lors de la rentrée dans l'atmosphère. Tombant dans une région non souhaitée, la capsule sera détruite. Le septième vol (Zond-5) commencé le 15 septembre 1968, contournera également la Lune tout en réalisant des expériences biologiques. Les premiers êtres vivants à survoler la Lune seront en effet des tortues et des insectes. A nouveau, le système d'orientation sera défaillant et la capsule atterrira dans l'océan Indien.

Le succès complet, c'est-à-dire avec maîtrise de la rentrée et du point d'impact, n'interviendra qu'au dixième vol (Zond-7) le 8 août 1969.

Toutefois, après le vol de Zond-6, le 10 novembre 1968, un vol habité avait été envisagé pour le 17 décembre 1968. Il s'agissait là encore

1. Ce nom avait déjà été donné à trois sondes lancées vers Mars et Vénus en 1964 et 1965.

de prendre de vitesse les Américains dont le survol de la Lune était prévu – et sera effectué – le 24 décembre 1968. Les équipages Bykovsky-Roukavichnikov et Popovitch-Sévastianov avaient été préparés dans ce but. Leur vol sera différé deux fois avant d'être annulé.

Renouveler l'exploit américain devenait donc sans intérêt. On procédera néanmoins en 1969 et 1970 à trois autres tirs automatiques dont ceux de Zond-7 et 8. Deux autres véhicules avaient été fabriqués. Ils iront au musée.

L'échec des sondes Phobos-1 et 2

L'un des derniers échecs de l'astronautique soviétique concerne l'envoi des deux sondes Phobos devant être mises en orbite autour de Mars à une altitude de 6 300 km puis survoler son satellite Phobos. Des modules fixes ou mobiles selon les cas devaient être largués à la surface de Phobos pour réaliser des analyses du sol et des expériences scientifiques. Les données recueillies devaient être retransmises à la Terre via les sondes restées en orbite. Ces deux sondes Phobos-1 et 2 furent lancées par des Proton les 7 et 12 juillet 1988 à partir de Baïkonour.

Le 29 août 1988, Phobos-1 était mis hors service par une erreur du centre de contrôle terrestre et le 27 mars 1989, le contact radio était perdu avec Phobos-2. Ceci était d'autant plus regrettable que Phobos-2 était déjà en orbite autour de Mars. Toutefois, de nombreuses photographies de Mars et de Phobos ont pu être obtenues ainsi que des mesures effectuées. La France fut largement partie prenante dans le programme Phobos puisqu'elle eut la responsabilité de la définition d'une dizaine d'expériences scientifiques.

Trente-six années de lancements à Baïkonour

Point de départ de toutes les grandes premières spatiales, Baïkonour, bien qu'elle fût la première base spatiale à être mise en service en URSS, ne totalise pas le plus grand nombre de lancements soviétiques ou russes. Ainsi, environ soixante pour cent d'entre eux ont été effectués à partir de la base du nord située à Plessetsk. Néanmoins, de 1957 à fin 1993, environ neuf cent cinquante tirs de lanceurs de satellites y ont été effectués, soit en moyenne vingt-six tirs par an, plus de deux par mois ! C'est en 1987 que le record a été atteint avec quarante-cinq lancements.

En 1993, la capacité annuelle de lancements de la CEI était de deux cent trente (cent pour Plessetsk et cent trente pour Baïkonour) alors que le nombre réel de lancements n'a été que de quarante-sept.

A la fin de l'année 1993, 212 Proton à deux, trois ou quatre étages, et 21 Zénith avaient été lancés de Baïkonour. Le reste des lancements, c'est-à-dire environ 700, concernent les diverses versions de Sémiorka, Cyclone, Cosmos et les deux lancements d'Energia. Parmi les lancements de Sémiorka, 77 (de 1961 à fin 1993) ont concerné les vols habités dont environ 90 % ont été effectués avec les trois versions du vaisseau Soyouz.

Notons aussi pour l'anecdote que le 3 000e lancement mondial a été réalisé à Baïkonour le 17 mars 1988. Il s'agissait de la mise en orbite du satellite de télédétection indien IRS-1A.

Les statistiques en matière de tirs de missiles sont plus difficiles à établir. De 1957 à fin 1992, 1 100 missiles balistiques semblent avoir été essayés à Baïkonour. Ce nombre ne représente sans doute qu'une partie des essais de missiles réalisés par l'ex-URSS et la CEI puisque de 1980 à 1986, c'est-à-dire en six ou sept années seulement, le nombre total d'essais de missiles intercontinentaux soviétiques a été de 2 648 ! Rappelons que les premiers essais de missiles ont commencé en 1947 et se poursuivent encore aujourd'hui mais à un rythme beaucoup moins élevé.

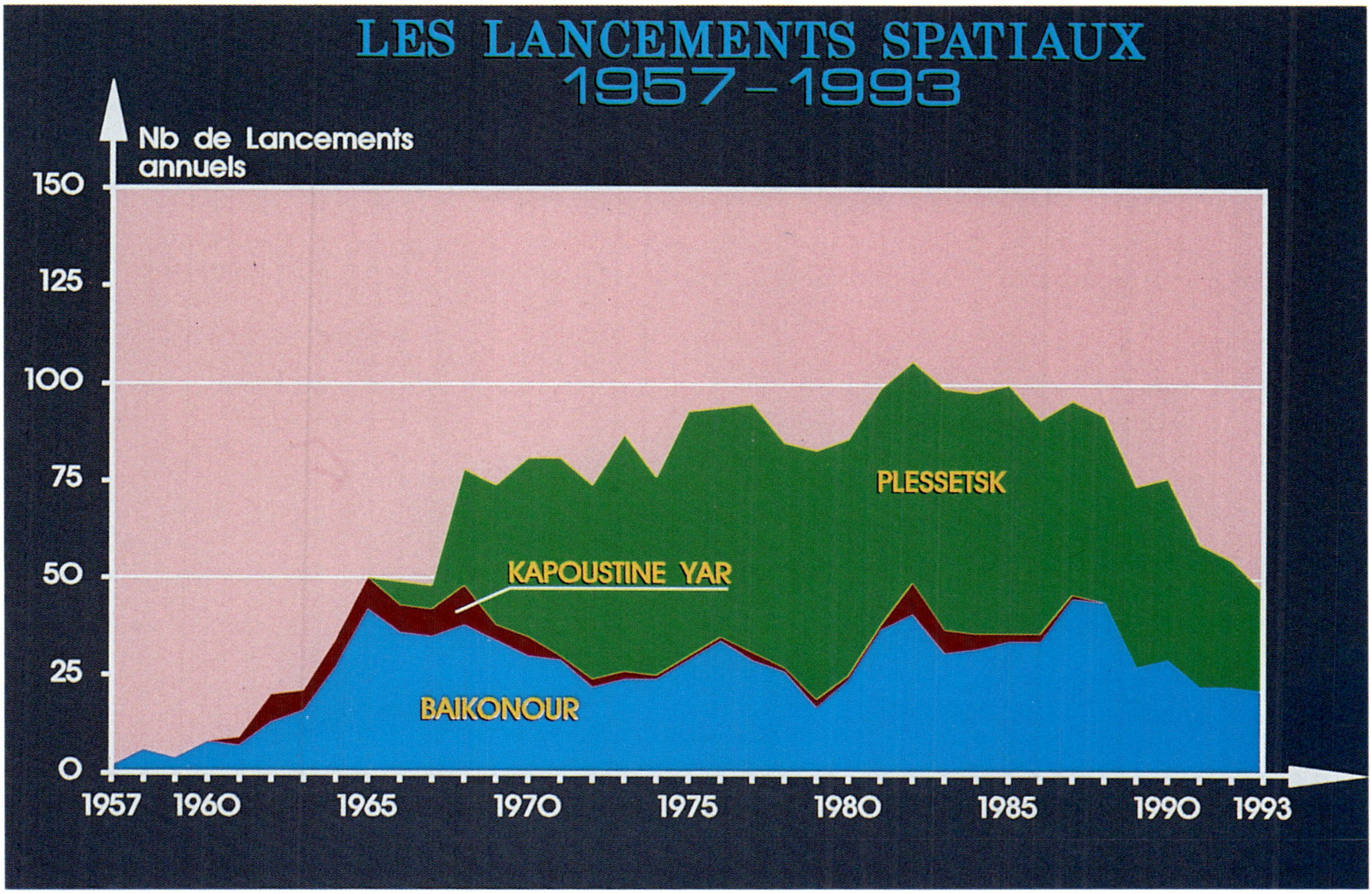
LES LANCEMENTS SPATIAUX
1957 – 1993
Nb de Lancements annuels
150
125
100
75
50
25
0
PLESSETSK
KAPOUSTINE YAR
BAIKONOUR
1957
1960
1965
1970
1975
1980
1985
1990
1993

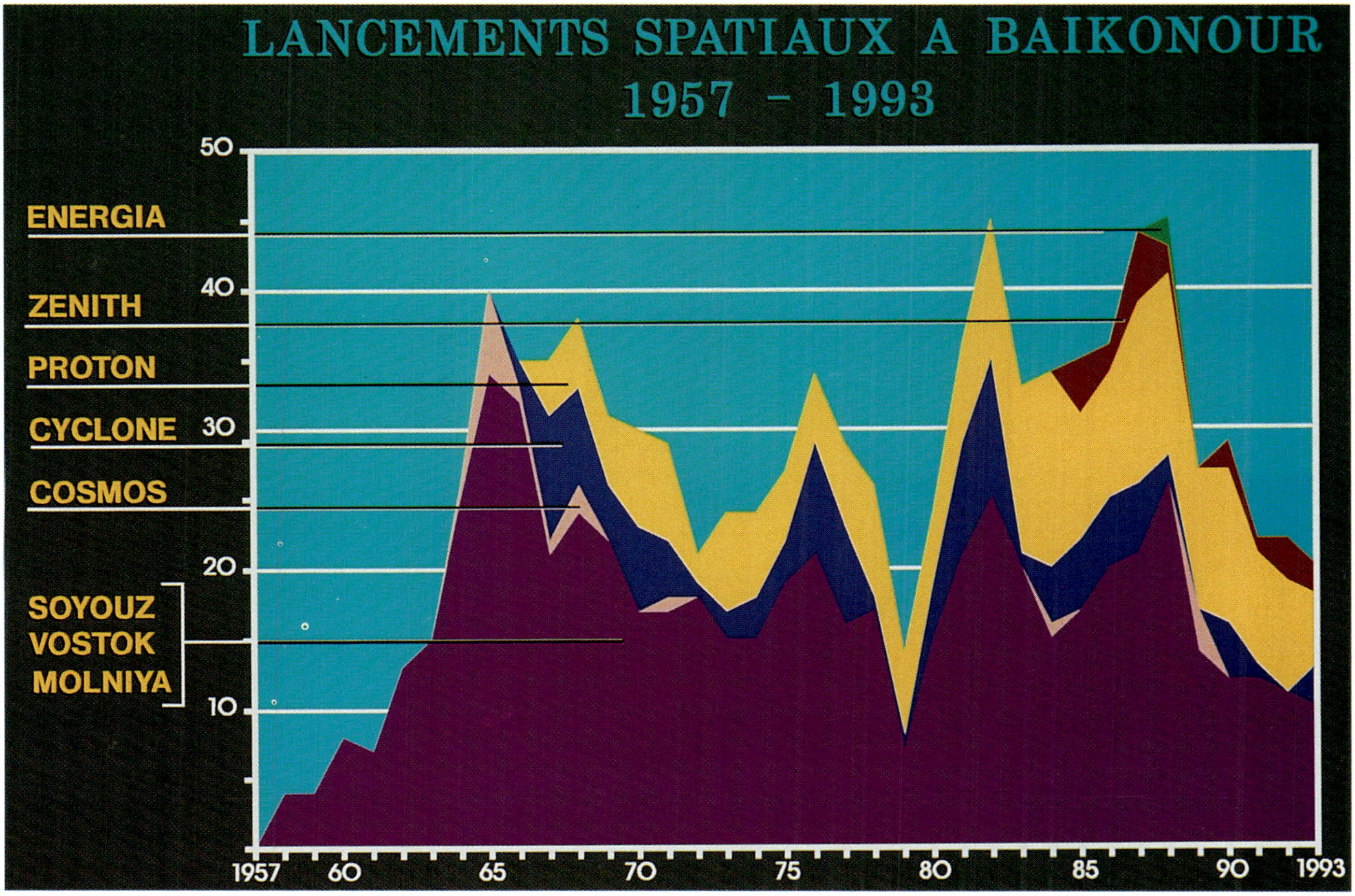
LANCEMENTS SPATIAUX A BAIKONOUR
1957 – 1993
50
40
30
20
10
ENERGIA
ZENITH
PROTON
CYCLONE
COSMOS
SOYOUZ
VOSTOK
MOLNIYA
1957
60
65
70
75
80
85
90
1993

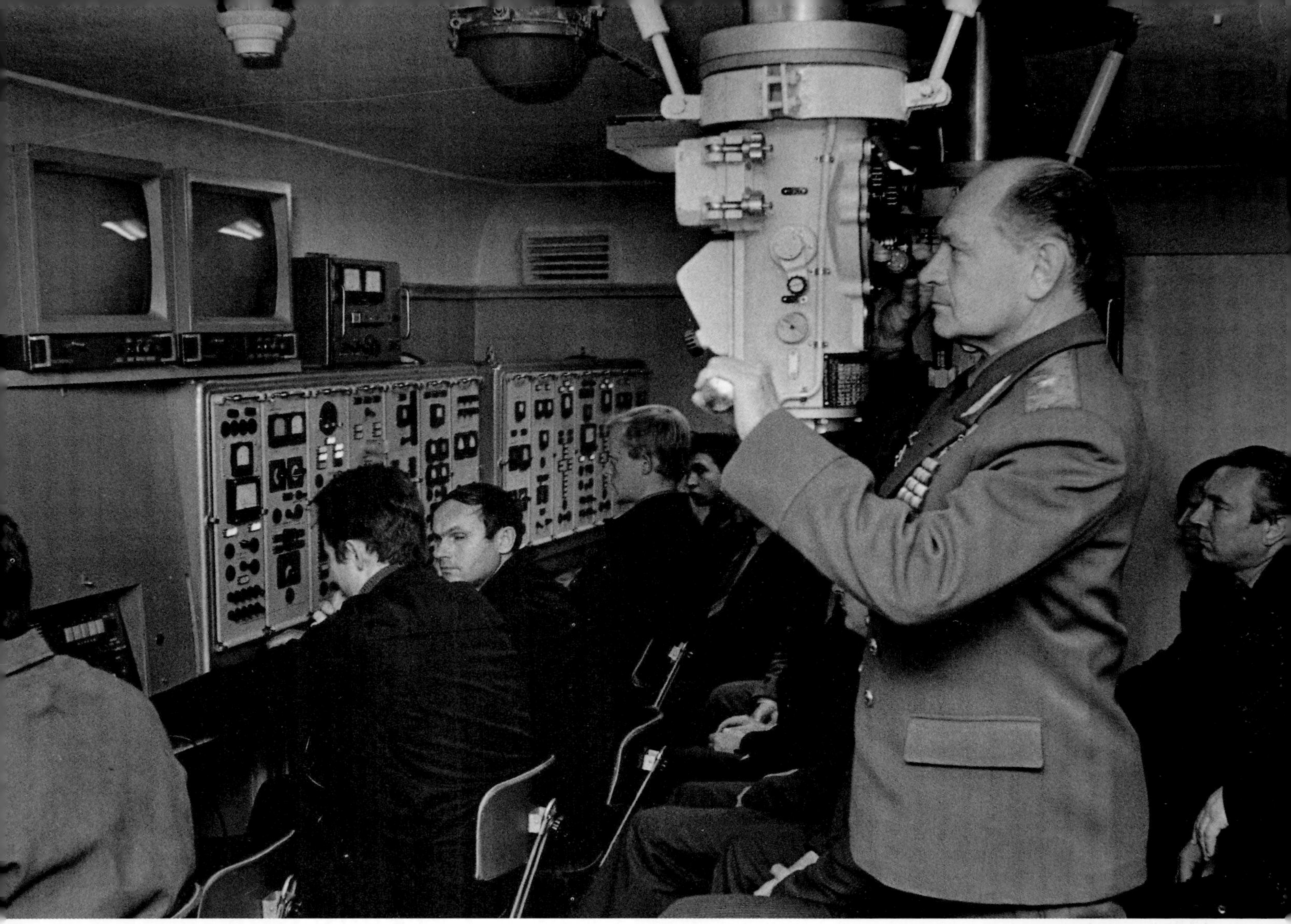

Le général-major A. A. Choumiline, l'actuel directeur de Baïkonour au périscope du PC du pas de tir n° 1. Il commença ses activités à Baïkonour en 1959 au service des essais.

L'homme qui a lancé le plus de fusées dans le monde

Nommé directeur du cosmodrome de Baïkonour en octobre 1992, le général-major Alexeï A. Choumiline a commencé sa carrière à Baïkonour en 1959 dans le service des essais en vol qu'il a dirigé à partir de 1969. Sur les 2 500 fusées civiles lancées par l'ex-URSS et la CEI, plus de 500 sont à son actif.

C'est vraisemblablement l'homme qui a réalisé le plus de lancements au monde. Il a notamment lancé tous les cosmonautes de 1969 à 1992. C'est aussi lui qui activa en 1983 le système de sauvetage du Soyouz-T10A dont le lanceur explosait, sauvant ainsi la vie à Titov et Strékalov.

Les lancements du programme Zond

Date	Véhicule	Evénement
10 mars 1967	Cosmos-146	Mise en orbite défectueuse à la suite d'une défaillance du bloc-D (4e étage du lanceur). Le vaisseau est mis en orbite solaire
8 avril 1967	Cosmos-154	Lancement raté à la suite d'une défaillance du bloc D (4e étage du lanceur). Le vaisseau rentre dans l'atmosphère après deux jours de vol en orbite terrestre
28 septembre 1967		Lancement raté. L'un des six moteurs RD-253 du Proton n'a pas fonctionné
22 novembre 1967		Lancement raté. L'un des quatre moteurs du second étage du Proton n'a pas fonctionné
2 mars 1968	Zond-4	Lancement réussi sur une orbite de 354 000 km d'apogée mais lors de la rentrée dans l'atmosphère, la capsule est détruite
23 avril 1968		Lancement raté. Défaillance du système de pilotage du 2e étage
14 juillet 1968		Tir annulé à la suite d'un problème de remplissage des réservoirs du Proton
15 septembre 1968	Zond-5	Succès. Le vaisseau survole la Lune à une altitude de 1 960 km mais la décélération lors de la rentrée est de l'ordre de 16g (panne du système d'orientation). Amerrissage dans l'océan Indien
10 novembre 1968	Zond-6	Succès. Le vaisseau survole la Lune à une altitude de 2 320 km mais s'écrase au sol lors de la rentrée (problème de parachute et la cabine n'a pas été hermétique)
20 janvier 1969		Lancement raté. Le 2e étage du Proton fonctionne mal
8 août 1969	Zond-7	Succès complet. La Lune est survolée à l'altitude de 1 200 km et l'atterrissage est très précis (à 50 km du point prévu dans le Kazakhstan)
20 octobre 1970	Zond-8	Succès complet. La Lune est survolée à une altitude de 1 200 km. La rentrée est toutefois difficile. Amerrissage dans l'océan Indien

Adieu, camarades et amis

Un vent sec balaie le sable
Les préparatifs touchent à leur fin
Emu, tout le monde attend l'ordre
« Départ dans trente minutes »
Trente minutes.

La steppe explose dans une lumière sanglante
La flamme des chambres jaillit
Brûlée à des centaines de mètres, la terre frémit
Adieu, camarades et amis
Adieu amis.

Le vaisseau périt. Les gens brûlent
Personne ne peut les sauver
C'étaient des gens simples comme nous
Ils ont péri. Qu'ils nous pardonnent,
Nous qui sommes restés.

Le chagrin nous laisse muets. Pas de larmes
Mais sachez que toujours et partout
Les jours de chance et dans les plus dures épreuves
On gardera le souvenir de vous
Souvenir de vous!

Chanson (paroles et musique) composée
par Vitaly Tchékhovsky le 25 novembre 1960
à la mémoire de ses collègues et amis morts
dans l'explosion du missile R-16 le 24 octobre 1960

6

Les tulipes de Baikonour

1er juillet 1993, midi trente

L'avion qui amène une délégation d'industriels français de Moscou à Baïkonour où elle doit assister au lancement de Jean-Pierre Haigneré, le quatrième cosmonaute français, perd peu à peu de l'altitude. Le contact avec la piste de l'aérodrome de Leninsk qui s'effectue quelques minutes plus tard est plutôt brutal et l'avion est alors soumis à des vibrations qui laissent à penser que l'entretien de la piste n'a pas été fait depuis longtemps. Par le hublot, on distingue de nombreux avions de transport et des hélicoptères rangés sur le parking dont bon nombre ne semblent plus aptes à reprendre l'air.

Après un court arrêt à l'hôtel, la délégation s'accroît de quelques Russes et Anglais qui eux aussi participent à l'un des premiers voyages touristiques à Baïkonour organisé par une agence de voyages russe. Il est déjà loin le temps où seuls quelques chefs d'états occidentaux — et pas n'importe lesquels — avaient le rare privilège de fouler le sol du saint des saints de l'espace soviétique. Avant la chute du communisme soviétique et l'implosion de l'Union, Baïkonour, comme certains autres lieux « stratégiques », était strictement soustrait à l'attention des étrangers. Les passionnés d'espace et d'histoire spatiale ne peuvent que louer l'ouverture du bloc de l'Est au monde extérieur qui s'est opérée depuis 1989. Car faire le voyage de Baïkonour, c'est en quelque sorte faire le pèlerinage que l'on souhaitait faire depuis plus de trente ans. A chacun ses sanctuaires.

Il fait chaud, très chaud, 38 °C a-t-on entendu en quittant l'hôtel quelques minutes plus tôt. A la sortie de Leninsk, le minibus d'origine japonaise qui emmène ces « touristes » franchit un premier poste de garde militaire. C'est l'entrée de Baïkonour. Le dilettantisme des gardes est surprenant. Un simple *zdrasstye* (« bonjour ») sert de laissez-passer. On était loin de s'imaginer cela.

Le bus file maintenant vers le nord sur cette route droite comme un i. Mais qu'elle est mauvaise ! Le revêtement n'a sans doute pas été refait depuis le lancement de Gagarine. Mais qu'importe les soubresauts, seul le bout de la route intéresse les occupants du bus. Ne sont-ils pas venus expressément pour voir ce qu'il y a au bout des trente kilomètres de cette abominable route ? Encore que cette steppe qui défile à droite et à gauche soit magnifique. Et puis, il y a ces images contrastées. Ici, des chevaux sauvages, sans doute apeurés par le trafic important de camions et d'autos, traversent la route au galop. Là, ce sont quelques chèvres qui nonchalamment arrachent du bout des dents quelques maigres feuilles à un arbuste rabougri poussant au pied d'un réseau de fils barbelés entourant une station de poursuite reconnaissable à ses grandes antennes. Hormis ce paysage technico-bucolique, ce qui surprend le plus est sans doute la présence de quelques poteaux télégraphiques cassés et puis, de temps à autre, sur la voie ferrée qui longe la route, de wagons rouillés qui semblent abandonnés. Ces

Je suis sûr que l'avenir nous apportera de nouveaux succès dans la conquête de l'air et de l'espace.

Pour ce, que chacun de nous fasse ce qui est possible et même ce qui paraît parfois impossible.

Youri A. Gagarine

images ne sont pas sans ébranler la vision qu'*a priori* on peut avoir de Baïkonour. Mais ne faut-il pas se méfier de son imagination et de ses rêves ? La réalité n'est-elle pas souvent moins belle ?

La journée passée à Baïkonour, couronnée dans la soirée par le lancement de Soyouz-TM-17, sera un émerveillement mais aussi une immense déception.

D'est en ouest, du nord au sud, sur des dizaines de kilomètres carrés, ce ne sont que pas de tir, bâtiments d'assemblage, zones techniques, immeubles administratifs, musées et stèles commémoratives. Une grande part de la technique spatiale et de l'histoire spatiale de l'humanité est là. On est frappé, bien qu'ils nous aient quittés depuis plus de vingt-cinq ans, par l'omniprésence de Korolev et de Gagarine, à un point tel qu'on se convainc facilement qu'à un moment ou à un autre de la journée, on va bien finir par les rencontrer. Mais le génie de Korolev, on le rencontre aussi chez ses successeurs, dans la zone Energia. Celle-ci rassemble ce qui a été réalisé de plus gigantesque en matière de pas de tir. De véritables cathédrales qui témoignent de la foi de l'homme en son rôle dans l'espace. La zone Energia, c'est comme si on avait implanté à quelques kilomètres l'une de l'autre les cathédrales de Chartres, d'Amiens et de Reims. A elle seule, cette zone est un hymne à l'espace.

Mais, en fait, la déception prend le pas sur l'émerveillement. Point n'est besoin d'être avisé pour constater que le fonctionnement et la maintenance des installations ne sont plus ce qu'ils étaient. A cela deux raisons majeures. Le budget spatial de la CEI est considérablement inférieur à celui de l'Union soviétique. Cela peut se comprendre. D'autres priorités nationales sont apparues. Et puis, Baïkonour est au Kazakhstan, alors que son principal utilisateur est la Russie.

Certes, un accord a été signé le 15 mai 1992 entre les deux pays, qui prévoyait que :

- les pas de tir et les unités du génie civil étaient placés sous la juridiction du Kazakhstan et les autres unités sous celle des Forces spatiales militaires russes,
- les centres techniques, bases, stations... existant sur le territoire des pays de la CEI étaient la propriété de ces derniers,
- les coûts de maintenance et d'opération de l'infrastructure de Baïkonour seraient répartis entre ces pays,
- la responsabilité technique de la maintenance et des opérations serait confiée aux Forces stratégiques russes et les dépenses de maintenance seraient financées à 94 % par la Russie.

Mais ces dispositions n'ont, semble-t-il, pas été totalement appliquées, et faute d'un réel accord sur les responsabilités et les financements, Baïkonour aura bien du mal à trouver un second souffle. Aujourd'hui, ni la Russie ni le Kazakhstan ni peut-être même ces deux pays ensemble ne semblent avoir les ressources nécessaires pour assurer le fonctionnement des diverses installations. Des choix seront à faire. Parmi ceux-ci l'un des plus drastiques consisterait pour la Russie à quitter définitivement Baïkonour pour sa propre base de Plessetsk, ou pour une autre base à construire en Russie même. Le prix de cette indépendance serait alors élevé : investissements à réaliser ou améliorations des performances du Proton et du Zénith pour atteindre l'orbite géostationnaire et aussi changer l'orbite de la station Mir. Le lanceur Soyouz aurait aussi des performances insuffisantes pour l'orbite passant par Plessetsk. Cependant, l'accord russo-américain de 1993, traitant de la station orbitale internationale définit bien l'orbite de 51,6° passant par Baïkonour comme la seule acceptable par la partie américaine. Un accord semble toutefois avoir été

trouvé le 28 mars 1994 : le Kazakhstan accepte de louer à la Russie le cosmodrome pour une période de trente ans et un montant annuel de 115 millions de dollars.

En attendant la situation se dégrade. Baïkonour est aujourd'hui victime de la fin de la guerre froide et de la fin de la compétition Est-Ouest dont l'espace était l'un des enjeux. Faut-il pour autant regretter la situation passée ?

Depuis 1988 et le lancement d'Energia-Bourane, bon nombre de nuages se sont amoncelés au-dessus de Baïkonour. La baisse de l'activité a entraîné le départ de plusieurs milliers de spécialistes et de personnes affectées aux tâches logistiques ou aux travaux d'infrastructure. Maints chantiers ont été arrêtés et le fonctionnement normal de la base n'est plus assuré. La création d'une Russie et d'un Kazakhstan indépendants a engendré des disparités dans les salaires des militaires russes et kazakhs, lesquelles ont entraîné des tensions et même des affrontements. Ainsi, en juin 1993, une seconde rébellion éclatait 18 mois après la première. Des baraques, des ensembles de bureaux, un hôpital et une bibliothèque ont été incendiés.

La ville de Leninsk a perdu plus d'un tiers de ses habitants, dont le départ a désorganisé l'économie locale. L'insécurité s'est installée autant que les épidémies. Faute de crédits, la maintenance des installations n'est plus suffisamment assurée. Depuis trois à quatre années, la « ville des étoiles », fleuron de la réussite technologique, s'enfonce peu à peu dans une situation de grandes difficultés dont on voit mal à court terme une issue favorable. L'amertume s'exprime de plus en plus parmi les habitants. L'un disait :

Nous avons toujours été les premiers à réaliser de grandes choses dans l'espace : premier satellite, premier être vivant en orbite, premier homme dans l'espace, etc., et maintenant nous laissons nos recherches spatiales à l'abandon. Après avoir été les premiers, nous deviendrons les derniers.

De son côté, un jeune conscrit expliquait :

Nous sommes ici pour deux ans. Je serai remplacé dans quelques semaines et je suis très content de repartir.

Par ailleurs, une jeune fille visiblement dynamique lançait :

Comment comprendre qu'une ville comme la nôtre où se trouve réunie la technologie spatiale, orgueil de la nation, puisse être maintenant aussi vétuste? Le téléphone ne fonctionne plus et quand la ligne est établie, il faut deux jours pour avoir une ambulance.

Le 15 octobre 1993, le journal l'*Etoile rouge* révélait que le manque de lanceurs disponibles, dû au fait que la production avait été arrêtée faute d'argent, obligeait à retarder de deux mois l'envoi de l'équipage devant prendre la relève de celui envoyé en juillet 1993.

D'ores et déjà, on sait que Bourane ne reprendra pas le chemin de l'espace. Et Energia ? Peut-être. Mais seulement pour un rôle ambitieux dans l'espace qui reste à définir. Une station orbitale ? Peut-être si le financement est trouvé. Si tel était le cas, il faudrait néanmoins reconstituer les équipes car elles sont aujourd'hui dispersées. Cela demandera des années et beaucoup d'argent. Que ce soit les zones civiles ou militaires, il est vraisemblable qu'avant longtemps, et peut-être jamais, elles ne retrouveront leurs apogées passés.

Déjà certaines zones, comme celle d'Energia, n'ont quasiment plus qu'une fonction de musée. Ce n'est d'ailleurs pas sans une certaine curiosité que l'on visite le bâtiment d'assemblage d'Energia. Y reposent depuis 1989 sous une épaisse couche de poussière, ici des accélérateurs latéraux, là des réservoirs, là encore des moteurs. Ce lieu qui faisait travailler il y a six ou sept ans quelque mille deux cents personnes est aujourd'hui désert comme si quelque cataclysme avait fait fuir ses officiants. L'élan et l'enthousiasme

La station Mir

d'avant 1989 ont soudain été brisés. La tristesse des lieux est à l'image de celle que l'on a pu avoir lorsque l'on découvrit en automne 1993, sur les bords de la Moskova, au milieu d'un Luna Park à la mode russe, l'un des exemplaires de Bourane transformé en guinguette.

Quel que soit le devenir de Baïkonour, rayonnant ou modeste, il convenait de témoigner qu'ici, pendant plus de trente ans, le génie de l'homme a soufflé, au point de faire de ce coin perdu de la planète une base de départ vers les étoiles, vers l'espace. Ce milieu qui lui est hostile, il a su le domestiquer au point d'y vivre et d'y travailler. Il a enfin pu contempler cette Terre qui le porte depuis des milliers d'années et prendre conscience de la fragilité de ce berceau qui l'a vu naître.

Quel que soit le destin de Baïkonour, cette capitale spatiale du monde appartient déjà au patrimoine de l'humanité comme les pyramides d'Egypte et la Grande Muraille de Chine, en espérant qu'elle ne devienne pas comme celles-ci uniquement une curiosité touristique. A l'évidence, l'humanité perdrait une grande partie de son patrimoine spatial si Baïkonour disparaissait.

Il y a cinq cents ans, Christophe Colomb ouvrait la voie de l'Amérique, créant le Nouveau Monde. De Baïkonour, Gagarine, ce Christophe Colomb des temps modernes, a ouvert la voie d'un autre nouveau monde, celui de l'espace. Espérons que Baïkonour ne devienne pas seulement le musée de l'exploit de Gagarine, mais le tremplin futur des nouvelles conquêtes de l'homme.

Comme l'indique l'inscription « Baïkonour pour toujours », apposée sur l'un des bâtiments de la base, les vétérans avaient foi dans le devenir de leur cosmodrome. Les temps ont changé et le devenir de Baïkonour soulève bien des interrogations.

Le printemps au cosmodrome

Le cosmodrome au printemps
La steppe semée de tulipes jusqu'à l'horizon
On n'en a jamais vu autant
Et le silence est si profond.

Dans les MIK dorment doucement les fusées
Les autres mondes attendent leur visite
Et les petites gouttes de rosée
Brillent sur les pétales rouges des tulipes.

Sur les champs de tulipes nous marchons
Loin des départs et des systèmes
Nos regards vers le ciel adressés
Sont pleins de simples désirs humains.

Et si un jour je partais
Vers un autre système galactique
Je te demande de rester
Comme cette steppe en fleurs — lyrique.

Le cosmodrome au printemps
La steppe semée de tulipes jusqu'à l'horizon
On n'en a jamais vu autant
Et le silence est si profond.

Paroles et musique de S. Alexenko

CCP

Postface

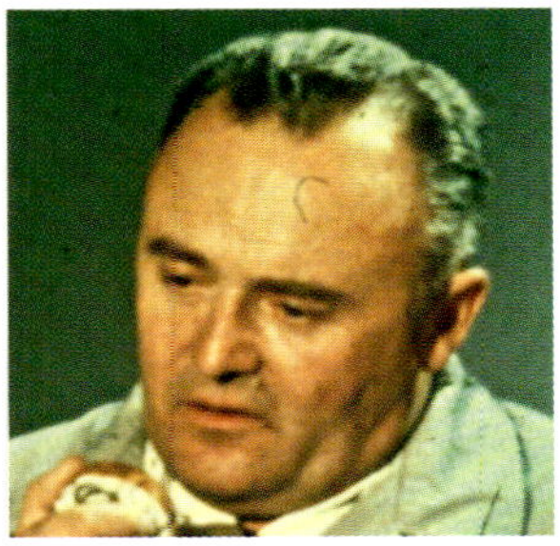

Cet ouvrage, l'un des premiers publiés sur l'espace soviétique depuis les changements intervenus à l'Est, est riche en révélations et en anecdotes qui nous font mieux apprécier l'effort consenti par l'ex-Union soviétique dans le domaine spatial pendant plus de trente ans. Avec les ouvrages précédemment publiés, nous étions informés des exploits spatiaux de ce pays. Avec ce nouvel ouvrage, nous comprenons mieux comment ces exploits ont pu être réalisés.

Mais, au-delà du cadre historique et factuel dans lequel il a voulu s'inscrire, il nous invite à nous interroger. Le gigantisme et la profusion des installations de Baïkonour, ainsi que le non-emploi actuel de certaines d'entre elles, nous indiquent clairement que le premier âge de l'espace est achevé, c'est-à-dire celui de la compétition Est-Ouest, des prouesses spatiales et technologiques réalisées à cette seule fin.

L'espace spectaculaire — et donc médiatique — a progressivement fait place à l'espace au service quotidien de l'homme, comme peuvent l'être notamment les télécommunications, la météorologie et l'observation de la Terre. Notons aussi qu'il s'agit des domaines d'application majeurs du lanceur Ariane qui a permis à l'Europe, simultanément, de se doter de ses propres satellites d'application, en toute indépendance, et de démontrer ses capacités technologiques en se hissant au premier rang des services de lancement. La compétence primordiale de l'Europe est d'ailleurs là et doit assurément être maintenue. Mais il ne faut pas perdre de vue que l'Espace constitue un métier difficile qui implique une grande vigilance technique et une anticipation permanente, afin de répondre à l'évolution des besoins.

Le second volet, qui concerne la présence de l'homme dans l'espace et qui suscite actuellement de nombreux débats, doit évidemment résulter d'un large consensus au niveau européen, dans un cadre mondial. Il doit s'inscrire dans une perspective globale à long terme, d'où se déduiront les objectifs en matière de station orbitale et de desserte. Cette vision à long terme s'impose d'autant plus que l'évolution de l'environnement économique général est difficilement prévisible.

Enfin, force est de constater que l'espace n'est plus le domaine réservé des grandes puissances. Peu à peu, il s'engage dans une mondialisation des besoins et des compétences, toutefois sur fonds de difficultés économiques, donc de ressources plus comptées qu'auparavant. Ainsi, là où les investissements seront lourds, où les objectifs seront à l'échelle de l'humanité toute entière, on ira vers un accroissement de la coopération spatiale internationale, ce qui, bien sûr, n'exclut pas la poursuite d'une concurrence, dans le domaine des applications commerciales à court et moyen terme.

Gageons donc que ce livre, inspiré par la coopération entre la SEP et ses partenaires de la CEI, sera une pierre supplémentaire à la construction de cette coopération spatiale internationale.

Gérard Longuet
Ministre de l'Industrie, des
Postes et Télécommunications et du
Commerce extérieur.

Annexes

Sigles et abréviations

SIGLE	SIGNIFICATION
CEE	Communauté économique européenne
CEEA	Communauté européenne de l'énergie atomique
CEI	Communauté des Etats indépendants
DME	Distance Measuring Equipment
DST	Direction de la surveillance du territoire
EORSAT	Electronic Ocean Reconnaissance SATellite
FOBS	Fractional Orbital Bombardment System
GDL	Laboratoire de dynamique des gaz
GEO	Orbite géostationnaire
GIRD	Groupe de recherche sur la propulsion par réaction
GSKB	Bureau de construction spécial d'état
GTO	Orbite de transfert géostationnaire
GUKOS	Direction générale des systèmes spatiaux
KB	Bureau de construction
KBKhA	Bureau de construction de chimie automatique
KBOM	Bureau de construction du ministère des Constructions de machines générales
KGB	Comité d'Etat pour la sécurité de l'Etat
KIK	Réseau de mesure et de commande
LEO	Orbite basse
MAI	Institut d'aviation de Moscou
MIK	Hall d'assemblage de contrôle et d'essais
MIK KO	Hall d'assemblage de contrôle et d'essais du lanceur
MIK RN	Hall d'assemblage de contrôle et d'essais du véhicule spatial
MIREA	Institut de radiotechnique, d'électronique et d'automatique de Moscou
MLS	Système d'atterrissage à micro-ondes
MOM	Ministère des Constructions de machines générales
MosGIRD	GIRD de Moscou
MVTU	Ecole technique supérieure de Moscou
MZ	Usine de production de machines
MZ Youj Mach	Usine de production de machines du Sud
N2O4	Tétraoxyde d'azote
NAKU	Réseau de contrôle automatique sol
NASA	Agence nationale pour l'aéronautique et l'espace (Etats-Unis)
NII	Institut de recherches scientifiques
NII AP	Institut d'automatique d'instrumentation
NII KhimMach	Institut de construction de machines chimiques
NII KP	Institut de recherche scientifique des équipements spatiaux
NII PM	Centre de recherche de mécanique appliquée (instruments gyroscopiques)

SIGLE	SIGNIFICATION
NIOU	Direction scientifique des essais
NKVD	Commissariat du peuple aux affaires intérieures
NPO	Association recherche-production
NPO AP	NPO d'automatique et d'instrumentation
NPO EM	NPO de construction de machines expérimentales
NSK	Réseau spécial de contrôle
OKB	Bureau d'études et d'essai
ORM	Moteur-fusée d'essai
OTB	Bureau technique spécial
PS	Satellite le plus simple
PC	Poste de commandement
PVO	Défense aérienne
RD	Moteur-fusée
RKA	Agence spatiale russe
RNII	Institut de recherches scientifiques sur la propulsion à réaction
RORSAT	Radar Ocean Reconnaissance SATellite
RP	Planeur-fusée
RVSN	Forces des missiles stratégiques (sol-sol)
SKB	Bureau de construction spécial
SSS	Forces de dissuasion stratégiques
TsAGI	Institut central d'aérohydrodynamique
TsIAM	Institut central de construction de moteurs d'avions
TsKB	Bureau de construction central
TsNII	Institut central de recherches scientifiques
TsNIIMach	Institut central de construction de machines générales
TsSKBEM	Bureau de construction central, expérimental, spécialisé
TsOUP	Centre de contrôle des vols
TsSKB	Bureau de construction central spécialisé
TsUKOS	Direction centrale des systèmes spatiaux
TU	Temps universel
UDMH	Diméthylhydrazine dissymétrique
UNESCO	Organisation scientifique et culturelle des Nations unies pour l'éducation
UNKS	Direction des systèmes spatiaux
URSS	Union des Républiques socialistes soviétiques
USAF	Armée de l'air des Etats-Unis
VKS	Forces spatiales militaires
VPK	Complexe militaro-industriel

L'espace soviétique avant 1957 : les programmes et les acquis majeurs

Quelques points de repère…

1883-1929
Constantin Edouardovitch Tsiolkovsky établit les bases théoriques de l'astronautique.

Fin des années 1920 et début des années 1930
Création de divers instituts de recherche dans le domaine de la propulsion et des fusées (le GDL de Leningrad et les GIRD de Leningrad, Moscou, Bakou, Kiev et d'autres villes soviétiques).

17 août 1933
Premier vol d'une fusée soviétique à ergols liquides.

1944
L'Armée rouge s'empare des éléments de V-2 en Pologne. Une course de vitesse s'engage avec les Américains pour récupérer le savoir-faire et les techniciens allemands.

1945-1947
Divers instituts de recherche sont créés en Allemagne même pour exploiter ce savoir-faire. On y trouve les futurs responsables de l'espace soviétique : Korolev, Michine, Tchertok, Tiouline, Barmine, Glouchko, Gaïdoukov, Piliouguine entre autres.

18 octobre 1947
Premier tir d'un V-2 à Kapoustine Yar.

10 octobre 1948
Premier tir du R-1, version soviétique du V-2.

1947-1949
Développement du missile R-2 de 600 km de portée.

1949
Début du projet de missile R-3 destiné à transporter à 3 000 km une bombe nucléaire de 3 t. Ce projet est abandonné en 1951 pour cause de difficultés techniques.

1952
Début du projet de missile R-5 de 1 200 km de portée. Il sera mis en service en 1956.

1953
Début du projet de missile intercontinental R-7.

1954
Ce missile est défini pour transporter une bombe thermonucléaire de 5 à 6 t à 6 000 km.

Parallèlement à cette activité militaire, on réalise des fusées géophysiques destinées à étudier le comportement des animaux dans la haute atmosphère ou à effectuer des mesures physiques dans le milieu ambiant.

7 mai 1949
Premier lancement d'une fusée géophysique V-1A dérivée du missile R-1.

22 juillet 1951
Premier vol soviétique avec deux chiens à bord d'une fusée V-1B.

1952-1957
Lancements de fusées géophysiques V-1V - D - E et V-2A. L'altitude de 212 km est atteinte.

15 mai 1957
Premier vol de la R-7.

L'espace soviétique : l'infrastructure industrielle avant 1957 et son évolution

De 1946 à 1957, le développement et la production des fusées sont essentiellement exercés au profit des applications militaires, donc des missiles balistiques, avec cependant une application aux fusées géophysiques d'exploration de la haute atmosphère.

Dès 1946, une organisation ministérielle et industrielle va être mise en place pour conduire les activités d'étude, de développement et de production. Ainsi, en mars 1946, la production des fusées est planifiée dans le plan quinquennal 1946-1950. Le 13 mai 1946, on crée l'institut n° 88 (NII-88) placé sous la tutelle du ministre de l'Armement, le général Oustinov, et le 13 juillet, le premier régiment de missiles V-2 est formé. Ce NII-88, qui deviendra en 1967 TsNIIMach, est alors chargé de coordonner l'ensemble des activités liées aux fusées. La réalisation des missiles à longue portée est confiée à Korolev qui est nommé constructeur principal de ce domaine et dirige le bureau d'études OKB-1. Le NII-88 implante des bancs d'essais de moteurs à Sergueï Possad (anciennement Zagorsk). Ce site deviendra plus tard NIIKhimMach.

Il existe aussi deux autres instituts, le NII-1, fondé en 1944 à partir du RNII d'avant-guerre et dirigé par Keldych, et le NII-4, centre de recherches militaires sur les fusées et dirigé par le général Nestérenko qui deviendra en 1955 le premier commandant de Baïkonour.

Par ailleurs, durant la fin des années 1940, un vaste programme de formation à la propulsion et aux techniques des fusées est mis sur pied dans les divers instituts et universités (MAI, Bauman/MVTU, Joukovsky, *etc.*). Les professeurs en sont évidemment Korolev, Glouchko, Tikhonravov et Pobedonotsev. En attendant que les futurs cadres soient formés, on recrute parmi les ingénieurs de l'aéronautique.

On met aussi en place les structures industrielles qui opèrent néanmoins dans un cadre étatique. En janvier 1947, Korolev qui cherche à asseoir son rôle crée le conseil des constructeurs principaux et en devient le chef. V. P. Glouchko (moteurs-fusées) qui avait été à Kazan en 1942 son supérieur, se retrouve en quelque sorte sous ses ordres. On trouve aussi dans ce conseil N. A. Piliouguine (systèmes de guidage), V. I. Kouznetsov (gyroscopes), M. S. Riazansky (systèmes radioélectriques et radars) et V. P. Barmine (bases de lancement). Ce conseil qui réunissait de fortes personnalités et où s'exprimaient même des rivalités, vécut parfois des moments difficiles. Dans ces cas, la présidence était cédée à V. P. Barmine qui savait obtenir le consensus.

L'effort d'implantation d'une industrie de missiles est tel qu'en 1949, on peut déjà dénombrer treize bureaux d'études et instituts ainsi que trente-cinq usines affectés à la construction des missiles eux-mêmes, des sous-ensembles et des composants.

Korolev qui commence à s'imposer comme le principal artisan de l'espace soviétique essuie cependant un camouflet en mai 1952. L'un de ses ingénieurs, M. K. Yanguel, entré le 12 avril 1950 dans son bureau d'études, devient son supérieur. Même si les compétences de Yanguel sont grandes, il a sur Korolev l'avantage d'être membre du parti et d'avoir de nombreux soutiens au Kremlin comme celui du général Oustinov, le futur ministre de la Défense, dont les relations avec Korolev sont loin d'être excellentes. En outre, Korolev qui a connu l'emprisonnement et le goulag de 1938 à 1944, à la suite d'une dénonciation mensongère de trahison, n'est pas encore réhabilité. Il est toujours considéré comme un « ennemi du peuple ».

Cette situation de subordination de Korolev à Yanguel durera jusqu'en 1954, année qui vit le départ de ce dernier pour le bureau d'études SKB-586 de Dniepropétrovsk en Ukraine dont il prendra la direction avec le rang de constructeur principal. Notons que quelques mois auparavant, mais

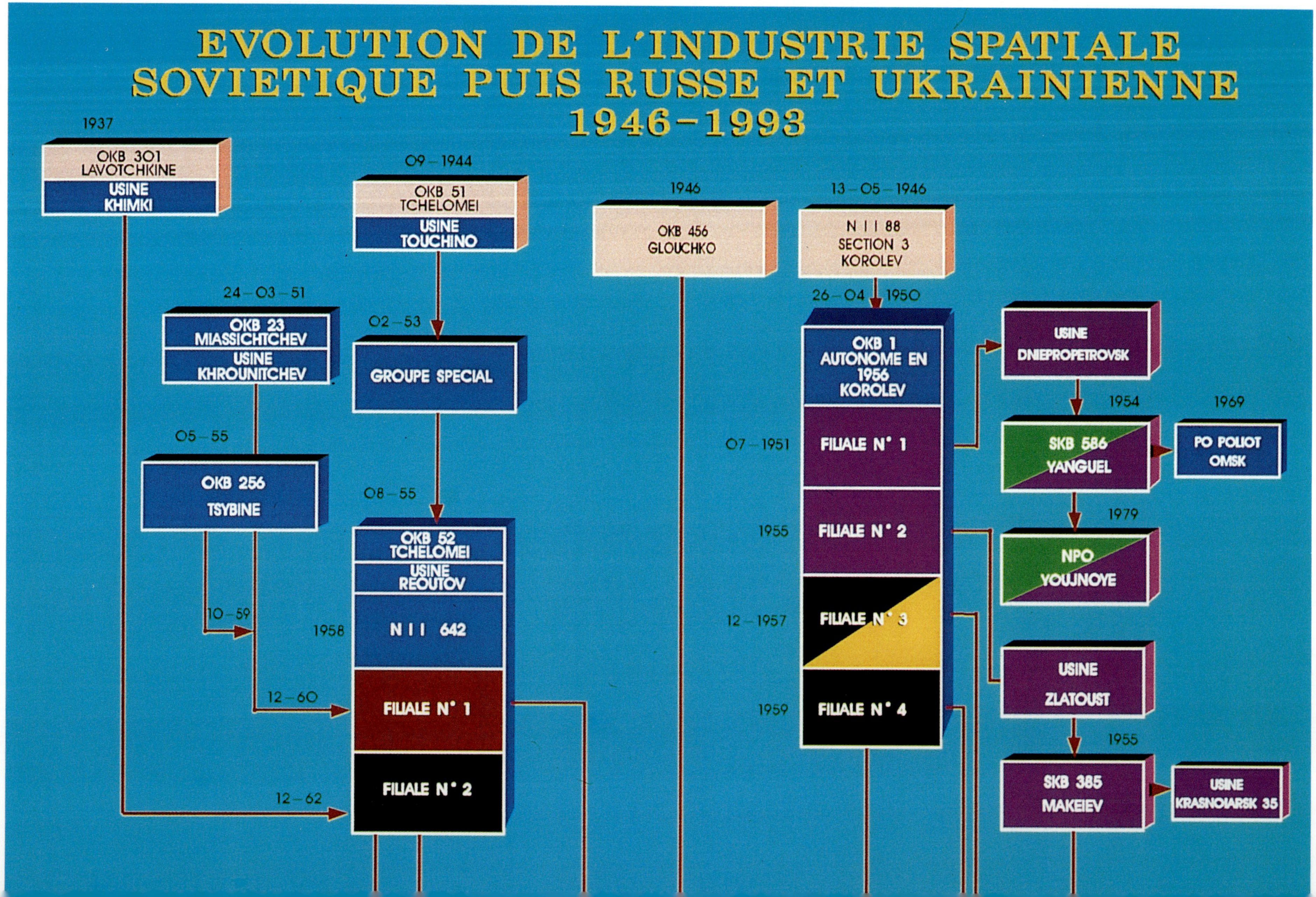
EVOLUTION DE L'INDUSTRIE SPATIALE SOVIETIQUE PUIS RUSSE ET UKRAINIENNE
1946-1993
1937
OKB 301 LAVOTCHKINE
USINE KHIMKI
09-1944
OKB 51 TCHELOMEI
USINE TOUCHINO
1946
OKB 456 GLOUCHKO
13-05-1946
N I I 88 SECTION 3 KOROLEV
26-04 1950
24-03-51
OKB 23 MIASSICHTCHEV
USINE KHROUNITCHEV
02-53
GROUPE SPECIAL
05-55
OKB 256 TSYBINE
08-55
OKB 52 TCHELOMEI
USINE REOUTOV
10-59
1958
N I I 642
12-60
FILIALE N° 1
12-62
FILIALE N° 2
OKB 1 AUTONOME EN 1956 KOROLEV
07-1951
FILIALE N° 1
1955
FILIALE N° 2
12-1957
FILIALE N° 3
1959
FILIALE N° 4
USINE DNIEPROPETROVSK
1954
SKB 586 YANGUEL
1969
PO POLIOT OMSK
1979
NPO YOUJNOYE
USINE ZLATOUST
1955
SKB 385 MAKEIEV
USINE KRASNOIARSK 35

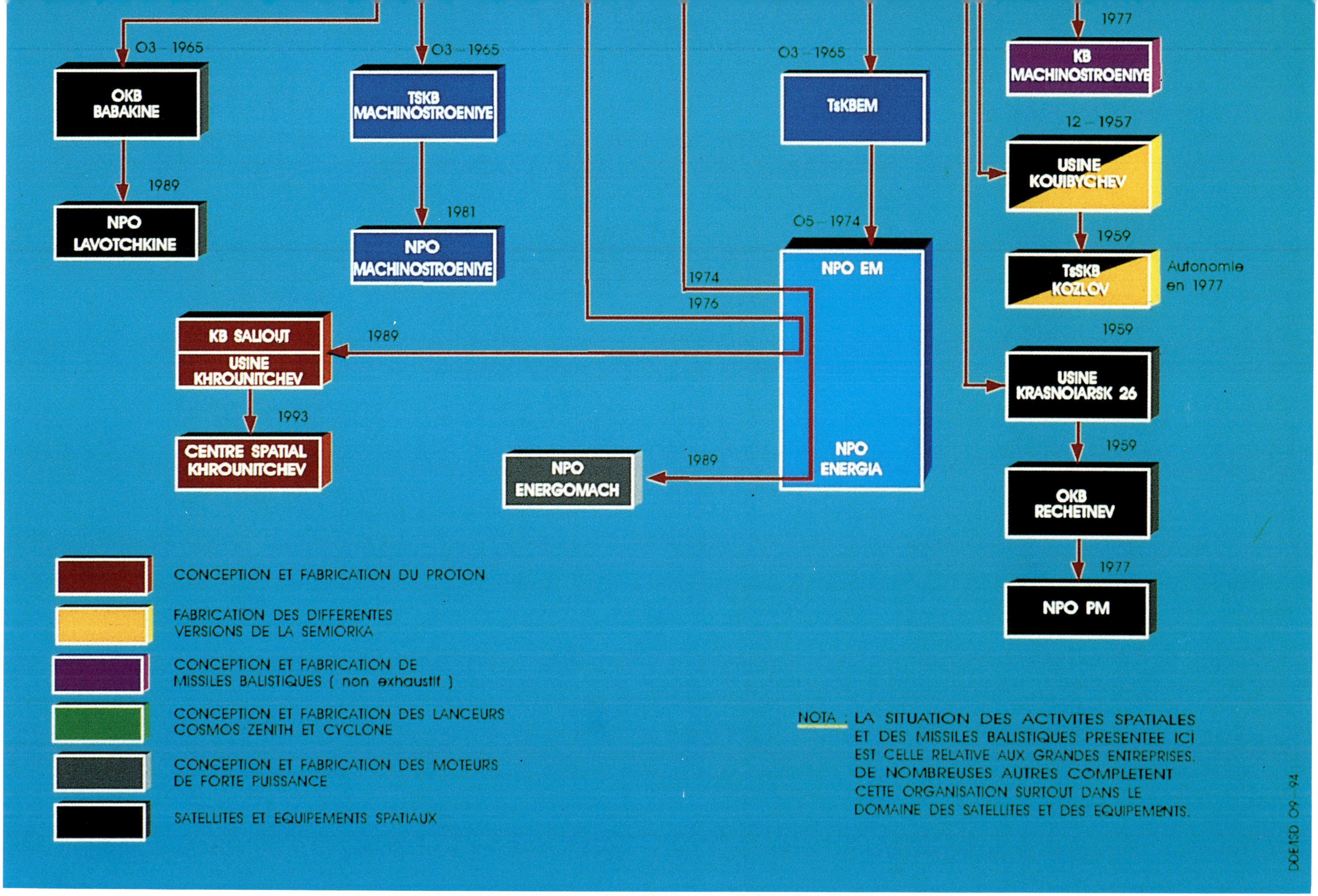

O3 – 1965
OKB BABAKINE
1989
NPO LAVOTCHKINE
O3 – 1965
TSKB MACHINOSTROENIYE
1981
NPO MACHINOSTROENIYE
KB SALIOUT
USINE KHROUNITCHEV
1989
1993
CENTRE SPATIAL KHROUNITCHEV
NPO ENERGOMACH
1989
1974
1976
O3 – 1965
TsKBEM
O5 – 1974
NPO EM
NPO ENERGIA
1977
KB MACHINOSTROENIYE
12 – 1957
USINE KOUIBYCHEV
1959
TsSKB KOZLOV
Autonomie en 1977
1959
USINE KRASNOIARSK 26
1959
OKB RECHETNEV
1977
NPO PM
CONCEPTION ET FABRICATION DU PROTON
FABRICATION DES DIFFERENTES VERSIONS DE LA SEMIORKA
CONCEPTION ET FABRICATION DE MISSILES BALISTIQUES (non exhaustif)
CONCEPTION ET FABRICATION DES LANCEURS COSMOS ZENITH ET CYCLONE
CONCEPTION ET FABRICATION DES MOTEURS DE FORTE PUISSANCE
SATELLITES ET EQUIPEMENTS SPATIAUX
NOTA : LA SITUATION DES ACTIVITES SPATIALES ET DES MISSILES BALISTIQUES PRESENTEE ICI EST CELLE RELATIVE AUX GRANDES ENTREPRISES. DE NOMBREUSES AUTRES COMPLETENT CETTE ORGANISATION SURTOUT DANS LE DOMAINE DES SATELLITES ET DES EQUIPEMENTS.
DDE1SD 09 – 94

après la mort de Staline, Korolev, après deux tentatives, était devenu membre du Parti.

Au moment où le premier Spoutnik est lancé, l'infrastructure industrielle spatiale soviétique est limitée à celle qui assure la réalisation de la R-7 et de quelques fusées géophysiques. Cette infrastructure se confond donc avec celle des missiles balistiques. Ce n'est qu'à partir du début de la décennie 1960 que l'industrie spatiale se dissociera du secteur militaire encore que dans plusieurs domaines (certains lanceurs et satellites), ces deux activités resteront fort imbriquées ou dépendantes.

En 1957, dans le domaine de la réalisation des missiles balistiques et des lanceurs, l'OKB de Korolev, responsable du développement de la R-7, joue encore un rôle majeur bien que, depuis 1954-1955, la situation ait quelque peu évolué. Ainsi, à partir de l'OKB-1 de Korolev qui opère au sein du NII-88 et qui se séparera de ce dernier en 1956 pour prendre son indépendance, on voit progressivement se dessiner trois grands pôles de maîtrise d'œuvre de missiles balistiques, de lanceurs et de systèmes spatiaux qui sont :

– L'OKB-1 lui-même qui va peu à peu abandonner le secteur des missiles balistiques pour se spécialiser dans l'espace civil et militaire et créer de nombreuses filiales. Parmi celles-ci, on note d'abord la constitution d'une usine de production de missiles balistiques à Dniepropétrovsk en Ukraine et à la tête de laquelle se trouve à partir de juillet 1951 V.S. Boudnik, ancien compagnon de Korolev en Allemagne. Cette unité de production va s'engager à partir de 1953 dans la conception même des missiles. C'est l'époque où l'activité de production de ces missiles s'intensifie considérablement. On travaille 14 à 16 heures par jour, dimanches compris. En 1955, V. P. Makeiev, disciple de Korolev, va créer à Miass, près de Tchéliabinsk, un bureau d'études et de production des missiles balistiques lancés de sous-marins. Cette entité est devenue aujourd'hui KB Machinostroeniye. L'activité relative aux missiles balistiques à poudre sera confiée à Alexandre D. Nadiradze au sein de NII Teploteknik.

En 1965, l'OKB-1 deviendra le TsKBEM et ses domaines d'activité seront ceux qu'on lui connaît aujourd'hui : vols habités, missions de reconnaissance photographique et missions scientifiques. Il aura aussi la responsabilité du programme lunaire habité de 1962 à 1974.

En ce qui concerne la R-7 proprement dite, Korolev créera en décembre 1957 à Kouïbychev (actuellement Samara) un bureau d'études chargé du développement et de la production des différentes versions de ce lanceur. Il s'agit du TsSKB dont le constructeur général est aujourd'hui Dimitri I. Kozlov, la production de ces différentes versions étant confiée à l'usine MZ Progress.

– Le SKB-586 de Dniepropétrovsk qui va très rapidement prendre son autonomie. En 1954, Yanguel, avec l'appui qu'il possède au comité central et avec celui de L.I. Brejnev qui est le responsable local du Parti, remplace Boudnik. A la fin des années cinquante, ce bureau d'études développe une vaste panoplie de missiles balistiques sol-sol à propulsion à liquides. Notons pour l'anecdote que c'est lors d'une visite à Dniepropétrovsk, en 1961, que Khrouchtchev demanda à Yanguel de produire des missiles balistiques comme des « saucisses ». Quelques années plus tard, cet objectif était atteint. Force est de constater aujourd'hui qu'en une quarantaine d'années, cette entreprise a produit une dizaine de types de missiles balistiques sans compter les diverses versions dans chaque type représentant plusieurs milliers d'exemplaires fabriqués. A partir de 1962, elle produira aussi les lanceurs Cosmos puis mettra en service le Cyclone en 1966-1967 et enfin le Zénith à partir de 1985. En outre, au cours de la décennie 1960, l'entreprise s'engagera dans la réalisation de plusieurs types de satellites essentiellement à usage militaire. En 1979, huit ans après la mort de Yanguel, l'entreprise prit le nom de NPO Youjnoye à laquelle est associée l'unité de production MZ YoujMach. Elle fut dirigée par V. F. Outkine auquel a succédé S. N. Konioukhov.

– Et l'OKB-52 de Vladimir Nikolaïevitch Tchélomeï. En 1955, celui-ci qui venait du secteur aéronautique avait créé son propre bureau d'études, dont les activités étaient circonscrites au domaine des missiles tactiques navals. A partir de 1958, il étend ses activités à d'autres secteurs. Il est vrai qu'il a l'heureuse initiative de prendre pour adjoint chargé des systèmes de guidage, Sergueï Nikititch Khrouchtchev, le fils même du chef du Kremlin. Cette stratégie se révélera être une aide précieuse — jusqu'au limogeage de Khrouchtchev en 1964 — pour obtenir des crédits au détriment d'ailleurs de Korolev et de Yanguel.

Ainsi, Tchélomeï s'engage dans la réalisation de missiles balistiques comme le SS-11 et le SS-19 concurremment à Korolev et Yanguel. Puis, il prendra une part notable du domaine spatial avec la réalisation du lanceur Proton, des stations orbitales militaires Saliout-2, 3 et 5 et des modules militaires des satellites Cosmos notamment et des satellites de surveillance océanique, des systèmes anti-satellites et des satellites de télédétection. Il participera aussi aux stations civiles Saliout et Mir et plus tard aura la responsabilité des satellites radars Almaz.

Il va lui aussi constituer ce que l'on pourrait appeler en Occident un véritable empire industriel. Ainsi, il absorbe en 1960, l'OKB-23 du constructeur d'avions V.M. Miassichtchev dont il récupère l'usine de Khrounitchev (Zikh) dans laquelle il va produire les Proton à partir de 1963. Il absorbe aussi l'OKB-301 de Lavotchkine en 1962. En 1981, cet ensemble qui a perdu l'OKB-23, rebaptisé KB Saliout, devient NPO Machinostroeniye.

Par ailleurs, la propulsion à liquides, à laquelle les Soviétiques resteront constamment fidèles pour les lanceurs et les satellites, se partage entre trois bureaux d'études principaux :

– La grosse propulsion à liquides non cryotechnique* et plus particulièrement celle adaptée aux premiers étages qui est de la responsabilité du GDL-OKB de Glouchko. Celui-ci est situé à Khimki dans la banlieue de Moscou et deviendra l'entreprise NPO EnergoMach en 1974.

– La propulsion des étages supérieurs sera le domaine de l'OKB Kosberg de Voronej. Il sera mis à contribution par Korolev en 1958 pour réaliser le moteur à kérosène-oxygène liquide du 3e étage du lanceur Vostok.
Par la suite, ce bureau d'études réalisera des moteurs à ergols stockables (2e et 3e étages du lanceur Proton notamment) et se spécialisera dans les moteurs à hydrogène-oxygène liquide (corps central du lanceur Energia). Il deviendra l'entreprise KB Khimavtomatiki (KBKhA).

Au cours des années 1960, deux autres constructeurs s'engageront dans les moteurs-fusées destinés au lanceur lunaire N-1 : N.D. Kouznetsov pour les moteurs à kérosène-oxygène liquide et A.M. Lioulka pour ceux à hydrogène-oxygène liquide. Les entreprises de ces constructeurs sont respectivement connues aujourd'hui sous le nom de NPO Troud et NPO Saturn.

– La petite propulsion à liquides pour les parties hautes des missiles, des lanceurs et des satellites qui incombera au bureau d'études de A.M. Isaiev qui deviendra KB KhimMach à Kaliningrad.

Au cours des décennies 1960 et 1970, d'autres bureaux d'études seront créés dans le domaine de la propulsion, qu'elle soit à liquides ou à poudre, du guidage, dans le domaine des satellites et plus généralement dans celui des équipements spatiaux. L'espace deviendra une activité majeure du pays.

En 1974, une restructuration importante s'effectuera. Après l'échec du programme lunaire, Michine, qui a succédé à Korolev, est écarté, et Glouchko prend la tête de l'entreprise NPO Energia qui réunit NPO EnergoMach responsable des moteurs de forte poussée et le TsKBEM de Korolev/Michine. C'est sans aucun doute le triomphe de Glouchko qui, de plus, en 1976, récupère une partie des activités de Tchélomeï. Ainsi le programme Saliout est transféré à NPO Energia, et KB Saliout devient une filiale de cette dernière.

Mais en 1989, sous la direction du constructeur général Poloukhine, KB Saliout reprend son indépendance. Depuis juin 1993, Khrounitchev et KB Saliout sont devenus le centre d'Etat de production scientifique spatiale Khrounitchev.

Enfin, en 1989, à la mort de Glouchko, NPO Energia se séparait de NPO EnergoMach, actuellement dirigé par B. I. Katorguine. On était donc revenu à l'organisation du début des années 1960. Quant à NPO Energia, responsable des programmes Soyouz, Progress, Energia et Mir, elle est actuellement dirigée par le constructeur général Y.P. Séménov.

Les lanceurs spatiaux

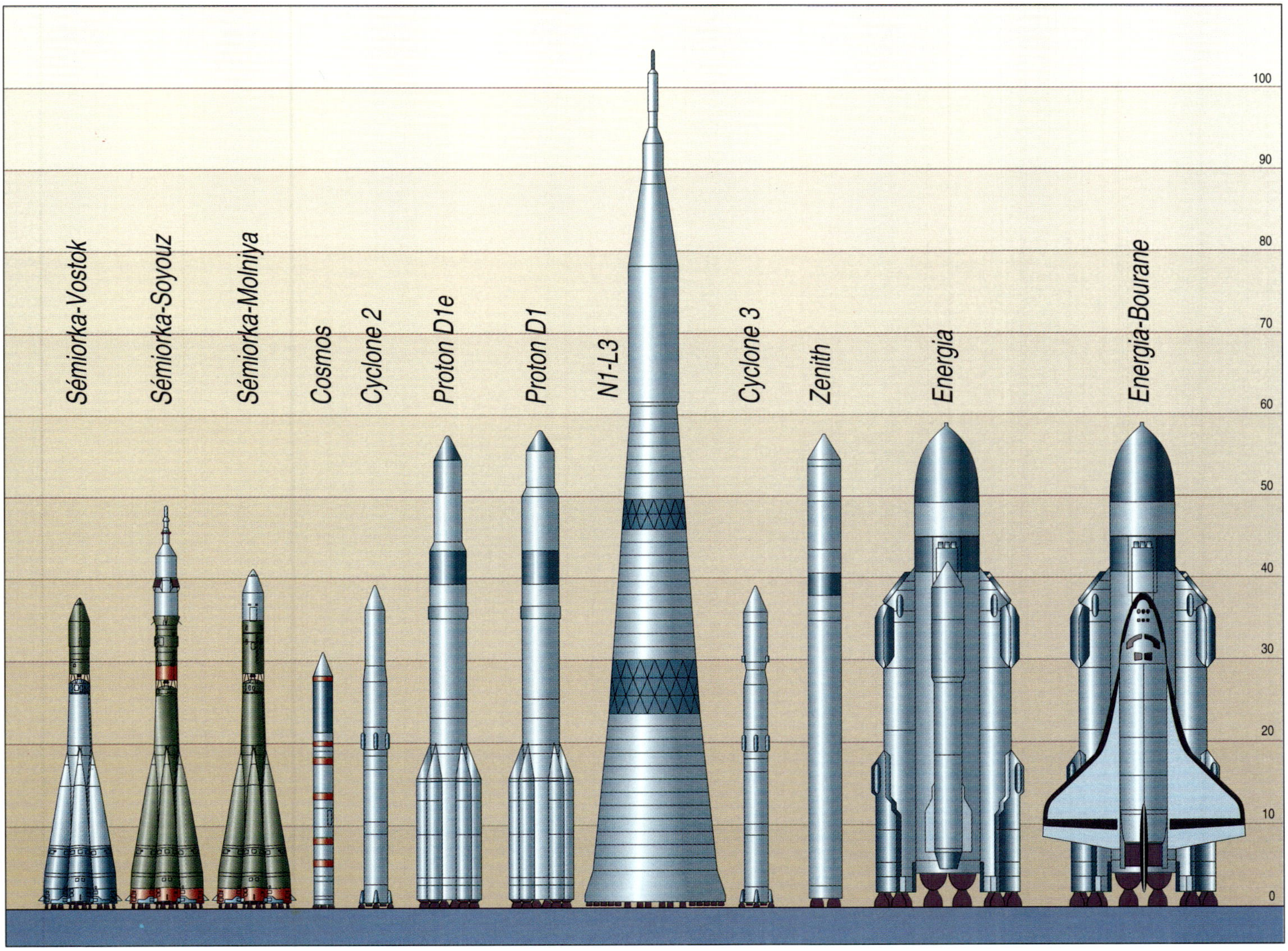

Les différents lanceurs de la CEI.

I - Les lanceurs réalisés à partir du missile balistique Sémiorka							
Appellation	Constructeur	Masse au décollage	Charge utile	Nombre d'étages	Type d'ergols	Date de mise en service	Observations
Sémiorka/Spoutnik	OKB-1 S. P. Korolev	267 t	1,4 t en LEO	2	kérosène-oxygène liquide	04-10-57	
Sémiorka/Luna	Idem	279 t	400 kg vers la Lune	3	Idem	08-58	Le moteur du troisième étage a été le premier moteur allumé dans l'espace (poussée : 5 t)
Sémiorka/Vostok (*)	Idem	287 t	5 t en LEO	3	Idem	15-05-60	
Sémiorka/Molniya	Idem	306 t	1,6 t en orbite 12 heures	4	Idem	04-02-61	Nouveau troisième étage (poussée : 30 t)
Sémiorka/Soyouz (*)	Idem	310 t	7 t en LEO	3	Idem	16-11-63	
Sémiorka/Progress	Idem	310 t	7 t en LEO	3	Idem	20-01-78	

(*) Vols habités

Nota : Pour toutes ces versions, le moteur de chacun des quatre accélérateurs et le moteur du corps central fonctionnent simultanément. Au décollage, ce dernier fonctionne en régime réduit (environ 80 % de sa poussée maximale).

II - Les lanceurs Proton							
Appellation	Constructeur	Masse au décollage	Charge utile	Nombre d'étages	Type d'ergols	Date de mise en service	Observations
D1 SL-9 (*)	OKB-52 V. N. Tchélomeï	562 t	10 à 12,2 t en LEO	2	UDMH/N_2O_4	16-07-65	
D1 SL-13 (*)	Idem	680 t	20 à 22 t en LEO	3	Idem	22-04-68	
D1e SL-12 (*)	Idem	770 t	LEO : 17,3 à 20 t GTO : 5 480 kg GEO : 2 200 kg Lune : 5 700 kg	4	Idem	10-03-67	

(*) Dénominations américaines.

Nota : Le Proton a été le premier lanceur lourd soviétique. Il a permis la mise en orbite des différentes stations orbitales.

Le Proton n'est lancé que de Baïkonour.

Les différentes versions de la fusée Sémiorka.

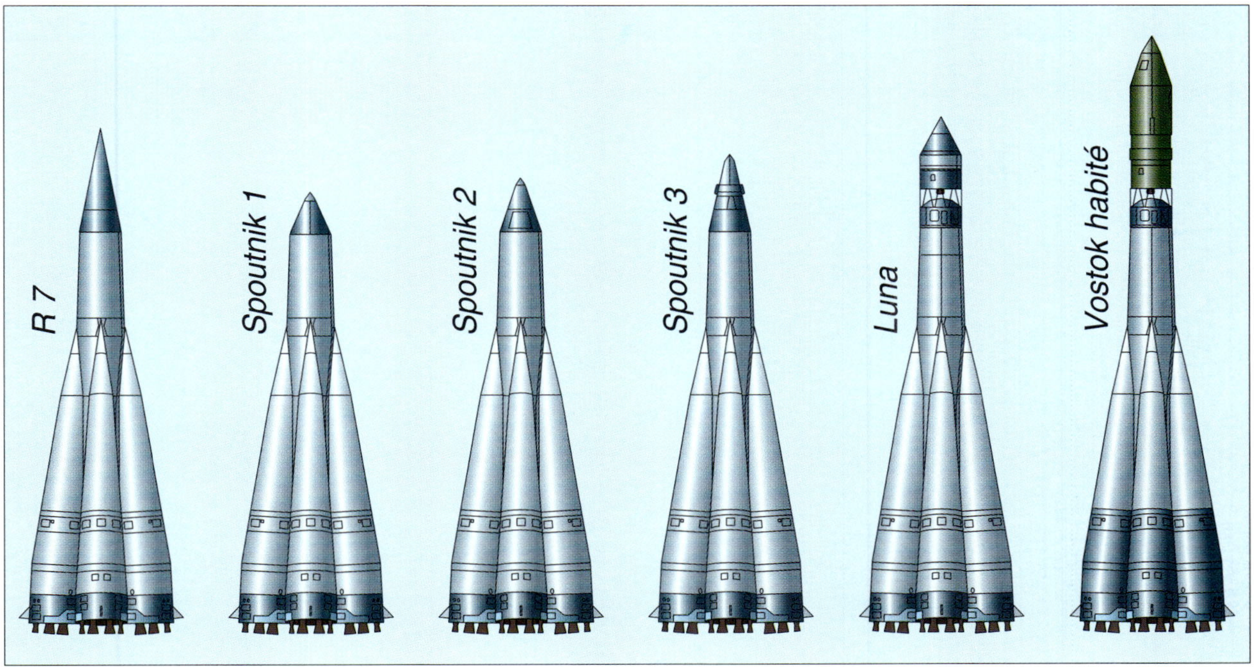

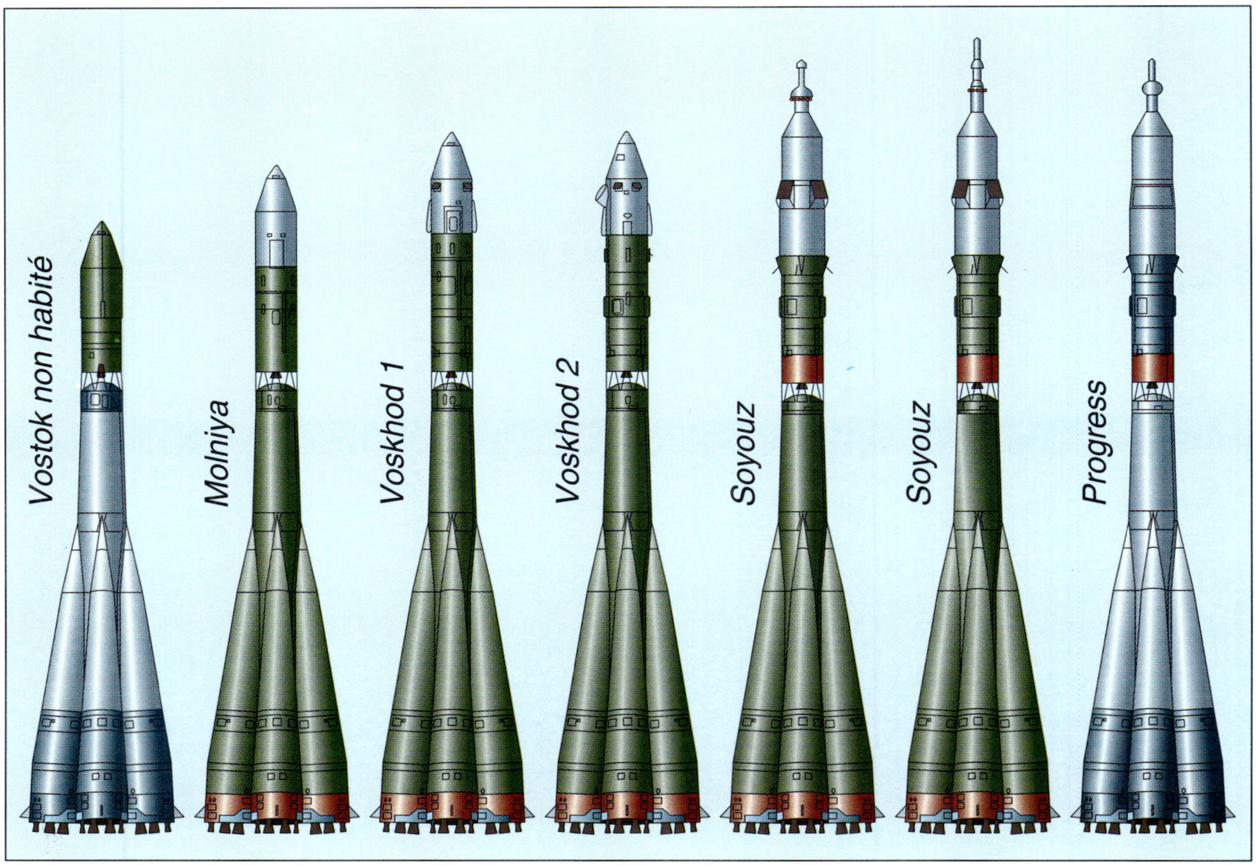

III - Les lanceurs réalisés à partir des missiles balistiques R-12 et R-14 (lanceurs Cosmos)

Appellation	Constructeur	Masse au décollage	Charge utile	Nombre d'étages	Type d'ergols	Date de mise en service	Observations
SL-7/B-1 (3) Cosmos (1)	SKB-586 M.K. Yanguel	49 t	650 kg en LEO	2	acide nitrique-kérosène	16-03-62 (4)	
SL-8/C-1 (3) Cosmos (2)	Idem	109 t	1 350 kg en LEO	2	N_2O_4 + acide nitrique-UDMH	08-64	

(1) Lancé de Kapoustine Yar et Plessetsk.
(2) Lancé de Kapoustine Yar, Plessetsk et Baïkonour.
(3) Appellations américaines.
(4) Retiré du service en 1977.

IV - Le lanceur lunaire N-1 – L-3

Constructeur	Masse au décollage	Charge utile	Nombre d'étages	Type d'ergols	Date de mise en service	Observations
OKB-1 S. P. Korolev V. P. Michine	2 788 t	94 t en LEO	3	Kérosène -oxygène liquide	essais de 1969 à 1972	Projet abandonné en 1974

Nota : Ce lanceur comprenait un autre étage pour la mise en orbite lunaire. Il emportait le module lunaire LK et le module lunaire orbital LOK.

V - Le lanceur Energia

Constructeur	Masse au décollage	Charge utile	Nombre d'étages	Type d'ergols	Date de mise en service	Observations
NPO Energia V. P. Glouchko	2 400 t	100 t en LEO	2 (*)	Kérosène-oxygène liquide (accélérateurs) et hydrogène-oxygène liquide (corps central)	15-05-87	N'a plus volé depuis 1988

(*) Les quatre accélérateurs et le corps central fonctionnent simultanément. La poussée au décollage est de 3 550 t.

VI - Les lanceurs réalisés à partir du missile balistique R-36 (lanceurs Cyclone)

Appellation	Constructeur	Masse au décollage	Charge utile	Nombre d'étages	Type d'ergols	Date de mise en service	Observations
F-1/SL-11 (1) Cyclone 2	NPO Youjnoye M. K. Yanguel	180 t	3 t en LEO	2	UDMH-N_2O_4	17-09-66	Utilisations militaires : – FOBS – satellite antisatellite – satellite de surveillance maritime
F-2/SL-14 (2) Cyclone 3	NPO Youjnoye V. F. Outkine	187 t	3 600 kg en LEO	3	Idem	24-06-77 (2)	Utilisations militaires : – satellites ELINT – satellites géodésiques notamment
(1) Dénominations américaines. (2) Lancé uniquement de Plessetsk.							

VII - Le lanceur Zénith

Constructeur	Masse au décollage	Charge utile	Nombre d'étages	Type d'ergols	Date de mise en service	Observations
NPO Youjnoye V. F. Outkine	459 t	LEO : 13,7 t GTO : 3,8 t GEO : 0,6 t	2	Kérosène-oxygène liquide	13-04-85	

Les véhicules spatiaux habités

Les missions

Trois types de véhicules spatiaux habités ont été utilisés depuis 1961 :

– Les Vostok (1961-1963) dont le rôle était limité au seul vol orbital et à la réalisation d'expériences ou d'observations limitées. Plusieurs versions (A-B et J) furent réalisées.
– Les Voskhod (1964-1965) qui étaient des Vostok améliorés et qui permirent :
  - d'emporter plusieurs cosmonautes (deux à trois),
  - de préparer les vols de longue durée,
  - d'entraîner les cosmonautes à travailler et vivre dans l'espace,
  - de les préparer à des vols d'apogée élevés (1 000 à 1 200 km),
  - de réaliser des expériences médicales et scientifiques,
  - de réaliser et d'utiliser un système d'atterrissage en douceur,
  - et de réaliser la première sortie dans l'espace.
– Les Soyouz (depuis 1967) destinés à réaliser les rendez-vous entre eux-mêmes ou avec les stations Saliout puis Mir. L'amélioration des équipements, de la propulsion, du système d'arrimage et l'automatisation amenèrent deux autres versions, les Soyouz T et TM.

Caractéristiques

	Vostok	Voskhod-1	Voskhod-2	Soyouz	Soyouz-T	Soyouz-TM
Masse de la caspule de rentrée	2 460 kg	2 900 kg	3 100 kg	2 800 kg	3 000 kg	3 000 kg
Masse du compartiment des équipements	2 265 kg	2 275 kg	2 387 kg	2 560 kg	2 650 kg	2 870 kg
Rétrofusée de secours de sortie d'orbite	–	145 kg	145 kg			
Masse totale	4 725 kg	5 320 kg	5 682 kg	6 560 kg	6 850 kg	7 070 kg
Date du premier vol avec équipage	12-04-61 (Gagarine)	12-10-64 (Komarov, Féoktistov et Egorov)	18-03-65 (Bélayev et Léonov)	23-04-67 (Komarov)	06-06-80 (Malychev et Aksenov)	06-02-87 (Romanenko et Laveïkine)
Nombre de cosmonautes	1	3	2	3(2)	3	3
Nombre de vols effectués (3)	6	1	1	38	16	317 (à fin 93)
Volume habitable	1,6 m^3	1,6 m^3	1,6 m^3	6,5 m^3	6,5 m^3	6,5 m^3
Autonomie complète	10 jours	3 jours	3 jours	30 jours	3 jours	4 jours
Autonomie (véhicule rattaché à la station)	–	–	–	100 jours	100 jours	180 jours
Rétrofusée d'impact	Non (1)	Oui	Oui	Oui	Oui	Oui

(1) Le cosmonaute étant éjecté du Vostok à l'altitude de 7 000 m.
(2) Après le drame de Soyouz-11, les trois cosmonautes en survêtement seront remplacés par deux cosmonautes en scaphandre jusqu'au Soyouz-T-3 (novembre 1980). D'autre part, l'absence de panneaux solaires a réduit l'autonomie complète à trois jours.
(3) Habité ou non.

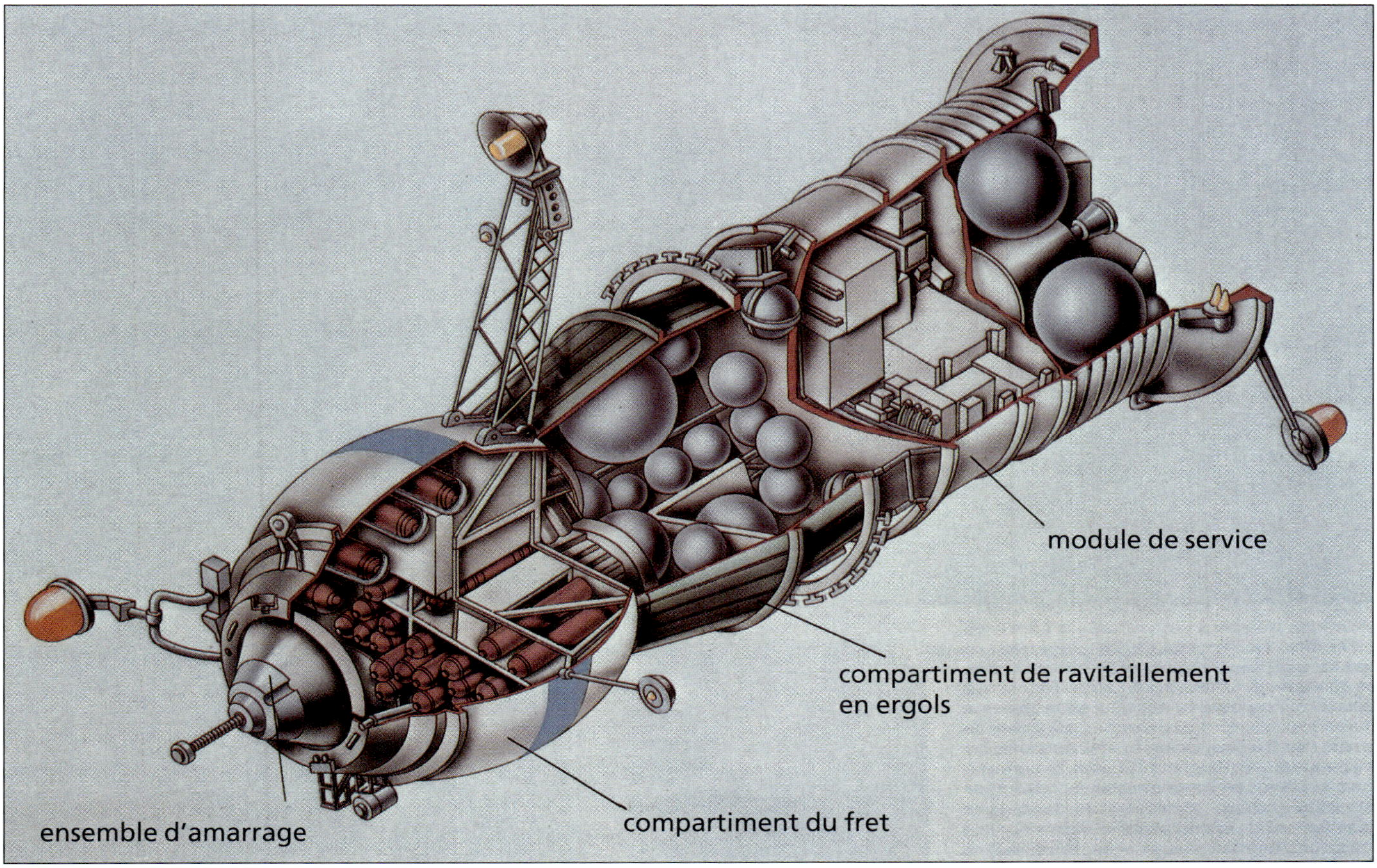

Le vaisseau de ravitaillement Progress.

Le vaisseau spatial Soyouz-TM.

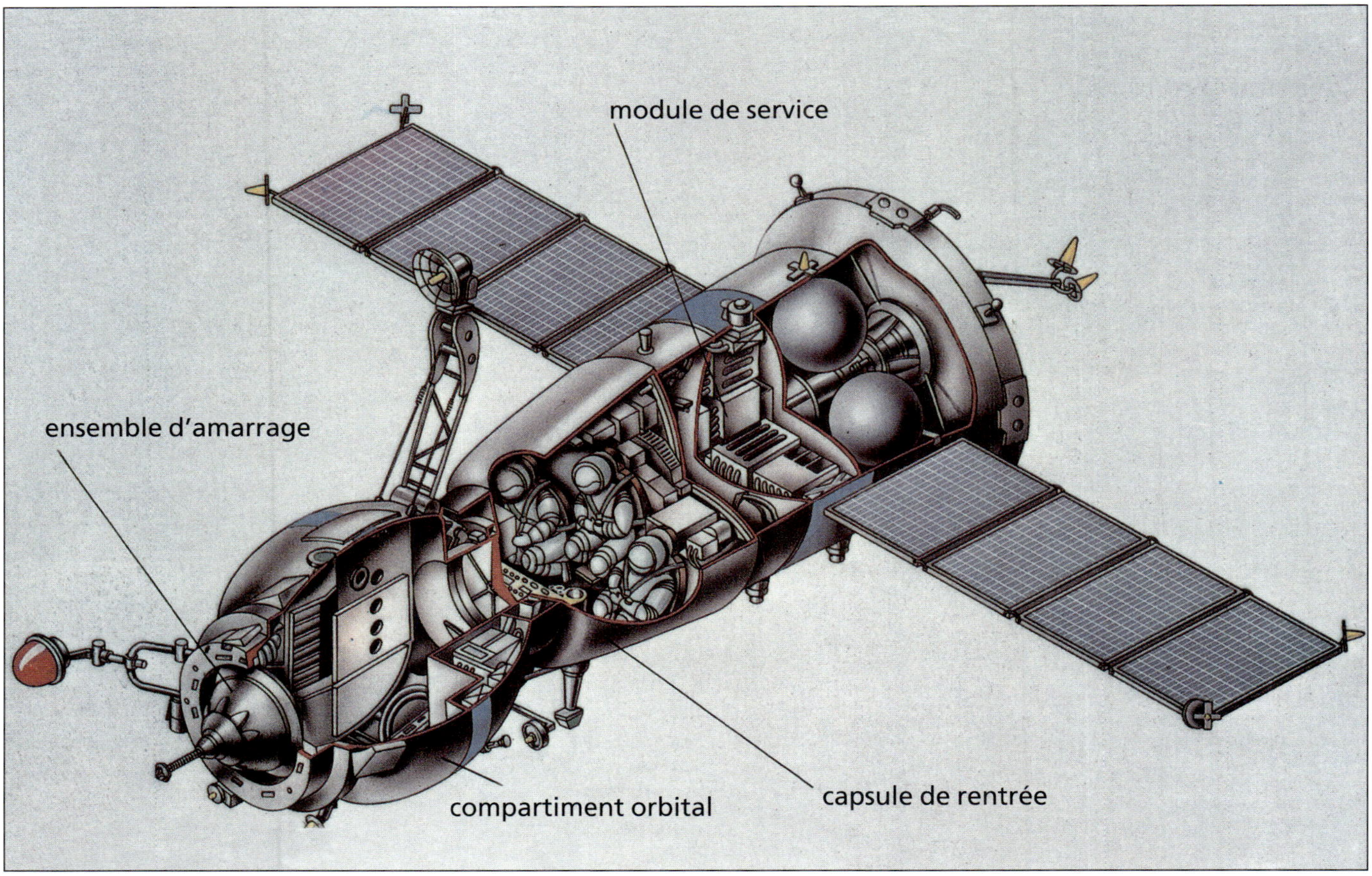

Les missiles balistiques sol-sol (testés à Baïkonour)

Caractéristiques et performances								
Appellation	Constructeur	Portée	Masse au décollage	Charge utile	Nombre d'étages	Type de propergols	Date du premier essai en vol	Observations
R-7 (SS-6)	OKB-1 S. P. Korolev	6 200 km	270 t	5 à 6 t	2	kérosène-oxygène liquide	15-05-57	
R-9 (SS-8)	OKB-1 S. P. Korolev	12 500 km	81 t	1 700 kg	2	kérosène-oxygène liquide	09-04-61	
R-16 (SS-7)	SKB-586 M. K. Yanguel	11 000 km	148 t	2 200 kg	2	acide nitrique/ UDMH	21-02-61	
UR-200	OKB-52 V. N. Tchélomeï	11 000 km	130 t	?	2	N_2O_4-UDMH	1963	
R-36 (SS-9)	SKB-586 M. K. Yanguel	15 000 km	180 t	6 000 kg	2	N_2O_4-UDMH	1965	missile balistique et version FOBS
UR-100/RS-10 (SS11)	OKB-52 V. N. Tchélomeï	12 000 km	50 t	1 200 kg	2	N_2O_4-UDMH	1965	
RT-1	OKB-1 S. P. Korolev	2 500 km	?	?	2	Solide	Septembre 1963	
RT-2 (SS-13)	OKB-1 S. P. Korolev	8 500 km	52 t	600 kg	3	solide	1965	
RT-20P	SKB-586 M. K. Yanguel	5 600 km	36 t	?	2	solide et liquide	1965	
RS-16 (SS-17)	SKB-586 Yanguel/Outkine	12 000 km	71 t	2 550 kg	2	N_2O_4-UDMH	Septembre 1972	
RS-20 (SS-18)	SKB-586 Yanguel/Outkine	12 000 km	213 t	8 800 kg	2	N_2O_4-UDMH	Novembre 1972	
RS-18 (SS-19)	TsKB Mach V. N. Tchélomeï	9 600 km	106 t	4 350 kg	2	N_2O_4-UDMH	Avril 1973	

Glossaire

Apogée : point de l'orbite d'un corps céleste où sa distance par rapport à la Terre est maximale.

Assiette : orientation des axes d'un véhicule par rapport à des axes de référence.

Autodirecteur : équipement utilisé dans les missiles pour leur guidage qui il capte le signal radioélectrique émis ou réfléchi par la cible (avion, missile, satellite...) et transmet les informations nécessaires au système de pilotage pour atteindre et détruire cette cible.

Balistique : d'une façon générale, la balistique est la science qui s'intéresse au mouvement des projectiles. Une trajectoire est dite *balistique* lorsque le corps qui la décrit n'est soumis qu'à la vitesse initiale qui lui a été communiquée au début de cette trajectoire et à la force de pesanteur. La trajectoire d'un missile balistique est une ellipse dont l'un des deux foyers est le centre de la Terre.

Carneau : déflecteur servant à canaliser sur un pas de tir ou sur un banc d'essai de moteur les flammes et les gaz de combustion émis par les moteurs d'une fusée au moment du décollage ou lors d'essais.

Chambre barométrique : enceinte dans laquelle on fait varier la pression à des fins expérimentales.

Charge utile : charge emportée par la fusée. La charge utile d'un lanceur spatial est le ou les satellites qu'il emporte, celle d'un missile est l'explosif ou autre dispositif destiné à détruire l'objectif.

Cinéthéodolite : appareil optique utilisé pour le suivi des trajectoires des fusées.

Comburant : élément chimique riche en oxygène qui, combiné avec un combustible, permet la combustion de ce dernier.

Cryotechnique : voir propergol.

Ergol : combustible ou comburant liquide utilisé dans la propulsion des fusées (voir aussi propergol).

Géostationnaire : se dit d'un satellite parcourant l'orbite située dans le plan équatorial de la Terre et à 36 000 km de celle-ci. Le satellite parcourt cette orbite en vingt-quatre heures. Sa vitesse de rotation est identique à celle de la Terre et apparaît ainsi fixe par rapport à celle-ci.

Incidence : angle formé entre l'axe longitudinal d'une fusée ou d'un avion et son vecteur vitesse.

Inertiel (guidage) : mode de guidage utilisé dans les fusées, les avions de ligne, les avions militaires, et dans certains bâtiments de guerre. Il est constitué de gyroscopes pour mesurer les mouvements (rotations) du véhicule et d'accéléromètres pour mesurer les accélérations. Ces senseurs constituent la centrale inertielle. Un calculateur de bord en déduit ensuite la vitesse et la position du véhicule. Un système de guidage inertiel est entièrement autonome et donc impossible à brouiller. Il est particulièrement adapté aux matériels militaires.

Ionosphère : partie de l'atmosphère qui réfléchit les ondes électromagnétiques.

Périgée : point de l'orbite d'un corps céleste où la distance par rapport à la Terre est minimale.

Pilotage : fonction qui consiste à contrôler le mouvement d'un véhicule autour de son centre de gravité. Recevant les informations du système de guidage, le pilotage élabore des ordres de braquage destinés à modifier la trajectoire. Dans une fusée, ces changements d'orientation sont réalisés soit par des gouvernes aérodynamiques, soit en déviant le jet propulsif s'échappant des moteurs.

Portée : la portée d'un canon ou d'un missile est la distance qu'il peut atteindre.

Propergol : ensemble des produits actifs éjectés par un système propulsif dans lequel l'énergie est produite par la masse éjectée elle-même. Les propergols sont le plus souvent constitués d'un combustible et d'un comburant dont la réaction chimique produit des gaz de combustion fortement énergétiques utilisés pour propulser les fusées.

Dans les propergols solides plus communément appelés *poudres*, le combustible et le comburant sont intimement mélangés. Ceux-ci sont le plus fréquemment de l'aluminium et du perchlorate d'ammonium agglomérés par un liant dont la nature définit le type de propergols solides : isolane à liant polyuréthane, butalane à liant polybutadiène et nitralane à liants nitrés.

Dans les propergols liquides, le combustible et le comburant se présentent donc sous forme liquide. S'ils sont stockés dans des réservoirs séparés, ils sont appelés *ergols*. Certains ergols réagissent spontanément au contact l'un de l'autre. Ils sont dits *hypergoliques*. Les propergols stockables peuvent être conservés pendant de longues durées dans les réservoirs, ce qui n'est pas le cas des propergols cryotechniques dont les températures sont très basses (–253 °C pour l'hydrogène notamment).

L'hydrogène et l'oxygène sont des ergols cryotechniques. Les ergols stockables les plus communément utilisés pour la propulsion des lanceurs sont le tétraoxyde d'azote et l'UDMH (diméthylhydrazine dissymétrique). Enfin, les propergols hybrides ou lithergols ont l'un des ergols solide et l'autre, liquide.

Index

Index des principaux encadrés

Crédits photographiques

*Lorsque plusieurs illustrations de crédits différents se trouvent sur une même page, la lettre **H** (haut), **B** (bas), **C** (centre), **G** (gauche) ou **D** (droite) précise l'emplacement de la photographie désignée.*

Bibliothèque nationale (Paris) : 18, 182-183.

N. Blotti : 45, 79, 114, 241.

Ch. Chevalet : 38, 61, 74, 80**H**, 96, 99, 101**B**, 102**HG**, 102**CG**, 102**BG**, 104, 105**HG** et **D**, 127, 128**H**, 126, 129, 130, 131, 132, 136, 205, 206, 167**H** et **BG**, 193, 195.

CNES : 145**B**.

CNES 1991/Spot Image : 78.

CNES/C. Bardou : 94, 95, 147, 168.

CNES/Intercosmos : 165**B**.

CNES/NPO Energia : 160, 222.

C. Conroy : 109**H**, 111**H**, 145**H**.

Droits réservés : 24, 26, 28, 29**H**, 31, 33**D**, 34, 35**H**, 48**H**, 48**B**, 49, 50, 51, 52, 53, 55, 57, 58, 67, 71, 77, 80**B**, 81**C**, 83**B**, 84**H**, 84**B**, 92, 97, 100**HG**, 100**HD**, 100**B**, 101**H**, 102**BD**, 103**H**, 103**C**, 103**B**, 105**B**, 106, 109**B**, 115**HG**, 121**C**, 121**B**, 122**B**, 125**H**, 132, 133, 135**G**, 150, 158, 166, 167, 174, 176, 177**H**, 179, 180**CG**, 180**B**, 185, 187, 188**H**, 200, 201, 202, 203, 210, 218, 224, 247.

KB Saliout : 113, 116, 118.

Ch. Lardier : 90**B**, 102**HD** et **CD**, 108**B**, 151**D**, 153**G**, 186, 191G, 194.

V. P. Michine : 181**B**.

NPO Energomach : 36**H**.

NPO Youjnoye : 135**D**.

A. A. Pouchkarov : 37, 75**H**, 85**HD**, 85**B**, 88, 93, 108, 111**B**, 115**HD**, 115**B**, 137, 144, 146, 152, 155, 156, 163, 164, 189, 190, 192, 212-213, 220.

SEP : 72, 209, 236-237, 243.

Sygma : 138, 178.

Sygma/CNES : 149, 148, 165**H**.

C. M. Van den Berg : 223.

J. Villain : 29**B**, 36**B**, 46, 75**B**, 80**C**, 80 médaillon, 81**H**, 81**B**, 82**D** et **G**, 83**H**, 85**HG**, 90, 108**H**, 109 **C**, 122**HD**, 122**HG**, 121**HD**, 124, 125**B**, 128**B**, 151**G**, 153**D**, 154, 184, 188**B**.

Tass : 33**G**, 35**B**, 56, 86-87, 157, 177**B**, 180**HG**, 180**HD**, 180**CD**, 181**H**, 191**D**.

Armand Colin Éditeur
103, boulevard Saint-Michel
75240 Paris Cedex 05
N° d'éditeur : 10765
Dépôt légal : octobre 1994

Impression et reliure : Pollina s.a., 85400 Luçon - n° 66208 — Dépôt légal : septembre 1994